本书获暨南大学"211 工程"三期重点建设项目"华侨华人与中外关系"项目资助，为中南民族大学中央高校基本科研业务费专项资金资助项目（项目编号：ZSQ10026）和湖北省教育厅人文社会科学研究项目（项目编号：2011jyte250）的最终成果，国家社会科学基金项目（项目批准号：12CGJ003）的阶段性成果之一

教育部人文社会科学重点研究基地
Key Research Institute of Humanities and Social Sciences at Universities
暨南大学华侨华人研究院
Academy of Overseas Chinese Studies in Jinan University

·世界华侨华人研究文库·

海外中国公民领事保护问题研究（1978—2011）

基于国际法人本化的视角

黎海波　著

暨南大学出版社
JINAN UNIVERSITY PRESS

中国·广州

图书在版编目（CIP）数据

海外中国公民领事保护问题研究（1978—2011）：基于国际法人本化的视角/黎海波著．—广州：暨南大学出版社，2012.9
（世界华侨华人研究文库）
ISBN 978 - 7 - 5668 - 0148 - 7

Ⅰ.①海…　Ⅱ.①黎…　Ⅲ.①领事事务—研究　Ⅳ.①D802.5

中国版本图书馆 CIP 数据核字（2012）第 047983 号

出版发行：暨南大学出版社

出 版 人：徐义雄
责任编辑：黄圣英　刘慧玲
责任校对：杨海燕

地　　址：中国广州暨南大学
电　　话：总编室（8620）85221601
　　　　　营销部（8620）85225284　85228291　85228292（邮购）
传　　真：（8620）85221583（办公室）　85223774（营销部）
邮　　编：510630
网　　址：http：//www.jnupress.com　http：//press.jnu.edu.cn

排　　版：广州市天河星辰文化发展部照排中心
印　　刷：佛山市浩文彩色印刷有限公司

开　　本：787mm×1092mm　1/16
印　　张：14.375
字　　数：287 千
版　　次：2012 年 9 月第 1 版
印　　次：2012 年 9 月第 1 次

定　　价：35.00 元

（暨大版图书如有印装质量问题，请与出版社总编室联系调换）

总　序

在 20 世纪，华侨华人问题曾经四次引起学术界关注。第一次是 20 世纪初关于南非华工的问题；第二次是"一战"后欧洲华工问题；第三次是五六十年代东南亚国家出现的"排华"问题；第四.次则是 80 年代中国经济崛起与海外华侨华人关系的问题。每次华侨华人研究成为研究热点时，都有大量高水平研究著作问世，不胜枚举。

进入 21 世纪以来，随着全球化进程的加速和中国国际化水平的提升，海外华侨华人与中国的发展日益密切，华侨华人研究掀起了新一轮高潮。华侨华人研究机构由过去只有暨南大学、厦门大学、北京大学、华侨大学等少数几家壮大至目前遍布全国的近百所科研院校，研究领域从往昔以华侨史研究为主，拓展至华人政治、华人经济、华商管理、华文教育、华人文学、华文传媒、华人安全、华人宗教、侨乡研究等涉侨各个方面，研究方法也逐渐呈现出多学科交叉的趋势，融入政治学、历史学、社会学、民族学、教育学、新闻与传播学、经济学、管理学、法学等学科方法与视角。与此同时，政府、社会也愈益关注华侨华人研究。国务院侨办近年来不断加大研究经费投入，并先后在上海、武汉、杭州、广州等地设立侨务理论研究基地，凝聚了一大批海内外专家学者，形成了华侨华人研究与政府决策咨询相结合的科学发展机制。而以社会力量与学者智慧相结合的华商研究机构也先后在复旦大学、清华大学等地成立，闯出了一条理论研究与社会实践相结合的华侨华人研究新路径。

作为一所百年侨校，暨南大学在中国华侨华人研究中具有特殊的地位。暨南大学创立于 1906 年，是中国第一所华侨高等学府。华侨华人研究是学校重要的学术传统和特色。早在 1927 年，暨南大学便成立了南洋文化事业部，网罗人才，开展东南亚及华侨华人的研究，出版《南洋研究》等刊物。1981 年，经教育部批准，暨南大学在全国率先成立华侨华人研究的专门学术机构——华侨研究所，由著名学者朱杰勤教授担任所长。1984 年在国内招收首批华侨史方向博士研究生。1996 年后华侨华人研究被纳入国家"211 工程"1—3 期重点学科建设行列，2000 年获批教育部人文社会科学重点研究基地（华侨华人研究）。暨南大学于2006 年成立了华侨华人研究院，并聘请全国政协常委、国务院侨务办公室原副主任刘泽彭出任院长和基地主任。2011 年，学校再次整合提升华侨华人研究力量，将华侨华人研究院与国际关系学系（东南亚研究所）合并成立国际关系学院/华侨华人研究院，继续聘请刘泽彭同志出任华侨华人研究院院长和基地主任，由华侨华人与国际问题研究知名专家曹云华教授出任国际关系学院院长兼华侨华人研究院执行院长。同时，学校还加大科研经费投入，努力打造"华侨华人研究优势学科创新平台"。研究院在加强自身科研能力的基础上，采取以研究项目、开放性课题为中心，学者带项目、课题进院的工作体制，致力于多学科和国际视野下的前沿研究，立足于为国家的改革开放和现代化建设服务，为社会服务，为政府决策咨询服务，努力将之建设成为世界一流的学术研究机构和人才培养基地。

值华侨华人研究在中华大地百花齐放、百家争鸣之际，为进一步彰显暨南大学科研特色，整合校内外相关研究力量，发掘华侨华人研究新资源，推动华侨华人研究学科的发展，学校推出"世界华侨华人研究文库"。本套丛书的著作多为本校优势学科的前沿研究成果，作者中既有资深教授、学科带头人，也有学界新秀。他们的研究成果从多学科视野探索了国内外华侨华人研究的一些新问题、新趋势，具有较高的学术价值和现实意义。

本套丛书的出版得到学校领导的大力关心与支持。学校从"211 工程"经费中拨专款予以资助。国际关系学院/华侨华人研究院领导与部分教师也付出了艰辛的劳动，他们在策划、选题、组稿、编辑、校对等环节投入大量精力。同时，暨南大学出版社对丛书出版也给予高度重视，组织了最优秀的编辑团队全程跟进，并推荐丛书申报国家级优秀图书。在此，我们对所有为本丛书出版付出宝贵心血与汗水的同仁致以最衷心的感谢！

最后，我们期盼本丛书的出版能在华侨华人研究领域激起一点小浪花，引来国内外同行更加深入、广泛的研究，为学界贡献更多高水平的成果！

《世界华侨华人研究文库》编委会
2012 年 3 月

目　录

绪　论

一、选题背景、研究的问题与意义

（一）选题背景

国籍国对其海外公民的保护——领事保护和外交保护[①]，既是"国际法的一种特殊制度，也是国家间关系的一项重要内容"[②]。而在外交工作中，领事工作是与人民群众打交道最多的一部分，也是与广大民众切身利益联系最为直接和相关最为密切的一部分。[③] 传统的外交，一直被人们理解为代表国家的高层政治活动，显得神秘而庄严，与人民群众相距甚为遥远。而领事保护则在很大程度上让人们体会到了外交原来与普通群众联系得这么紧密。

与外交保护这一联合国国际法委员会近来较为关注的国际法热点问题相比，领事保护更多地是一个政治（既包含了国内政治，也包含了国际政治）实践问题。对外，领事保护属于国家权利，展示着本国与国际社会的互动关系；对内，领事保护属于个人权利，反映出国家与公民之间的互动关系。领事保护的本质，体现着两个"国家"之间的冲突与协调。

领事保护的对象包括派遣国的公民和法人。对于中国而言，领事保护的对象则包括：处于外国境内，仍具有中国国籍的自然人和法人，港、澳、台同胞也都包括在内。本书所探讨的对象为海外中国公民，在实践中，通常分为两种：一是

---

① 关于领事保护与外交保护，无论是在理论上还是在实践中都是一个较难明确区分的问题，特别是在实践中，二者更是交织融合在一起，有的个案中可以看到既有外交保护也有领事保护。因此，许多学者往往将领事保护作为外交保护的初级阶段，或将外交保护作为领事保护的高级阶段。在《中国外交》年鉴中，编者将中国对其海外公民的保护实践都归于领事保护。对于二者详细的辨析将在下文中展开。正因为在实践中更多和更普遍的是领事保护实践，对于中国而言更是如此，而且国际求偿外的外交保护也有领事保护化的趋势，因此，结合中国的特点以及出于理论清晰的考虑，笔者在本书中主要探讨中国的领事保护问题，当然这并不能排除对外交保护的涉及。

② 万霞：《海外公民保护的困境与出路——领事保护在国际法领域的新动向》，《世界经济与政治》2007 年第 5 期，第 37 页。

③ 《罗田广谈新时期中国领事工作》，http://www.zg.org.cn/zcfg/2004 - 10/14/content_ 3034444. htm，2008 年 10 月 26 日。

定居国外的中国公民；二是临时出国旅游、经商、探亲、访问、学习或工作的中国公民。因此，中国的领事保护，是一项既涉及国际关系和国际法，又包含了华侨、中国的新移民和临时出国中国公民（在人道主义关怀上甚至在一些实践中也包括了华人）① 问题的课题。

有学者认为，20 世纪末是一个"移民时代"和"人权时代"。② 而 21 世纪则进一步凸显了这一趋势。随着全球化的进一步深入发展，普通个人与日常生活在全球化中的位置日益凸显，一个以人的安全和发展为核心内容的非传统安全则越来越在全球层面显示出其重要性。

从现实政治层面来看，在全球化背景下，国际移民和临时出国公民的人数不断增加。2006 年，联合国发布了关于世界移民的报告。该报告指出，2005 年全球移民数量已经扩展至 1.91 亿，约占全球人口总数的 2.94%。③ 移民活动的范围也在不断扩展，几乎遍及世界所有国家和地区。而据国际移民组织发布的 2010 年世界移民报告，到 2050 年，全球跨境移民的数量将超过 4 亿人，这一数量将占世界人口总数的 7%。④ 而临时出国公民的数量，则比国际移民要大得多，因而，统计起来也更困难一些。

随着国际移民和临时出国公民数量的大幅增加，海外公民的安全和权益问题也日趋复杂，这已成为当今国际社会普遍感到头疼的难点问题之一。安全事件方面，如 1972 年德国慕尼黑事件，1979 年伊朗人质事件，2002 年印尼巴厘岛爆炸事件，⑤ 2004 年印度洋大海啸，2007 年中国工人在尼日利亚被绑架事件等层出不穷。而其他的权益事件则更是不胜枚举，"在美国、西欧、东欧和日本等发达国家，所发生的涉及我国公民的案件，常常是合法权益受到侵害"，⑥ 如赵燕事件等。⑦

自 20 世纪 80 年代以来，世界上已有将近 30 个国家积极开展侨务工作。进入 21 世纪以来，侨务工作，特别是国外侨务的重要性日益显露。⑧ 而保护本国公

---

① 如 2006 年所罗门撤侨。

② 刘国福：《移民法——出入境权研究》，中国经济出版社 2006 年版，第 2 页。

③ 联合国大会报告：《国际移民和发展》，A/60/871。

④ 《国际移民组织发布 2010 年世界移民报告》，http://finance.ifeng.com/roll/20101129/2971032.shtml，2011 年 12 月 6 日。

⑤ 张学刚：《公民海外安全成国际社会难点，危机处理考验政府》，http://news.sina.com.cn/c/2004-04-18/17373140468.shtml，2008 年 12 月 8 日。

⑥ 宿景祥：《谁来保障海外中国人的安全》，《时事》（大学生版）2004 年第 2 期，第 32 页。

⑦ 2004 年 7 月，持商务考察签证赴美的中国公民赵燕，被美国官员罗伯特·洛德斯无端残暴殴打，属于典型的侵权事件。

⑧ 丘立本：《为什么越来越多国家重视侨务？》，《人民日报》（海外版），2006 年 1 月 13 日。

民及法人在国外的正当权益，已成为当今世界各国外交和领事机构的重要职责，[①] 同时也构成了它们着力解决的一个重要问题。

改革开放以来，中国的现代化建设就是一个逐步融入世界、不断参与全球化的过程。随着全球化的日益深化以及我国对外开放的不断拓展，我国的国家利益与全球整体越来越紧密地联系在一起。中国是当今世界海外移民人数最多的国家。据厦门大学庄国土教授的研究统计，当今全球华侨华人总数约为5 000万。[②]

远在秦汉时期，就已有关于中国人出洋的记载。从唐宋至明清中后期的海禁开放，中国的海外移民开始大量出现。这一时期，移民大多分布在东南亚一带，人数有10万左右。从明朝中后期海禁开放至鸦片战争爆发，这一时期，海外移民数量进一步增加，分布范围也开始扩展，东亚、东南亚和南亚都可见到华侨的踪迹，人数约为100万。到第二次世界大战前，海外华人、华侨已有1 000万左右，其活动范围也从东南亚、东亚逐步扩展到世界各地。[③] 平均起来看，从1840年鸦片战争至1941年太平洋战争爆发前夕，在这将近一百年的时间内，中国的出国人数累积超过1 000万，平均每年在10万人以上。[④] 由于海外中国移民人数的增加、范围的扩展以及移动频率的提升，于是就产生了"有海水处就有华人"、"有人烟处就有华人"之说。

新中国成立后至改革开放之前，中国公民移民海外的现象基本终止。这一时期，公民因私出国主要是依靠政策审批，出国人数极少，人群种类也很单一。据统计，1949—1978年，因私出国的中国公民只有21万人。[⑤]

1978年，中国实行改革开放，这不仅引发了中国的新移民浪潮，而且也促使中国政府着力实施"走出去"的战略方针，[⑥] 从而使得海外中国公民的数量不断增加。1987年，全国因私出国人数首次突破10万人次。1988年，全国因私出国人数则激增至21万人次，[⑦] 相当于1949—1978年这三十年期间因私出国人数

---

① 夏莉萍：《试析近年来中国领事保护机制的新发展》，《国际论坛》2005年第3期，第28页。

② 《约5 000万：华侨华人总数首次得出较明确统计数字》，http://www.chinanews.com/hr/2011/12-01/3499424.shtml，2011年12月8日。

③ 《海外华人、华侨、华裔小史》，《协商论坛》2007年第4期，第63页。

④ 丘立本：《从世界看华人》，南岛出版社2000年版，第2页。

⑤ 《中国充分保障公民出入国合法权益，政策不断放宽》，http://www.china.com.cn/chinese/law/1033247.htm，2011年12月6日。

⑥ 李小雨：《改革开放以来海外华商安全问题研究与对策探索》，暨南大学硕士学位论文，2007年，第1页。

⑦ 《中国充分保障公民出入国合法权益，政策不断放宽》，http://www.china.com.cn/chinese/law/1033247.htm，2011年12月6日。

的总和。到了20世纪八九十年代，海外华侨华人的总数已达2 500万~3 000万人。①

2001年12月11日，中国正式加入WTO，成为其第143个成员。据国家旅游局统计，2001年，中国公民出境人数达到1 213.31万人次，比2000年增长了15.9%。其中因公出境人数为518.77万人次，因私出境人数为694.54万人次。②

随着中国的日益崛起，中国人的身影在海外日益活跃和耀眼。"从国家派遣的联合国维和部队到大小各种规模的企业、公司、劳务队伍，到旅游团队、经商个体，再加上近20年来在美国和欧洲数十倍增长的中国新移民，几十万遍布世界的中国留学生、学者，'中国'已经成为全球化时代无处不在的现实。"③ 海外中国公民的人数规模与分布范围，无疑都体现出了全球化的特征。

2009年，中国公民出境人数达到了4 765.63万人次，比2008年增长4.0%。其中因公出境人数为544.66万人次，因私出境人数为4 220.97万人次。④

2010年，中国公民出境人数达到了5 738.65万人次，比2009年增长20.4%。其中因公出境人数为587.85万人次，因私出境人数为5 150.90万人次。⑤ 截至2010年，我国已在境外设立企业1.6万余家。⑥ 由此可见，随着时代的发展，奔赴世界各地旅游、经商、访问、求学、务工、探亲以及移民的中国公民的人数在不断地大规模增加。

走出国门的中国公民是如此之多，而这又与全球化的发展、世界局势的变化、国际关系的演变、"文明冲突的加剧"、恐怖主义的蔓延以及中国的崛起等因素交织在一起，因而就更加容易引起海外安全和权益事件的发生。

仅就安全事件而言，2005年，中国外交部参与处理的各类中国公民海外安全事件就达2.9万件，2006年则有3.1万件。⑦ 这意味着，每天至少都有数百名身在海外的中国公民遭遇各种危险和困境，而中国外交部和驻外使、领馆平均每

---

① 庄国土：《1978年以来中国政府对华侨华人态度和政策的变化》，《南洋问题研究》2000年第3期，第1页。

② 《2001年中国旅游业统计公报》，http：//www.cnta.gov.cn/html/2008 - 6/2008 - 6 - 2 - 21 - 28 - 42 - 48.html，2009年5月18日。

③ 刘康：《中国公民不再是海外最安全的外国人》，《羊城晚报》，2007年4月26日。

④ 《2009年中国旅游业统计公报》，http：//www.cnta.gov.cn/html/2010 - 10/2010 - 10 - 20 - 10 - 43 - 69972.html，2011年12月6日。

⑤ 《2010年中国旅游业统计公报》，http：//www.cnta.com/html/2011 - 11/2011 - 11 - 1 - 9 - 50 - 68041.html，2011年12月6日。

⑥ 《外交部领事司司长黄屏谈领事保护问题》，http：//cs.mfa.gov.cn/lsxw/t892657.htm，2012年1月6日。

⑦ 《中国领事保护指南出台幕后：化解中国人海外风险》，http：//www.chinanews.com.cn/hr/lsbh/news/2007/11 - 11/1074140.shtml，2008年12月6日。

天就要处理 100 多起涉及海外中国公民的案件。① 中国在全球化过程中由人口大规模流动所引起的非传统安全问题日益凸现出来。

为了应对这一问题，2006 年 5 月 29 日，中国领事保护处成立；2007 年 8 月 23 日，领事保护处又升级为领事保护中心。发展到 2010 年，领事保护中心平均每年处理的案件总数都保持在 3.7 万起左右。② 2006 年，被称作"中国公民撤侨年"。2007 年，被称作"中国公民被绑架年"。2008—2011 年，则是"撤侨"与海外安全事故交织重叠的时期，如撤离滞留泰国游客事件、菲律宾劫持人质事件、利比亚撤侨、湄公河中国船员遇害案等。据统计，2010 年海外中国公民的安全事件就有 1 404 起，其中主要包括意外事件、人为事件和自然灾害三大类型。③ 由此可见，海外中国公民的安全问题日益凸显。按照出国人数的规模与海外风险的系数来推算，甚至有可能在未来的数年中，13 亿中国人都成为我们领事保护的对象。④ 这就更凸显了领事保护的重要性与迫切性。

从领事制度层面来看，随着全球化进程的不断深化和国际安全形势的发展演变，"国际领事保护制度也不可避免地出现了一些新的发展趋势"⑤。甚至有学者认为在今后条件成熟时，可能会出现一部单独的领事保护条例。⑥ 这些主要都是立足于领事保护的制度层面而言。实际上，从领事保护的政治层面来看，加强对其实践的学术研究也颇有必要。

与领事保护密切相关的外交保护，已具有较长的历史和一定的实践经验，但由于它有着广泛的内涵与外延，涉及国际法的诸多领域，尤其是涉及主权独立和国家责任问题，仍然是国际法和国际政治中一个富有争议的重要问题。⑦ 近年来，外交保护问题已成为联合国国际法委员会较为关注的一个主题。对于这样一项传统而又有所发展演变的法律制度，以往的一些理论和研究已经逐步落后于现实实践的发展。国际法委员会于 1996 年第 48 届会议确定"外交保护"为适于编纂和逐渐发展的三个专题之一。2006 年 5 月 30 日，国际法委员会二读通过了

① 《中国领事保护艰难中前行》，http：//news. xinhuanet. com/herald/2007 - 09/17/content_ 6737383. htm，2008 年 11 月 20 日。

② 《中国领事保护案件年均 3.7 万起》，http：//news. xinhuanet. com/herald/2010 - 09/21/c_ 13522926. htm，2011 年 12 月 6 日。

③ 《华人他乡遇险夏天最易出事》，http：//news. sina. com. cn/c/2011 - 02 - 06/140421920426. shtml，2011 年 12 月 6 日。

④ 《中国给力海外领事保护》，http：//news. xinhuanet. com/herald/2011 - 11/25/c_ 131267571. htm，2011 年 12 月 6 日。

⑤ 万霞：《海外公民保护的困境与出路——领事保护在国际法领域的新动向》，《世界经济与政治》2007 年第 5 期，第 37 页。

⑥ 殷敏：《外交保护法律制度及其发展势态》，华东政法学院博士学位论文，2007 年，第 152 页。

⑦ ［南非］约翰·杜加尔德：《关于外交保护的第一次报告》，A/CN. 4/506。

《外交保护条款草案》。在随后举行的第 2909 次会议上，国际法委员会建议联合国大会以外交保护草案为基础制定一项关于外交保护的公约。

实际上，相对于蓬勃发展的领事保护和外交保护实践以及相关的法规来说，有关领事保护和外交保护的研究仍很薄弱，有学者甚至认为国内外学术界对于领事保护进行专门研究的成果可谓是"凤毛麟角"①。现在看来，随着领事保护实践的发展，无论是在国际法层面还是在国际关系层面，相关的研究都有了一定的发展与突破，但总体而言，这方面的理论研究依然显得较为薄弱和欠缺。

从领事实践层面来看，新中国成立后的一段时期之内，为人民服务的口号在政策实践中发生了偏差。政治上的服从压倒了人民群众的权益表达，整体化的国家利益代替了个体化的公民利益。② 外交上也是如此，中国公民在海外的合法权益往往不能得到有效维护。

在中国改革开放不断深化发展、逐步融入国际社会并力图有所作为的今天，如何有效地顺应和利用领事保护和外交保护所出现的一些人本规范，更好地践行外交为民，切实实施领事保护，也是当前中国外交所面临的一个重要而紧迫的课题。因此，无论是从理论层面而言，还是从现实层面而言，这一研究都具有较为重要的意义。

（二）研究的问题

领事保护不仅是一项国家权利，也是一项个人权利。对外，领事保护属于国家权利，展示着本国与国际社会的互动关系；对内，领事保护属于个人权利，反映出国家与公民之间的互动关系。由此看来，领事保护融合了一国内政与外交。基于外交是内政的延续，所以，领事保护从根本上而言，主要是一个"内政"问题，大量地与内政交织在一起，③ 反映出国家与公民之间的互动关系，体现出一个国家的主权责任。

从国家责任的角度可把国家的形态分为古代的家国一体型国家、近代的契约型国家和现代的国际化人道国家（1948— ）三种。④

---

① 颜志雄：《日本领事保护制度研究——兼论中日领事保护制度的差异》，外交学院硕士学位论文，2006 年，第 1 页。

② 金灿荣、刘世强：《论以人为本的中国外交思想》，《外交评论》2009 年第 5 期，第 35 页。

③ Renée Jones – Bos and Monique van Daalen, "Trends and Developments in Consular Services: The Dutch Experience", *The Hague Journal of Diplomacy*, 2008, No. 3, p. 87.

④ 齐延平将之划分为古代的"家国一体型国家"、近代的"契约国家"和现代的"国际视野中的国家"三种类型。笔者采纳前面二者，为了突出第三种类型的特征（全球化背景下人权成为这一阶段宪政发展的主题），笔者将之定义为现代的"国际化人道国家"。参见齐延平：《国家的人权保障责任与国家人权机构的建立》，《法制与社会发展》2005 年第 3 期，第 3～4 页。

古代家国一体型国家体现出来的首先是强制权力而不是责任。① 如晚清，由于人权的缺乏，领事保护主要依赖于皇帝以及领事官员个人的仁爱和恩赐，因而难以发展。

近代契约型国家中，保障人权成为国家与政府建立的逻辑基础与目的前提。契约型国家的责任是单维度的，仅指向其公民。② 因此，这一时期的领事保护主要是受国内人权因素的推动。结合红溪惨案与泗水惨案的比较来看，对这两起惨案的领事保护，其所涉国均为中国与荷兰。历时而观，"红溪惨案"发生时，中国政府正值乾隆盛世时期。而从民国与荷兰的国力对比来看，很显然这一时期远不如乾隆盛世与当时荷兰的国力对比。从海外安全事件的危害度来看，红溪惨案也大大超于泗水惨案。然而，民国政府却经过努力交涉，使得海外侨民的权益得到一定程度的维护。其中，推动民国政府实施领事保护的核心因素，无疑是相比于清朝的人权观念的进步。毕竟这一时期，国家形态已从家国一体型转向契约型。

现代国际化人道国家中，基于全球化背景的人权成为这一阶段宪政发展的主题。现代国际化人道国家受到两个方面的限制：一是国内公民的限制；一是国际社会的限制。人权的保障也包括了国际和国内两个层面。因此，这一时期的领事保护受到国内人权与国际人权的综合推动。

当今的领事保护，人权因素对它的影响越来越具有相对的独立性，尤其是在其制度化后，如美国总统克林顿为其犯罪公民费伊求情的事例，③ 还有澳大利亚总理霍华德为其国外公民求情的事例。④ 这些事例从客观层面而言，仅仅是个人因素，与国家利益关联度极其微小（发起保护甚至会有损于"国家利益"），而且新加坡对他们处置的原因也是由于他们自己犯了罪，所以，美国和澳大利亚的保护做法在很大程度上可归因于人权因素（当然对其人权因素也要辩证分析，这里姑且不论西方式人权所导致的过度化保护或干涉，对于这一问题，将放在第五章进行探讨）。

由此可见，人权因素对于领事保护的影响较大，而且越来越具有相对的独立性。

晚清时期，西方契约型国家在其国内人权的推动下（其中并不排除许多政治

---

① 齐延平：《国家的人权保障责任与国家人权机构的建立》，《法制与社会发展》2005 年第 3 期，第 3 页。

② 齐延平：《国家的人权保障责任与国家人权机构的建立》，《法制与社会发展》2005 年第 3 期，第 4 页。

③ 后文中有详细介绍。

④ 2002 年，一名澳大利亚籍公民因走私毒品在新加坡被判处死刑，此后三年中，澳大利亚总理霍华德曾五次请求新加坡总理李显龙对该犯"从轻发落"。参见《新加坡欲绞死澳大利亚毒贩，澳总理 5 次求情无果》，http：//www.china.com.cn/chinese/WISI/1044512.htm，2009 年 2 月 26 日。

因素的推动），积极开展对其海外国民的领事保护。而对于当时的中国而言，领事保护主要还是依赖于皇帝以及领事官员的仁爱和恩赐。不过，国际法和西方人权观对于晚清的护侨也起到了一定的推动作用。因此，奠基于晚清，领事保护和人权得以在中国逐步展开。

"二战"以后，国际人权法逐步形成国际法的一个新分支，"其主要目的是为了防止公权力的滥用，不但要保护外国人，更要保护本国人不能虐待本国人，因此，本国应就其在国外的公民加强保护。而从《人权宣言》到1966年的两个人权公约，不仅要求国家对本国公民的保护，而且要求加强国家对外国人的保护。因此，从国际人权法的发展来看，国家依然有保护外国人的责任，这不仅是一种双面承诺，也是对整个国际社会的承诺"①。所以，这一时期的领事保护又多了一重国际人权的推动。

新中国成立以后，受历史传统、国际形势和阶级斗争观念的影响，中国在20世纪70年代末，仍是一个集权型国家。而改革开放不仅使得中国向民主国家转型，也使得中国向国际化国家转型。这种双重转型就使得中国领事保护的推动因素由晚清的皇帝恩赐转变为国内人权，同时也使得国际人权对中国产生义务限定和影响。1979年7月3日，中国加入《维也纳领事关系公约》，同年8月1日起，该公约对中国生效，这标志着中国的领事制度在程序上与国际社会的正式接轨。因此，这一时期，中国领事保护的推动因素就融合有国内人权和国际人权双重因素（而且是在国内人权发展不充分的情况下），同时它还要受国际领事法如《维也纳领事关系公约》等的约束和促动。

由此可见，并不能仅从国内因素来探讨中国领事保护（1978—2011）的动力问题。这一时期，中国已逐步向一个国际化人道国家转型。中国领事保护的动力也要结合国内人权与国际人权等因素进行综合性探讨。这一综合性的人权因素包括三个方面：一是中国的国内人权因素，主要是个人人权因素；二是国际人权因素；三是在《维也纳领事关系公约》的基础上，国际人权因素影响下的国际领事法（并未正式成型）及其实践。结合中国人权，尤其个人人权的后发型特点，这三者都可容纳于国际法的人本化②因素之内。

全球化背景下，随着国际法人本化的发展，人权理念和国际人权法进一步向

---

① 梁淑英：《国家对外国人的保护责任》主题发言，载于《国外中国公民权利保护研讨会》，ht-tp：//www. humanrights－china. org/china/rqzt/yth/hyjl. htm，2008年12月20日。

② 西方国际法学者认为国际法人本化是指国际人道法和国际人权法的产生与发展给整个国际法发展带来的影响和变化。中国国际法学者认为国际法人本化，主要是指国际法的理念、价值、原则、规则、规章和制度越来越注重单个人和整个人类的法律地位、各种权利和利益的确立、维护和实现。参见曾令良：《现代国际法的人本化发展趋势》，《中国社会科学》2007年第1期，第90页。在下文中，笔者将对国际法的人本化进行一个在本书中的界定。

全球扩散并渗入其他国际法领域。基于海外公民的保护而言，国际法人本化最为突出的影响就是一方面加强个人权利，另一方面加强主权责任。无论是从领事保护和外交保护的国际实践，还是从国际领事法和《外交保护条款草案》来看，人权与之融合的方面都出现了一些新的趋势，不仅使得外交保护的道义性义务有向法律性义务转变的趋势，而且提升了领事保护的主权责任。

因此，本书以国际人权法为基点，从领事保护的国际、国内两个层次，将"国际法的人本化"这一抽象自变量界定为两个方面：一个是综合方面，即国际人权法对中国的义务限定与影响，最终内化为国内法的层面；一个是专门方面，即国际人权法对领事法（其中也包括外交保护法）的渗透和影响，最后凝聚为国际领事法的层面，以此来分析和评判中国的领事保护。本书提出的核心问题是：国际法的人本化是如何影响中国的领事保护的？为了回答这个问题，本书将分别探讨以下几个问题：在国际人权法的义务限定下，中国国内的人权因素是如何推动中国领事保护的发展的？国际领事法规的人本化对中国的领事保护设定了哪些义务？中国的领事保护体现出了哪些进步和特点，还应做出哪些相应的变革？

（三）研究的意义

中国的领事保护，是一个较为复杂的课题，涉及中国内政和外交的诸多方面，其研究意义可以概括为如下几点：

首先，以往关于领事保护的研究，成果本来就较少，一些研究还停留在简单描述和经验总结的层面上。"在全球化背景和中国国情基础上促进国际关系学与国际法学之间的沟通是中国问题研究的一个前沿切入点。"[1] 本课题的理论价值在于重新认识领事保护的理论基础以及中国领事保护的推动因素，相较于国力和海外安全事件等而言，国际法的人本化对于中国领事保护（1978—2011）的推动更具综合性和决定性。

其次，面对海外中国公民越来越严峻的权益形势，如何利用相关的国际法和国内法规则来维护他们的权益，是当代中国政府面临的一个重要考验。"在国际交往中，歧视和欺负中国公民在境外的基本人权和利益的事件时有发生，我外交保护力度远远落后于时代的要求，损害了作为担任国际重要角色的大国尊严，事实上是一种外交执政能力缺失的表现。"[2] 对海外中国公民实行领事保护与外交

---

[1] 王逸舟：《重塑国际政治与国际法的关系》，《世界经济与政治》2007年第4期，第6页。

[2] 《国人出国习以为常，领事保护面临新挑战》，http://news.xinhuanet.com/overseas/2005 - 12/09/content_ 3897574. htm，2008年9月6日。

保护，是中国政府以人为本和外交为民理念的一个重要体现，有助于维护海外中国公民的权益，提高中国公民的自豪感，增强全球华侨华人的凝聚力。胡锦涛主席在会见华人华侨代表，谈到阿富汗的中国工人遇袭一事时严正指出，"尽管我们中国有 13 亿人口，但我们珍惜每一个同胞的生命！决不能允许恐怖主义威胁中国公民的安全"①。从国际法的人本化来看，它不仅对中国的领事保护进行了义务限定，同时也提供了权利工具。我们应善于运用这种权力工具来维护海外中国公民的权益。

再次，随着人权意识的提高以及人权制度和人权保障机制的不断完善，国际法的人本化趋势也在不断加强。"寻求和获得领事保护是海外公民的一项基本权利，任何国家都不可无理剥夺中国海外公民的人权。"② 除了领事保护外，外交保护这一本来属于国家权利的"自由裁量"问题，也与人权问题结合起来。2004年，我国把尊重和保障人权的条款写入了宪法。因此，在领事保护和外交保护上，中国如何规范自身以与国际接轨，更好地维护中国人的人权，是一个事关中国国际形象的重要问题。"人权才是一个国家最大的面子，一个国家能把人权维护好，国家就有了荣誉，在国际上才有面子。我们过去各朝各代，总把爱国家和爱政权甚至爱政党爱领袖混为一谈是讲不通的，一个政权如果关起门来都不能维护自己本国普通公民的权利，它有什么资格在国际舞台上维护这个国家的权利，它的合法性就会遭到质疑。"③ 切实维护好海外中国公民的权益，对于提升中国的软实力也具有重要影响。

最后，对海外中国公民实行领事保护，是中国实行"走出去"战略的需要，更是中国构建和谐世界的一个重要体现。在中国走向世界的同时，世界也在走向中国。全球化不仅促进了各种国际交流与合作的发展，也提升了各种摩擦与冲突的几率。"在频繁出现的各类摩擦中，中国不再是一个任凭别国单方面制裁的弱者，而是一个既能有力维护自身权利，又对世界负责致力于'共赢'的强者。"④ 中国更是一个致力于和谐世界的构建者。

---

① 《胡锦涛谈我工人遇袭：我们珍惜每个中国公民的生命》，http：//www. chinadaily. com. cn/gb/doc/2004 - 06/12/content_ 338878. htm，2008 年 9 月 10 日。

② 万霞：《海外公民保护的困境与出路——领事保护在国际法领域的新动向》，《世界经济与政治》2007 年第 5 期，第 42 页。

③ 《张思之大律师访谈》，http：//hnjylaw. fyfz. cn/blog/hnjylaw/index. aspx？ blogid = 49284，2008 年 11 月 20 日。

④ 殷敏：《外交保护法律制度及其发展势态》，华东政法学院博士学位论文，2007 年，第 3 页。

二、研究现状

（一）对国际法人本化的研究

对于国际法的人本化（the humanization of international law），西方国际法学者，以西罗多·梅恩（Theodor Meron）为代表，认为国际法的人本化是指国际人道法和国际人权法对整个国际法带来的影响和变化，在此影响下，国际法的人本化开始从国家中心转向个人中心。作者在其著作中具体分为八章，分别从战争法的人本化、国家责任的人本化、国际法主体的变化等几个方面进行了具体论述。[①] 其中，他还认为外交保护的指导原则和国际人权法有着较大的融合之处。[②]

崔因达德（Antonio Augusto Cancado Trindade）认为，在世纪之交，国际法的人本化尤为突出，他从国际法的一个特别领域即领事法方面来探讨其人本化问题，如领事法对纯粹国家间视角的超越，领事法的人本化在当代国际实践中的体现和发展趋势，一些国际实践已将领事保护当作人权的一项重要内容。[③]

中国的国际法学者，以曾令良为代表，认为国际法的人本化，主要是指国际法的理念、价值、原则、规则、规章和制度越来越注重单个人和整个人类的法律地位、各种权利和利益的确立、维护和实现。[④] 其中，曾令良结合"以个人为本"的国际法发展，分别从国际人道法——人本化最早的体现、国际人权法——人本化最系统的体现、外交保护法——人本化进一步加强的新迹象、引渡法——人本化的新考量、知识产权与公共健康权的国际保护——人本化的新动向、核心劳工标准与贸易自由化挂钩——人本化的新挑战，这样六个方面进行了论述。

对于国际法的人本化，有学者也将之译为国际法人权化方向演进的趋势（process of humanization of international law），认为在现代国际法体制下，个人权利不再被视为仅仅局限于国际人权法的领域，它已经渗透进了国际公法的其他领

①　Theodor Meron, *The Humanization of International Law*, Leiden: Martinus Nijhoff Publisher, 2006.

②　Theodor Meron, *The Humanization of International Law*, Leiden: Martinus Nijhoff Publisher, 2006, p. 301.

③　Antonio Augusto Cancado Trindade, "The Humanization of Consular Law: The Impact of Advisory Opinion No. 16 (1999) of the Inter-American Court of Human Rights on International Case-law and Practice", *Chinese Journal of International Law*, 2007, Vol. 6, No. 1.

④　曾令良：《现代国际法的人本化发展趋势》，《中国社会科学》2007 年第 1 期，第 90 页。

域，拉格朗案①就是一个有力的证明。②

此外，何志鹏也探讨了全球化背景下国际法人本主义的发展图景。他认为在现代国际法中，个人地位的显著提高，主要体现在以下几个方面：私人的权利和义务越来越多地为国际法所规定、私人越来越多地参与到国际法的运作过程中、人的存在与发展在国际法价值体系中越来越受到重视、个人的国际法人格问题。③

沈桥林认为，国际法的产生源于人类对和平的渴求，国际法的历史演进出于人类对世界大战的反思，国际法的发展趋势尽显以人为本。其中，主要体现为：国际法主体范围的扩大肯定了个人的国际法主体地位，国际争端解决的组织化有利于维护个人权利，国际法的全球化凸显了以人为本。而国际人权法以人权为价值取向，其重心和目的在于人权的保护和实现，因此，国际人权法的产生和发展充分表明了国际法的以人为本。④

李良才认为，国际人权法、国际贸易与劳工法、国际投资法，甚至国际海洋法无不吸纳人权要素，采取人本取向，调整和更新各自部门法的原则、规则及其制度，形成了一个人本化的立法取向。⑤

综合上述研究来看，国际法的人本化实际上就是国际人权的广泛传播和渗透给国际法和国际社会带来的一种人本性影响。国际法的人本化，并不是它所有的因素都会影响到领事保护，在下文中，笔者将结合本书的内容将"国际法的人本化"具体界定为两个方面。

（二）对领事保护的研究

从国际法的相关研究来看，对于海外公民的保护问题，尤其是外交保护问题，阿库斯特（1981）、劳特派特修订的《奥本海国际法》（1989）、周鲠生（1981）、王铁崖（1996）等从国家管辖权的角度简要地阐述了国家基于属人管辖权而对其海外公民享有保护的权利。如周鲠生认为，"主权国家，根据它的属

---

① 1982年1月，在美的两个德国公民卡尔·拉格朗和瓦尔特·拉格朗因涉嫌抢劫银行以及谋杀罪在亚里桑那州被捕，其后，两兄弟被判处死刑。尽管在逮捕两兄弟之后，美国执法当局已获知两人的德国身份，但并没有按照1963年《维也纳领事关系公约》第三十六条的规定告知他们有权获得德国领事的帮助，也没有将此案通知给德国领事人员。1999年2月24日，卡尔·拉格朗被执行死刑。1999年3月2日，在瓦尔特·拉格朗将被执行死刑的前一天，德国向国际法院提起针对美国的诉讼。2001年6月27日，国际法院就德国诉美国的拉格朗一案作出判决。

② 顾婷：《拉格朗案的国际法解读》，《华东政法大学学报》2008年第1期，第75~76页。

③ 何志鹏：《全球化与国际法的人本主义转向》，《吉林大学社会科学学报》2007年第1期，第117~119页。

④ 李龙主编：《人本法律观研究》，中国社会科学出版社2006年版，第334~354页。

⑤ 李良才：《人权理念对国际法价值取向的人本化改造》，《甘肃联合大学学报》2009年第1期，第58~63页。

人管辖权，具有对本国在外国民行使外交保护的权利。国家机关根据国内法承担护侨的责任；各国驻外的使领机关的主要职务之一，就是护侨"。① B. 森（1987）、Luke T. 李（1975，1991，2008）、梁淑英（1999）、万霞（2006，2007，2009）、殷敏（2010）等则从外交保护法或领事关系法的层面对海外公民保护的实体权利和程序问题等进行了较为详细的阐述。

领事保护是一个融合了国际法与国际关系的综合问题。据笔者所掌握的资料来看，国内外学者对领事保护的研究大致可以综述如下：

1. 著作

伯查德（Edwin M. Borchard）撰著的《对国外公民的外交保护》（*The Diplomatic Protection of Citizens Abroad*）一书，是一部较早专门论述外交保护的法律著作，该书从国家与个人的关系、国家与国家间关系的角度论述了外交保护的基本原则以及行使方式等，② 从而为外交保护的基本法理奠定了基础。不过，由于成书较早，有些内容已显陈旧。而今天的外交保护，无论是理论上，还是实践上，都有了较大的发展。

李（Luke T. 李）写的《领事法和领事实践》一书，是一部较早的关于领事法律制度的专著，其中专辟一节涉及对本国国民的保护。③

薛典曾撰著的《保护侨民论》，可以说是中国国内第一部从理论上论述外交保护的著作。其成书时间是在 1937 年。书中涉及的很多实践、事例和理论也已与当今有了较大差别。不过，薛典曾在其中提出了一个重要的观点。他认为，对于侨民之保护，属人法和属地法要么引起积极冲突，要么导致消极不作为。到了法国革命时期，"人权之说盛行，即人类有其天赋之权，无论居住本国或系国外，皆不能侵犯之，保护侨民之理论，亦由此兴焉"，"故保护侨民之起源为人权理论所推动，至于运用上之如此突进，则不无政治上之理由也"。④ 这里实际上概括出了侨民保护的两种推动因素：人权因素和政治因素。不过，对于这两种推动因素他并未展开论述。相较于领事保护，由于外交保护具有"国家特征"（国家权利——自由裁量），所以，它带有更多的政治色彩。

"新中国领事实践"编写组编撰的《新中国领事实践》一书，是新中国成立以来第一部领事问题的专著，它论述了领事制度的产生与发展、新中国的对外领事关系以及领事职务等，而且专辟一章，论及"保护中国公民在外国的正当权

---

① 周鲠生：《国际法》（上册），商务印书馆 1981 年版，第 285 页。
② Edwin M. Borchard, *The Diplomatic Protection of Citizens Abroad*, New York：The Banks Law Publishing Co., 1928.
③ ［美］Luke. T. 李著，傅铸译：《领事法和领事实践》，商务印书馆 1975 年版。
④ 薛典曾：《保护侨民论》，商务印书馆 1937 年版，第 1～3 页。

益"，其中简要论述了保护中国公民在外国的正当权益的国际法和国内法依据、护侨工作的内容和方法等。本书所使用的资料大都截至1989年底。而且，作者重点论述的海外中国公民为华侨。①

丘日庆主编的《领事法论》一书，侧重于介绍领事法规，也涉及一些领事保护的问题，如保护侨民的法律依据和国际法许可限度，然而其中有些内容已与当今领事法和实践的发展不符。如作者认为保护侨民的国际法许可限度仅为外国人待遇标准，还有作者认为不可对华人实行领事保护。②

梁宝山撰著的《实用领事知识》一书，是作者从事领事工作多年的经验结晶，系统地介绍了各种领事知识。该书分专章探讨了保护中国公民在外国的正当权益问题。不过，其中对领事保护和外交保护没有进行辨别，将狭义的领事保护的实施条件也限定为用尽当地救济。③ 这一观点是不正确的，尤其是在今天。因为不严格的外交保护都已不需要用尽当地救济。

刘功宜④编著的《出国人员如何求助——浅说"领事保护"》，是国内第一本将"领事保护"列为专门书名的著作，开领事保护研究之先河，而且最早也最系统地论述了对不同人群的领事保护。作者还很注意强调个人的自救。其中的许多事例都很生动具体，可以作为很好的研究素材。作者在此书"后记"中交代了此书的特点，"这是一本针对中国出国人员的普及领事保护基本知识的实用手册，不涉及前往中国的外国公民的各项事务，也不对专门的法律知识深入讨论"⑤。基于这个因素，作者在理论上对领事保护和外交保护也未作分辨，同样将外交保护的条件等同于领事保护。⑥

2. 学位论文

张琳在《从布雷亚尔德案看领事通知权》一文中，从介绍布雷亚尔德案入手，对与领事通知有关的国际法渊源和要素以及领事通知权的性质等问题进行了探讨，认为领事通知权不仅是国家主权引申出来的权利，而且是保障个人尊严和自由的基本人权的组成部分。⑦

张毓华在《香港居民的国籍冲突与领事保护问题初探》一文中，围绕中英双方香港居民的国籍问题的处理，就其中的国籍冲突和由此引起的外交和领事保

---

① "新中国领事实践"编写组：《新中国领事实践》，世界知识出版社1991年版。
② 丘日庆主编：《领事法论》，上海社会科学院出版社1996年版，第40～42页。
③ 梁宝山：《实用领事知识》，世界知识出版社2001年版，第236页。
④ 中国驻圣多明戈总领事馆经济商务室前领事，对于领事保护问题，刘先生给予了笔者许多指教，还推荐了一些在这方面颇有研究的专家，在此深表感谢。
⑤ 刘功宜编著：《出国人员如何求助——浅说"领事保护"》，中国经济出版社2005年版，第311页。
⑥ 刘功宜编著：《出国人员如何求助——浅说"领事保护"》，中国经济出版社2005年版，第24页。
⑦ 张琳：《从布雷亚尔德案看领事通知权》，北京大学硕士学位论文，2001年。

护问题进行了梳理，并对其形成的原因进行了探讨，在此基础上，对我国处理该问题的法律和政策进行了初步分析。[①]

许育红在《领事保护法律制度与中国的实践》一文中，从国际法与国内法的角度，对领事保护法律制度的内涵、特征及其实施机制进行了探讨，明确分析了派遣国、接受国、派遣国国民（包括个人与法人）在领事保护法律制度中的权利和义务关系，并对领事保护与外交保护进行了辨析，论证了外交保护是领事保护的延续和最高阶段。最后，作者通过对领事保护法律制度意义和作用的论述，就中国领事法律制度存在的主要问题提出了一定的建议。[②]

黄振宇在《试论以人为本的领事保护工作》一文中，阐述了以人为本领事保护的内涵等基本概念，介绍了坚持以人为本领事保护原则的必要性，认为这是外交专业化和领事制度完善化的要求和体现，也是经济建设和维护统一的需要。最后就如何做好人本性领事保护工作提出了建议，认为政府高度重视、建立相应机制和加强预防性领事保护是做好人本性领事保护的三个重要的方面。[③]

颜志雄在《日本领事保护制度研究——兼论中日领事保护制度的差异》一文中，对日本的领事保护制度作了比较详细的介绍和分析，并以此为参照，对中日领事保护制度之间的差异进行了比较研究，从而揭示了日本领事保护制度改革对于中国完善领事保护机制的有益启示。[④]

郭德峰在《海外中国公民的安全保护》一文中认为，领事保护是保护海外中国公民最基本、最重要的保护方式。由于在海外的中国公民数量众多，他们在国外的情况并不相同，因此不同的群体又有自身的保护方式。而华侨、海外劳工和海外留学生是三个比较庞大的群体，他们自身有不同的特点，因此有他们特殊的保护方式，这些保护方式与领事保护相结合，能更好地保护他们在国外的安全。[⑤]

马珂在《领事保护与中国公民海外安全研究》一文中，对于中国公民在海外的安全原因进行了分析，而且重在研究内因，并对撤侨这样的领事保护事件作了较深层次的分析，希望重点研究一个可以长治久安的方案。作者还认为未来领事保护工作的开展，可从预防角度，通过国内立法、中国公民出国前的教育宣传等做法，来减少领事保护事件，降低中国公民的海外安全风险。[⑥]

---

① 张毓华：《香港居民的国籍冲突与领事保护问题初探》，外交学院硕士学位论文，2002年。
② 许育红：《领事保护法律制度与中国的实践》，外交学院硕士学位论文，2003年。
③ 黄振宇：《试论以人为本的领事保护工作》，北京师范大学硕士学位论文，2005年。
④ 颜志雄：《日本领事保护制度研究——兼论中日领事保护制度的差异》，外交学院硕士学位论文，2006年。
⑤ 郭德峰：《海外中国公民的安全保护》，湘潭大学硕士学位论文，2007年。
⑥ 马珂：《领事保护与中国公民海外安全研究》，暨南大学硕士学位论文，2008年。

　　李娟娟在《领事保护制度研究》一文中，首先介绍了与领事保护制度相关的国际法和国内法问题，其次主要介绍了美国的领事保护制度，并将之与中国的领事保护制度作了对比分析，以便从中得出一定的借鉴和启示。①

　　何佳在《领事保护基本法律问题探析》一文中，分别对领事保护的概念、基本内容、实施机制、立法体例和领事保护的法律性质和意义等方面进行了较为全面的梳理和分析，并结合我国领事保护存在的主要问题，提出了一些完善领事保护制度的建议。②

　　夏莉萍在《20世纪90年代以来主要发达国家领事保护机制变化研究——兼论对中国的启示》一文中，主要分析了20世纪90年代以来，各主要发达国家如美国、英国、法国、德国、澳大利亚、加拿大和日本等国的领事保护机制改革的内容，总结了主要发达国家在领事保护的工作方式和工作重心方面出现的趋同的变化，即领事保护的工作方式从单一保护向多元参与转变，领事保护的工作重心从被动应对向主动预防转变，并探讨和评述了导致这些变化的原因与积极意义及其所带来的问题，最后将中国领事保护机制的发展与主要发达国家进行了比较，认为作为发展中国家，中国领事保护的预防机制和多元参与性还很薄弱，还有很多值得改进之处。③

　　3. 相关研究论文

　　阿德（Michael K. Addo）在《对维也纳领事关系公约所赋权利的临时措施保护》一文中指出，尽管在1990—1999年间，诉诸国际法院临时措施保护的要求出现了明显的增加，但是国际法院临时保全措施的法律意义仍处于争议中，最近国际法院在布里尔德案与拉格朗案中所施行的临时措施再次引发了关于临时保全令法律性质的争议。作者通过对最近一些案例的研究认为尽管国际法院是根据《国际法院规约》第四十一条的内容发出临时保全令，但这一条文并不能充分保证临时措施的法律性。虽然这一条文的含义并不精确，但是有充分的证据支持这一条文的解释原则，从而也加强了国际法院临时措施的强制性。而基于这一临时措施对人权的保护，从而使得其具有强制性。④ 在这里，作者指出了人权因素的融入，使得国际法院维护领事通知权的临时保全令更具强制性。由此也可看出，人权对国际法特别是领事法的影响在逐步增加。

---

　　① 李娟娟：《领事保护制度研究》，外交学院硕士学位论文，2008年。
　　② 何佳：《领事保护基本法律问题探析》，中国政法大学硕士学位论文，2009年。
　　③ 夏莉萍：《20世纪90年代以来主要发达国家领事保护机制变化研究——兼论对中国的启示》，外交学院博士学位论文，2008年。
　　④ Michael K. Addo，"Interim Measures of Protection for Rights under the Vienna Convention on Cosular Relations"，*EJIL*，1999，Vol. 10，No. 4.

雷（Sarah M. Ray）在《善意履行国际义务：如何确保美国遵守维也纳领事关系公约》一文中认为，国际法院关于《维也纳领事关系公约》所赋个人权利的判决，使得美国必须面对国际法在其国内的执行问题。要使美国政府和联邦法院履行国际法院基于《维也纳领事关系公约》的解释而赋予的义务，美国最高法院是其中的关键因素。因此，美国最高法院应该吸收国际法院的法理解释和推理逻辑，使得国内违反《维也纳领事关系公约》的行为可引起强行的权利救济以及实质性的司法审查。① 由此看来，对于领事关系公约所赋予的个人权利的保护，居留国的国内因素也很重要。

琼斯—伯斯与戴伦（Renée Jones-Bos and Monique van Daalen）在《领事服务的倾向与发展：荷兰的经验》一文中认为，20世纪90年代以来，市民对领事服务的要求增加了，加上新媒体的出现以及市民对国内政治的关注，增强了领事保护的透明度，这就越发要求外交部采取更为灵活的措施。面对领事保护近20年来的发展动态和趋向，荷兰外交部将对此作出积极反应以改进服务质量，如对新工具的投资，对公众信息服务的加强，持续的人员培训以及与市民社会组织更密切的合作等。②

博尔易欧（Giorgio Porzio）在《领事协助与保护：欧盟的视角》一文中认为，欧盟成员国通过发展普遍的领事保护，来确保每个欧盟公民都能得到保护以及促使成员国分担领事协助负担。但由于各成员国最终才是保护与协助的责任主体，使得欧盟普遍的领事保护并不是一项容易的任务。尽管实践表明，协作是唯一前进的方式，但是问题在于怎样确保欧盟领事合作充分履行其允诺而不损害民族责任的效力与感知。③ 作者在文中主要分析了欧盟的共同保护与成员国的责任效力及感知问题。

菲尔南德兹（Ana Mar Fernández）在《欧盟的领事事务：签证政策对于一体化的促动》一文中，通过对欧盟共同的签证政策的分析讨论了它对成员国海外领事事务管理的影响，认为它推进了欧盟领事服务的变化，不过，断言这一变化进程必然导致欧盟领事管理一体化的出现，尚为时过早。④

艾瑞克森和科林斯（Andrew Erickson and Gabe Collins）在《照顾中国同胞：

---

① Sarah M. Ray, "Domesticating International Obligations: How to Ensure U. S. Compliance with the Vienna Convention on Consular Relations", *California Law Review*, 2003, Vol. 91.

② Renée Jones-Bos and Monique van Daalen, "Trends and Developments in Consular Services: The Dutch Experience", *The Hague Journal of Diplomacy*, 2008, No. 3.

③ Giorgio Porzio, "Consular Assistance and Protection: An EU Perspective", *The Hague Journal of Diplomacy*, 2008, No. 3.

④ Ana Mar Fernández, "Consular Affairs in the EU: Visa Policy as a Catalyst for Integration", *The Hague Journal of Diplomacy*, 2008, No. 3.

保护中国在海外工作公民的压力在上升》一文中认为，今后面临针对中国公民的劫持事件或其他暴力事件时，有四个因素可能促使中国政府更有能力和意志力来采取武力应对的方式。①

夏莉萍在《美英领事保护预警机制的特点及对我国的启示》一文中，论述了美英两国领事保护预警机制的特点，并结合我国领事保护预警机制的现状，总结出了几点启示。② 在《试析近年来中国领事保护机制的新发展》一文中，对我国近年来的领事保护机制的新发展作了总结和概括，认为促使其发展的因素主要有两个方面：客观因素是中国海外公民数量的剧增及随之而来的安全问题的日益突出；主观因素是由中国领导人执政理念的变化而带来的"外交为民"理念。③ 在《日本领事保护机制的发展及对中国的启示》一文中，以日本外交蓝皮书中的相关内容为基础，总结分析了日本领事保护机制发展的背景、轨迹和特点，并对中日保护机制进行了简要的对比。④ 在《中国政府在保护海外公民安全方面的制度化变革及原因初探》一文中，探讨了近年来中国政府在保护海外公民安全方面所进行的制度化变革，包括保护机构的多元化、保护程序的机制化和保护手段的法制化等，认为新形势下中国政府在保护海外公民安全方面所面临的巨大压力是变革的根本原因，国家领导人和各级政府对保护海外公民权益的重视有力地推动了变革的进程。同时，这些变革措施也是中国政府创新政府管理模式、建设服务型政府的重要体现。⑤

万霞在《海外公民保护的困境与出路——领事保护在国际法领域的新动向》一文中指出，随着全球化进程的不断深化和国际安全形势的发展，国际领事保护制度也不可避免地出现了一些新的发展趋势，主要表现在国家责任的加强、领事保护形式的多样化、保护内容的完善以及保护行为的规范化四个方面。加强对国际领事保护制度的了解和研究，对于提高中国的外交理论和实务水平具有十分重要的意义。⑥ 在《海外中国公民安全问题与国籍国的保护》一文中，结合国籍国对其海外公民的保护——领事保护和外交保护，围绕外国人的管辖、外国人的待

① Andrew Erickson and Gabe Collins，"Looking after China's Own: Pressure to Protect PRC Citizens Working Overseas Likely to Rise"，*China Signpost*，2010，No. 2.

② 夏莉萍：《美英领事保护预警机制的特点及对我国的启示》，《外交评论》2006 年第 1 期，第 70～75 页。

③ 夏莉萍：《试析近年来中国领事保护机制的新发展》，《国际论坛》2005 年第 3 期，第 28～32 页。

④ 夏莉萍：《日本领事保护机制的发展及对中国的启示》，《日本问题研究》2008 年第 2 期，第 46～51 页。

⑤ 夏莉萍：《中国政府在保护海外公民安全方面的制度化变革及原因初探》，《国际论坛》2009 年第 1 期，第 34～40 页。

⑥ 万霞：《海外公民保护的困境与出路——领事保护在国际法领域的新动向》，《世界经济与政治》2007 年第 5 期，第 37～42 页。

遇、外交和领事保护等基本问题，从国际法和国内法两个不同的角度展开了全面而深入的分析。①

沈国放在《坚持以人为本，加强领事保护》一文中，通过对近年来我国的领事保护实践的总结与反思，认为要进一步加强和完善领事保护工作，关键要抓牢"执政为民"这一根本理念，努力化解外交目标与现实之间、不断拓展的海外利益与自身能力之间的矛盾，强化服务意识、预防意识和大局意识。②

殷敏在《外交保护与领事保护的比较研究》一文中，对于外交保护（包括外交保护中的外交交涉与一般的外交交涉）与领事保护，从其行使的主体、保护的客体、权利是否可以被放弃、保护的内容等方面进行了比较，认为领事保护可以看作是外交保护的一个前期准备阶段，或者称为初级阶段。③

黄洪江在《中国外交保护与领事保护辨析》一文中，对外交保护与领事保护也进行了辨析，认为外交保护的行使条件较为严格，迄今实践较少，而领事保护是中国驻外使、领馆的重要日常工作，对于维护中国公民和法人在外国的合法权益发挥着重要作用。对是否行使外交保护，国家有自由裁量权，无须被保护者提出请求或征得被保护者同意。而领事保护一般是一国驻外使、领馆应被保护公民或法人的请求或经其同意后才予以提供。④

方伟在《中国公民在非洲的安全与领事保护问题》一文中认为，中国公民在非洲频频遇险，无论对中国政府还是普通民众，都是一个新的挑战。总体上说，中国需要在领事保护体制、机制和政策等方面有所调整，有所创新，建立国家、企业、个人相互配合的安全观念与新机制，并根据各国情况适时作出调整和完善，以更好地保障中国公民在非洲的生命和财产安全。⑤

张峻峰、刘晓亮在《透过在俄中国公民安全现状看中国领事保护》一文中认为，随着全球化和非传统安全威胁的增强，影响在俄中国公民安全的因素增多，中国的领事保护面临许多新的挑战。应通过领事保护预警、信息共享和危机管理等一系列体制和机制上的建设为海外国民打造一个较为安全的平台。⑥

毛竹青在《试论在美国的中国公民权益受侵犯及其保护》一文中，从国际

---

① 万霞：《海外中国公民安全问题与国籍国的保护》，《外交评论》2006 年第 6 期，第 99～105 页。

② 沈国放：《坚持以人为本，加强领事保护》，《求是》2004 年第 22 期，第 58～59 页。

③ 殷敏：《外交保护与领事保护的比较研究》，《国际商务研究》2008 年第 4 期，第 16～19 页。

④ 黄洪江：《中国外交保护与领事保护辨析》，http://www.gqb.gov.cn/news/2007/0511/1/4929.shtml，2008 年 12 月 20 日。

⑤ 方伟：《中国公民在非洲的安全与领事保护问题》，《浙江师范大学学报》2008 年第 5 期，第 43～49 页。

⑥ 张峻峰、刘晓亮：《透过在俄中国公民安全现状看中国领事保护》，《西伯利亚研究》2008 年第 4 期，第 40～42 页。

法的视角分析了在美国的中国公民权益受侵犯的主要现象和原因，并就如何保护在美国的中国公民权益问题提出了自己的看法以及完善中国特色的领事保护机制的建议。①

朱建庚在《中国领事保护法律制度初探》一文中，对中国领事保护制度的历史沿革、当前中国领事保护的新问题及对策进行了简要探讨。②

孔小霞在《海外中国国民权益保护的国际法思考》一文中，认为全球化导致海外国民保护的客观需求迅增，国际法的人本化趋势促进了国际层面个人权益保护的发展，中国政府的职能调整在外交领域促生"外交为民"理念，政府需要有效承担海外国民权益保护的重任，并具体分析了海外国民权益保护的国际法基础及其途径。③ 不过，作者对于国际法的人本化，只是点到为止，没有分析国际法人本化的具体表现及其对领事保护的影响。而且，作者所指的国际法的人本化仅仅限于国际法的理念和规则等越来越重视单个人和整个人类社会。

何雪梅在《领事保护问题及其对策探析》一文中，针对新形势下我国领事保护制度面临的主要问题，提出应加强国际司法合作和国内立法；加强领事保护能力建设，最大限度地保护我国侨民利益；加强我国的综合国力，尤其是军事能力。④

廖小健在《海外中国公民安全与领事保护》一文中认为，随着中国对外政治和经济关系的迅速发展与出国人数的剧增，海外中国公民面对的各种安全威胁骤然增加。我国领保机构还必须解决人员不足等问题，加强预警效果，以进一步提高保护海外中国公民权益的能力与成效。⑤

王秀梅在《国际法人本化趋向下海外中国公民保护的性质演进及进路选择》一文中认为，国际法人本化趋向下保护海外中国公民的权益，不仅是国家的一项权利，更是一项义务和责任。权利与义务对等背景下海外中国公民权益保护的进路可向六个方面拓展：转变观念，树立坚定的责任意识和服务意识；建立海外人员保护的专项基金，扩充保险险种为应急救济机制做好后备保障工作；做好出国前及出国后的培训和宣传教育工作，让广大海外人员充分认识到用法律武器维护自己合法权利的重要性和必要性；积极进行区域组织一体化合作，进行双边和多边条约的谈判，建立有效的双边或多边保护机制；适度接受双重国籍制度；加强

---

① 毛竹青：《试论在美国的中国公民权益受侵犯及其保护》，《华侨华人历史研究》2008 年第 3 期，第 41～50 页。

② 朱建庚：《中国领事保护法律制度初探》，《中国司法》2008 年第 10 期，第 102～103 页。

③ 孔小霞：《海外中国国民权益保护的国际法思考》，《兰州大学学报》2008 年第 6 期，第 95～99 页。

④ 何雪梅：《领事保护问题及其对策探析》，《洛阳理工学院学报》2008 年第 2 期，第 57～59 页。

⑤ 廖小健：《海外中国公民安全与领事保护》，《南洋问题研究》2009 年第 3 期，第 52～59 页。

有关领事和外交保护的国内立法工作。[①]

综合来看，上述研究对领事保护的历史沿革、领事保护和外交保护的辨析及其国际法基础、国际法院的领事关系判例以及中国领事保护的对策等作了一定的介绍、分析与研究。不过，有些成果限于时间关系，已落后于时代。如当今的领事保护、外交保护以及国际责任法规，都出现了一些新的变化和趋势，而且在某些方面甚至是颠覆了传统观点。因此，有必要在领事保护和外交保护的理论上作出新的探讨。尤其是对于领事保护的理论基础，以往的一些成果很少进行专门探讨，大多将之简单地概括为属人管辖权。实际上，属人管辖权只是其基础，至于现代领事保护的理论基础和推动因素，无疑与人权有着很大的关系，一些国外学者也注意到了这一趋向，不过主要集中于对国际法院判例的探讨，认为领事关系公约开始与人权融合。这实际上只是国际领事法人本化的一个体现。而且，他们也并未结合具体国家的领事保护来对其进行探讨。

有些成果限于其主题，或是介绍和分析其他国家的领事保护机制，以资中国借鉴；或是侧重探讨中国公民在某一国家或区域的领事保护对策，但对中国领事保护的推动因素缺乏分析。

就上述研究所涉及的国家而言，国际社会关注更多的是美国、欧盟与荷兰等的领事实践，大都没有涉及对中国领事保护的研究。在综合分析中国的领事保护机制方面，主要是中国学者所做的一些努力。

（三）对领事保护动力的研究

与外交保护这一联合国国际法委员会近年来较为关注的国际法热点问题相比，领事保护更多的是一个政治（既包含了国内政治，也包含了国际政治）实践问题。对于中国而言更是如此，我们拥有丰富的领事保护实践，却鲜有严格的外交保护案例。对于领事保护（机制和实践）动力（推动因素）的探讨构成了领事保护研究当中的一个核心问题。学术界对这一问题的研究，可以归结为以下五类：

（1）国力推动说。何雪梅（2008）认为，"弱国无外交"也表现在领事保护领域，旧中国时期我国侨民利益屡受侵害却得不到有效保护就是一个很好的证明。因而只有进一步加强我国的综合国力，尤其是军事能力，才能推动领事保护的发展。国力推动说也代表了大多数民众与新闻媒体的一种看法。"我深知在过去的年代，祖国因为贫穷落后毫无国际地位；父辈们漂泊海外曾遭遇种种歧视乃

---

① 王秀梅：《国际法人本化趋向下海外中国公民保护的性质演进及进路选择》，《现代法学》2010年第4期，第120～129页。

至迫害，那份辛酸不堪回首。而在改革开放数年之后，不少初到海外的同胞也还尝到过被洋人歧视的滋味。今天，随着祖国国力的增强，这种状况消失了，海外同胞尝到了过去未曾有过的尊严和幸福。"① 这是一位意大利华侨的心声，实际上，它也代表了大多数民众和媒体对当前中国领事保护得以发展的看法。这里，国力似乎与中国的领事保护的发展及其效果构成了一种正相关关系，甚至是唯一的影响因素。

（2）海外安全事件推动说。廖小健（2009）认为，海外中国公民的各类重大突发事件不断发生，使得领事保护的重要性日显突出，从而受到政府的高度重视。

（3）公民要求推动说。Renée Jones-Bos 和 Monique van Daalen（2008）认为，由于公民对领事服务要求的增加以及新媒体的出现推动外交部采取更为灵活的领事保护措施。

（4）国际法人本化推动说。Antonio Augusto Cancado Trindade（2007）论述了领事法的人本化发展趋势。基于这一趋势，人们开始从一个新的视角来解读《维也纳领事关系公约》，将领事保护作为人权的一项重要内容。万霞（2007）认为，随着全球化进程的不断深化和国际安全形势的发展，国际领事保护制度也不可避免地出现了一些人本化的发展趋势，主要表现在国家责任的加强、领事保护形式的多样化、领事保护预防应急性的增强以及领事保护行为的规范化四个方面。王秀梅（2010）认为，国际法人本化趋向下保护海外公民权益不仅是国家的一项权利，更是一项义务和责任。因此，我国有责任也有义务来保护海外公民的安全。

（5）综合因素推动说。夏莉萍（2005）认为推动中国领事保护机制发展的因素主要有两个方面：①中国海外公民数量的剧增及随之而来的安全问题的日益突出；②中国领导人执政理念的变化而带来的"以人为本、外交为民"理念。此外，对于 20 世纪 90 年代以来主要发达国家的领事保护机制改革的推动因素，夏莉萍（2011）将之归结为四个方面：①全球化背景下，国际旅行人数增加，安全威胁的种类和不确定性增加；②国际社会人权保护意识的加强；③领事保护的任务更为艰巨；④发达国家"新公共管理运动"的影响。② Andrew Erickson（2010）认为促使中国政府更有能力和意愿以武力应对海外公民安全事件的因素有四个方面：①中国海外公民数量的增长；②中国海军实力增强；③随着国家从

---

① 张宪军：《两会观察：护侨力度日增的五年》，http：//www.shzgh.org/renda/node7406/node7414/node10380/node10381/u1a1479100.html，2009 年 1 月 3 日。

② 夏莉萍：《领事保护机制改革研究——主要发达国家的视角》，北京出版社 2011 年版。

全球经济衰退中脱颖而出，中国领导人变得愈发自信；④强大的民族主义压力。

综上所述，"国力"、"海外安全事件"、"公民要求"、"国际法人本化"、"综合因素"构成了学术界研究领事保护推动因素的不同视角。这些研究具有各自的优势和不足，既为本课题的研究奠定了基础，也为本课题的拓展提供了空间：

其一，国力说深受中国近代史的挨打经验哲学和西方现实主义权力政治观的影响。诚然，国力构成了一国领事保护的基础，但它并不必然和领事保护的意愿和效果成正比。历史上就有强国对其在弱国的国民不愿行使领事保护的事例，如秘鲁华工案。当今国际实践中也出现了许多弱国针对强国发起的领事保护，甚至是外交保护。如阿维纳和其他墨西哥国民案（the Case Concerning Avena and Other Mexican Nationals，2003），墨西哥针对美国发起外交保护，最后获胜。

其二，海外安全事件与领事保护并不具有绝对的相关性，即使存在相关性，很大程度上也是一种强度相关性与中介相关性的融合。如红溪惨案，侨居于印尼的数万华侨惨遭荷兰殖民者的屠杀。乾隆皇帝竟"大度"地表示，对于"天朝弃民"，"概不闻问"。① 与此相比，即使是针对个人的海外权益事件，如赵燕事件，中国政府却能坚决地实施领事保护。

其三，公众需求的"决定性"推动对于国家与社会的关系有着严格限定。随着公民社会的发展和人权意识的增强，公民社会将发挥以社会权利制约国家权力的功效。而在我国的现阶段，公众需求的表达方式消极，具有较强的间接性和被动性，相当程度上取决于官员的觉悟和施政理念（周志忍，2010）。

其四，国际法人本化说背后的实质是国际人权规范和观念的影响，因为国际法的人本化就是指国际人权法和人道法对整个国际法带来的影响和变化（Theodor Meron，2006）。国家不仅直接制定国内人权法，还参与制定国际人权法，而且还承担着将国际人权法转化为国内法的义务。因此，保护人权的主要责任还是在于主权国家。国际法的人本化必须结合国内人权因素才能有效发挥其推动作用。而且，其对国家形态的限定应是"国际化人道国家"。

其五，综合因素说采用全面分析法，得出的综合性解释虽有可能更接近于客观实际，然而其时空和个性限定较强。综合因素说可以概括为主、客观两个层面。客观层面如国力、海外公民安全事件等，前文已有论述。"以人为本、外交为民"的执政理念虽然可以解释这一理念提出之后的中国的领事保护实践，却无法对其之前的实践进行解释，而且这一理念背后的深层因素也应归结为人权。由人权保障的宪政原则必然演绎出人本政府的要求；新公共管理运动是与公民社会

---

① 韩永福：《清代前期的华侨政策与红溪惨案》，《历史档案》1992 年第 4 期，第 101～102 页。

以及人权的发展密不可分的，其局限与公民要求说一样；基于经济实力的领导人的自信与领事保护并无必然联系；领事保护的民族主义压力说，其事件限定较强，可以容纳于公民要求说。

总的来看，上述研究虽也论及了国际人权因素以及国际法人本化对领事保护的推动作用，但国际人权因素要发挥推动作用，其对国家形态的限定是"国际化人道国家"，对于此前的领事保护并无"普适性"解释力。即使是对于国际化人道国家而言，其人权推动因素也是综合的（国际人权规范、政府人权理念与立法、社会人权意识），而且人权的国内因素仍是其中的关键。而结合中国目前的国家构建来看，政府的人权理念与立法构成了国内人权因素的关键。而从领事保护的主要内容来看，个人人权构成了推动其发展的关键。

奠基于国家与个人关系之上的领事保护，本身就是一个涉及内政与外交、主权与人权等复杂关系的问题。

在人权对其推动上来看，起初主要是基于契约型国家的国内人权。"二战"以后，反映国际法中人权保护状况的四个一般原则获得广泛承认，"第一，一个国家以内的人权做法，如果情况严重或由于其他原因以致引起其他国家的正当关注的，就不再必然仅仅是该国自己的内部事务了；第二，一个国家尊重人权的义务在正常情况下适用于对外国人的待遇，也适用于对本国国民的待遇；第三，现在，许多人权的义务是作为习惯国际法适用的，虽然对于哪些义务现在具有这种地位仍然存在着争议；第四，人权义务可以列在国家对任何人所负的义务中"①。这样，国际人权也开始关注和影响领事保护。因此，就处于国际社会中的国家而言，其领事保护无疑又多了一层国际人权因素。

较为注重结合国际人权因素对领事保护进行分析的是夏莉萍教授（夏莉萍，2006）。她从四个方面分析了 20 世纪 90 年代以来主要发达国家领事保护机制发生变化的原因，其中之一就是国际社会人权保护意识的加强。不过，该文针对的主要是西方发达国家，其中侧重于从国际人权的一些新变化来探讨西方发达国家领事保护变化的原因，没有从这些国家国内人权的因素来探讨其原因。而国际人权最终还是要内化为国内人权才能对领事保护产生实质性影响。此外，对于国际人权对国际领事保护法规的影响以及国际领事法规对一国领事保护的具体影响，该文并未探讨。

在国际法的人本化方面，万霞教授探讨了领事保护在国际法领域的一些新动态：国家责任的加强、领事保护形式的多样化、保护内容的完善以及保护行为的规范化四个方面。她总结的这四个方面，仍有补充和拓展之处，如国际责任法的

---

① 曾令良主编：《21 世纪初的国际法与中国》，武汉大学出版社 2005 年版，第 16 页。

变化对领事保护的影响，"人的安全"观念对领事保护的影响，外交保护的人本化对领事保护的推动等。对于国际领事法的人本化，究竟会对中国产生怎样的影响，万霞教授并未进行分析。王秀梅教授认为国际法人本化趋向下保护海外中国公民权益不仅是国家的一项权利，更是一项义务和责任，其对外交保护的性质影响较大。至于国际法人本化对中国领事保护的推动，也主要是基于这一责任意识而言。王秀梅教授对于国际法人本化的其他方面的影响并未涉及，而且也没有结合中国国内的人权因素来对此进行探讨。

崔因达德也注意到了人权与领事保护的融合。"毫无疑问的是，在《维也纳外交关系公约》和《维也纳领事关系公约》签署并生效的年代，人们是从严格的国家间关系的角度来执行这两个公约的规定的。但近20年之后，人们开始从一个新的视角来解读这两个公约，或者至少是其中的一些条款，必然地将它们与人所固有的权利联系起来。"① 这实际上是指出了国际领事法人本化的一个发展趋向。国际法院的领事关系判例，强化了个人人权对领事保护的意义。至于其对具体国家的影响尤其是对中国的影响，崔因达德并未涉及。

在国际法人本化的推动下，就领事保护的国际层面而言，无论是从领事保护和外交保护的国际实践来看，还是从领事法和《外交保护条款草案》来看，人权与之融合的方面都出现了一些新的特点和趋势。而就领事保护的国内层面而言，在国际人权理念和法律的影响下，一国国内的人权因素也在不断地推动政府的人权、民主和法治意识，其中也延伸到领事保护上。与西方发达国家相比，中国的国内人权受国际人权因素的影响更大，尤其是个人人权。而且，在国际领事实践与领事法的创建中，中国也带有一定的后发和被动的特点。再加上中国目前的领事保护发展程度和制度化程度不高，与发达国家相比，还具有一定的差距，这也使得中国的领事保护具有一定的变动性。因此，从国际法的人本化来研究中国的领事保护无疑更具典型性。

基于此，本书从"国际法的人本化"这一视角来对中国的领事保护进行探讨。结合本书的因变量——中国的领事保护，笔者将本书"国际法的人本化"这一抽象自变量界定为两个方面：

一是综合方面，即国际人权法对中国的义务限定和影响，这是国际法以人为本的一个重要体现，最终内化为中国国内法的层面，"一个国家根据人权条约承担的义务是指向两方的：在形式上是针对其他缔约国，但在实质上是对'在其领

---

① Antonio Augusto Cancado Trindade, "The Humanization of Consular Law: The Impact of Advisory Opinion No. 16 (1999) of the Inter-American Court of Human Rights on International Case-law and Practice", *Chinese Journal of International Law*, 2007, Vol. 6, No. 1, p. 3.

土内和受其管辖的一切个人'承担的。国家承担承认、尊重、保障和促进、保护等义务"①。中国的人权进步带有后发型的特点，受国际人权的冲击和影响较大，虽然也为世界人权的进步做出了自己的贡献，但对于传统上强调义务取向、注重集体权利的中国而言，个人人权的进步，在很大程度上无疑是国际人权的传播和影响所导致的结果。而国内个人人权的发展，无疑又会在很大程度上推动一国领事保护的发展。

二是专门方面，国际人权法对领事法的渗透和影响，直接凝聚为国际领事法规的层面。

因此，从综合方面来看，国际人权法对中国的义务限定和影响，促进了中国个人人权的发展，进而综合推动了中国领事保护的发展；从专门方面来看，国际人权法向国际法的渗透推动了领事法的人本化，进而横向推动了中国领事保护的发展。具体图示见下图。

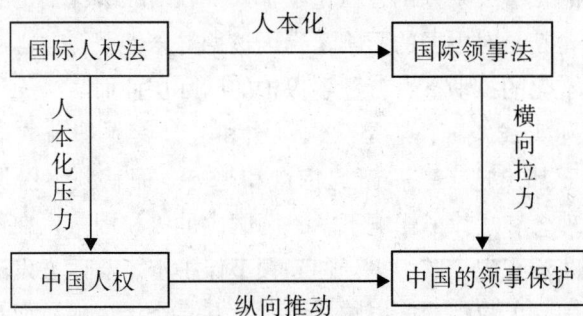

国际法的人本化推动中国领事保护发展图

其中的干预变量是中国国内人权的发展，主要是从集体人权向个人人权的发展。在这里，还有一个前提条件就是，虽然国际法的人本化使得个人的地位得以提升，个人受到越来越多的重视，个人权利也得到越来越多的保护，但是个人并未完全成为国际法的主体。

三、本书基本结构和研究方法

（一）本书基本结构

除绪论部分外，本书主体部分包括五章内容。

---

① 王祯军：《论国际人权法中的国家责任问题》，《法学杂志》2007 年第 5 期，第 151 页。

　　绪论部分主要是提出研究的问题和确定分析的路径。这一部分介绍了本书研究的问题与研究的意义、国内外研究现状、本书的基本结构与研究方法、研究的创新与不足之处以及相关的概念界定等。

　　第一章主要分析了领事保护与外交保护的定义、理论基础、基本依据以及外交保护与领事保护的部分融合。对于领事保护与外交保护的理论基础，结合国际法的最新发展进行了详细分析，尤其是对于领事保护的理论基础，以往的一些研究很少进行专门探讨，大多简单地概括为属人管辖权，于是本书对此进行了较为系统的总结与分析，而且注意把它与外交保护的理论基础做出区分，从而认为属人管辖权只是领事保护的基础。领事保护不仅基于国内人权的推动，还有国际人权的推动。尽管领事保护与外交保护都是兼具政治性与人权性，但随着国际社会和国际法的发展，领事保护和外交保护的政治色彩正在逐步褪去，其人权因素在逐步凸显。不过，与外交保护相比，领事保护的人权因素更浓。基于此，人权的发展必定会对领事与外交保护产生影响。而且，外交保护的人本化无疑可以推动领事保护更深层次的人本化。

　　第二章从国际人权法的人本化"压力"着手，结合国际人权对中国领事保护的综合影响，将之内化为国内人权因素，分为三个阶段，即 1978—2000 年，2001—2003 年，2004—2011 年，分别结合这三个阶段中的人权因素，就其对中国领事保护的推动作用进行了分析。

　　第三章从国际领事法的人本化"拉力"着手，结合其对中国的横向直接影响，首先分析了国际领事和外交保护法规的人本化特点，然后将 2004 年作为国际领事法规更具横向直接影响的转折点，认为领事和外交保护的人本化，不仅为中国政府进行领事保护设定了义务，同时也为中国保护其海外公民提供了权利，而且，外国一些先进的领事实践也为中国提供了资源借鉴。重点分析了领事保护和外交保护法规的人本化从哪些方面为中国政府进行领事保护设定了义务（同时也是权利工具和资源借鉴）。

　　第四章综合第二章、第三章的影响因素，以 2004 年为界，比较分析了中国领事保护的问题与进步，并结合人权的推力以及国际领事保护的拉力，分析了中国领事保护进一步的发展方向。

　　第五章综合前文的分析，首先就国际法的人本化对中国领事保护的影响路径做出总结：从第一个自变量——国际人权法对中国的义务限定和影响来看，国际人权法为中国的人权保障设定了义务，从而通过中国国内人权尤其是个人人权来推动其领事保护的发展；从第二个自变量——国际领事法的人本化来看，它更专门性地为中国的领事保护进行了义务限定，同时也提供了权利工具和资源借鉴，尽管国际领事法与中国的领事保护更具直接关联性，但它仍然需要通过中介变量也就是中国的个人人权来产生实体性的影响。其中，中国个人人权的发展与其领事保护构成一种正相关的关系。所以，国际法的人本化与中国的领事保护只是一种中介相关关系，其影响的程度与速度，主要取决于中国个人人权的发展及其与国际人权标准的接轨。其次将国际法的人本化对领事保护的影响与历史上的领事裁判权作了对比分析，认为应就人权因素对领事保护的影响进行辩证分析。西方的人权观念过度强调权利内容，而忽视了其与义务的协调；过度强调个人人权，而忽视了其与集体人权的协调。这就容易导致领事实践中的过度保护及对他国主权的干涉。

（二）研究方法

由于本书涉及国际法、国际关系、外交学、国内政治和公共管理等多个领域，需要运用多学科知识进行综合研究。本书主要综合采用了以下几种研究方法：

1. 比较研究方法

本书对领事保护和外交保护进行了深入的比较与分析，如对其定义、理论基础、实施条件、权利主体等的比较。此外，在领事保护实践上，本书也对国外领事保护的实践与中国的实践进行了比较分析。除了横向的比较外，还有纵向的比较，如对中国领事保护发展阶段的比较，主要体现在中国领事保护的进步与不足上。

2. 理论研究方法

本书主要运用国际法理论，如双重管辖权理论、外国人待遇理论、国际人权理论、国际责任理论、国际法与国内法的关系理论等，结合具体的外交（领事保护）实践进行分析，特别是在中国的领事保护的发展对策上，更是力图结合国际关系和国际法来进行法理和政策的综合分析。

3. 案例分析方法

为了深入探讨国际法的人本化对中国领事保护的影响以及中国如何更好地进行领事保护等问题，本书在中国领事保护的对象、方式、经费与领事通知的程序权利以及是否该把领事保护上升为外交保护等方面都采用了案例分析方法，如陈久霖案、江针星遣返案、阿维纳和其他墨西哥国民案、所罗门撤侨事件、中国民间对日索赔案等。

4. 文本分析方法

通过对原始文献资料——《中国领事保护指南》2000年版，《中国境外领事保护和服务指南》2003年版、2007年版和《中国领事保护和协助指南》2010版等的系统分析和解读，来探讨中国领事保护的人本化路径和特点。

四、主要创新和不足

（一）创新之处

其一，研究视角的创新，即从国际法人本化出发研究中国的领事保护问题。"国力"、"海外安全事件"、"公民要求"、"主客观综合因素"构成了学术界研究领事保护动力的不同视角。对于中国领事保护（1978—2011）而言，既具有后发性，又具有国际性。国际法人本化对中国领事保护的推动更具"时空上"的一般性和"动力上"的综合性。

其二，研究内容的新颖。关于领事保护的研究还很欠缺，关于中国领事保护的研究就更为不足。本书在继承前人研究成果的基础上，结合领事保护领域的最新发展动态，较全面地分析了中国领事保护的不足、进步与发展方向以及中国在2004年后逐步建立起的领事保护预防和应急机制。国际领事保护与中国的领事保护正在不断发展和创新，这也使得本书的研究具有一定的新颖性和可持续性。

其三，观点上的创新。首先，对于领事保护与外交保护的理论基础，结合国际法的最新发展，进行了详细分析，尤其是对于领事保护的理论基础，本书结合人权因素对此进行了较为系统的总结与分析，而且注意把它与外交保护的理论基础做区分。尽管领事保护与外交保护都兼具政治性与法律性，但随着国际社会和国际法的发展，领事保护和外交保护的政治色彩正在逐步褪去，其人权因素在逐步凸显。不过，与外交保护相比，领事保护的人权因素更浓。基于此，国际人权的发展必定会对领事与外交保护产生影响。而且，外交保护的人本化无疑可以推动领事保护更深层次的人本化。其次，本书对于领事保护在国际法领域的一些人本动态进行了拓展和深化，并具体分析了这些人本化趋势对中国领事保护的具体影响。最后，本文从国际法的人本化这一视角出发，以中国的领事保护为因变量，将国际法的人本化这一抽象自变量相对具体化为两个方面，进而具体探讨了它们之间的关系。

（二）不足之处

其一，在资料上，由于本书的研究对象是海外中国公民与中国的领事保护，限于条件限制，笔者未能到海外中国公民聚集区进行实地调查研究，而只能借助于侨报、国内外报刊资料以及网络的相关报道来搜集素材。此外，研究领事保护这一课题，如果能够到驻外使、领馆或外交部实习或搜集资料，将更有利于本书内容的充实与完善。基于实践上的欠缺，笔者曾向中国驻亚丁总领事馆经济商务室前领事刘功宜以及外交学院外交学与外事管理系副主任夏莉萍教授（曾在中国驻以色列使馆领事部工作过两年）多次请教，两位老师不仅具有领事保护的实践经验，而且在理论方面也深有研究，给予了笔者耐心的解答与热心的帮助。对于中国领事保护的公开资料，笔者基本上已搜集齐全。至于外交部内部资料，即使具备了便利条件，许多资料也不能使用，因为"未解密的档案，即使看了也不能用"①。

其二，在国际人权法对中国的影响上，对其具体机制还缺乏详细分析，这可以作为今后拓展、深化的一个方向。

五、相关概念界定

（一）自然人、法人

自然人，是指具有自然生命形式的人。在一个国家中，自然人不仅包括本国公民，还包括外国人。法人，是指具有民事权利能力和行为能力，依法独立享有民事权利和承担民事义务的社会组织，如机关法人、事业单位法人和企业法人等。

（二）公民、国民

公民，是一个法律概念，是指具有一国的国籍，根据该国的法律享有权利和承担义务的自然人。1953年新中国第一部选举法颁布以后，法律用语均使用"公民"一词，"国民"一词基本不再使用。而且一般认为从国际法的角度来看，国民与公民并无严格区别，即使区别它们也没有实际意义。② 不过，《维也纳领事关系公约》和《维也纳外交关系公约》中都采用了"国民"一词，它包括个人与法人。

（三）国籍

国籍，是指一个人属于某个国家的一种法律上的身份，它表明一个人同某一国家之间的固定的法律联系。具有某一国国籍的人，被认为是该国的公民，依据该国宪法和法律规定享有权利并必须履行义务。国籍对于国家行使管辖权具有重要意义。国家的管辖权包括属地管辖、属人管辖、保护性管辖和普遍管辖四个方面。行使前三种管辖权，往往必须根据国籍区分外国人和本国人。国家对侨居在

---

① 张历历：《外交决策》，世界知识出版社2007年版，编写说明部分。
② 李斌编著：《现代国际法学》，科学出版社2004年版，第225页。

外国的本国人有权予以领事保护和外交保护，并且有义务接纳其回国。1980 年 9 月 10 日，中华人民共和国第五届全国人民代表大会第三次会议通过并于同日公布施行的《中华人民共和国国籍法》，是新中国成立以来颁布的第一部国籍法。中国不支持双国籍。①

（四）侨民、外侨、移民、华侨、华人、中国公民、临时出国中国公民、外国人

侨民，是国际性移民的结果，是指离开本国而在另一国定居但仍然保留本国国籍的人。侨民（不分民族、种族、肤色、国别）的基本权利应受到居留国政府的保护，但侨民的国籍国也有权保护侨民的正当权益。侨民应遵守居留国的法律并承担相应义务。侨民入境必须得到移民接受国政府的同意，并履行必要的手续，才能成为合法侨民。未经同意或未全部履行法定的手续而私自入境者称为非法侨民。②

外侨，简单地说，就是指外国的侨民，不过并不严格，有时也包括临时出国公民，特别是在给予外侨的权利方面。如《非居住国公民个人人权宣言》中，使用的称呼是"外侨"。《麦克米伦百科全书》中将之界定为："依据一个国家的法律而不是该国公民的人。"③ 这里外侨实际上就是指外国人。

移民，既可指国内移民，又可指国际移民。在学术界，关于国际移民概念的界定一直存在着较大争议。其中的分歧主要集中在以下两个方面：一是界定移民的时间标准问题。二是移民概念中是否包含难民、非法移民这些非正常形态的跨国迁移人口。④ 本书认为，国际移民是指跨越国境离开其国籍国或定居国，前往他国定居的迁移者。这里的时间不好作具体的限制，只是区别于临时出国者。其成分既包括合法移民，也包括非法移民。"新移民"，针对中国而言，主要是指改革开放后因私出国定居的中国公民。这一情况也很复杂。其中，海外旅行不算在内。但是，实际上因私出国定居和海外旅行有时也难以进行严格的区分；对于短期的探亲和与海外亲属的团聚也难以区分；对于留学生，其中有些是毕业后就业、取得居留权的人，因此是在海外居住还是留学后回国也很难区分。⑤

华侨是指定居在国外保留中国国籍的中国公民；华人泛指具有中国血统者，

---

① 《中华人民共和国国籍法》，http://www.fmprc.gov.cn/chn/lsfw/lszl/xgfg/t9783.htm，2008 年 12 月 9 日。

② 向洪、张文贤、李开兴主编：《人口科学大辞典》，成都科技大学出版社 1994 年版，第 446 页。

③ ［英］艾伦·艾萨克斯主编，郭建中等译：《麦克米伦百科全书》，浙江人民出版社 2002 年版，第 33 页。

④ 田源：《移民：传统经济维度中的非传统安全因素》，《经济问题探索》2006 年第 9 期，第 73 页。

⑤ ［日］山岸猛著，刘晓民译：《中国新移民及其主要输出地》，《南洋资料译丛》2007 年 4 期，第 56 页。

今专指加入外国国籍的华人。①

中国公民，依据中华人民共和国宪法和国籍法，凡具有中华人民共和国国籍的人都是中华人民共和国公民。中华人民共和国公民享有宪法和法律规定的权利，同时必须履行宪法和法律规定的义务。凡是依照《中华人民共和国国籍法》具有中国国籍者，都可以得到中国政府的领事保护。无论是定居国外的华侨，还是临时出国的旅行者；无论是大陆居民，还是香港、澳门和台湾同胞，都是中国政府提供领事保护的对象。②

临时出国中国公民，包括临时出国旅游、探亲、访问、经贸洽谈、交流合作的中国公民。其时间一般较短，其目的不具有定居性。

外国人，是指在一国境内，不具有居留国国籍而具有其他国籍的人。法律上的外国人概念，除了自然人外，一般还包括法人。③ 按照法律地位的不同，可以把外国人分为两类：一类是享有外交或领事特权与豁免的外国人，他们具有特殊的法律地位，如国家元首、政府首脑、外交和领事官员、国际组织的代表等；另一类是一般的外国人，如外国商人、游客、留学生、侨民等。为了便于管理，无国籍的人也往往被归入外国人的范畴。双重国籍或多重国籍人，如果他所具有的国籍中有一个是居留国的国籍，居留国一般不把他当作外国人看待。本书所探讨的是一般外国人，而且是自然人。

至于"领事保护"与"外交保护"的定义，将放在后文中进行详细界定和分析。

---

① 周南京主编：《华侨华人百科全书·总论卷》，中国华侨出版社 2002 年版，第 1 页。

② 《中国领事保护和协助指南（新）》（附少数民族文字版），http://cs.mfa.gov.cn/lsbh/lbsc/t873386.htm，2011 年 12 月 30 日。

③ 李斌编著：《现代国际法学》，科学出版社 2004 年版，第 238 页。

第一章　领事保护的理论基础
——兼与外交保护的比较

第一节　领事保护的定义

一、领事保护的定义

领事，是指一国政府根据同另一国政府达成的协议，派驻对方国家的特定城市（一般是在首都之外），在其领区内保护派遣国国家和公民权益的政府代表。[①]领事主要是在其领区内与接受国的地方当局交涉。而外交代表则是派遣国的政治代表，以接受国全境为执行职务的范围，所保护的利益具有全面性，直接与接受国的中央政府打交道。[②]在美国，领事除了负有保护其国外国民这一最高职责之外，还负责保护其边境安全，[③]这主要是通过在签证上把关得以实行。

国籍国对其海外公民的保护可以分为两大类别，即领事保护与外交保护。

由于领事业务随着历史的发展而不断拓展，从目前的国际文献来看，仍未就领事保护（Consular Protection）给出一个明确的定义。[④]《中国境外领事保护和服务指南》（2007年版）是这样定义的，领事保护"是指派遣国的外交、领事机关或领事官员，在国际法允许的范围内，在接受国保护派遣国的国家利益、本国公民和法人的合法权益的行为"[⑤]。在国际领事实践中，领事保护分为狭义的和广义的两种。[⑥]狭义的领事保护，是指当派遣国公民或法人的权益在领区内受到不

---

① "新中国领事实践"编写组：《新中国领事实践》，世界知识出版社1991年版，第1页。

② 李斌编著：《现代国际法学》，科学出版社2004年版，第464页。

③ http：//travel. state. gov/about/about_ 304. html，2009年2月20日。

④ 钱其琛主编：《世界外交大辞典》，世界知识出版社2005年版，第1215～1216页。

⑤ 《中国境外领事保护和服务指南》（2007年版），http：//www. fmprc. gov. cn/chn/lsfw/lszl/t353596. htm，2008年12月28日。

⑥ 万霞：《海外公民保护的困境与出路——领事保护在国际法领域的新动向》，《世界经济与政治》2007年第5期，第37页。

法侵害或损害时，领事官员同领区内有关当局交涉，要求制止不法行为，对派遣国公民或法人受到的损失予以赔偿。这就相当于《维也纳领事关系公约》所规定的："于国际法许可之限度内，在接受国内保护派遣国及其国民——个人与法人——之利益。"① 有些学者认为这才是真正意义上的领事保护。② 《中国境外领事保护和服务指南》（2007 年版）对于狭义的领事保护是这样界定的："当本国公民、法人的合法权益在驻在国受到不法侵害时，中国驻外使、领馆依据公认的国际法原则、有关国际公约、双边条约或协定以及中国和驻在国的有关法律，反映有关要求，敦促驻在国当局依法公正、友好、妥善地处理。"③

广义的领事保护除了上述内容外，还包括领事官员向派遣国公民或法人提供的其他必要的帮助和协助，一般称为领事协助（Consular Assistance/Consular Support/Consular Help）。这就相当于《维也纳领事关系公约》所规定的："帮助及协助派遣国国民——个人与法人。"④ 《中国境外领事保护和服务指南》（2007 年版）对此是这样界定的："领事保护还包括我驻外使、领馆向中国公民或法人提供帮助或协助的行为，如提供国际旅行安全方面的信息、协助聘请律师和翻译、探视被羁押人员、协助撤离危险地区等。"⑤

对于领事保护的定义以及狭义和广义领事保护的区分，《中国领事保护和协助指南》（2010 年版）基本延续了《中国境外领事保护和服务指南》（2007 年版）的界定与划分。不过最新版的《中国领事保护和协助指南》中，对于领事保护却界定如下："领事保护是指中国公民、法人的合法权益在所在国受到侵害时，中国驻当地使、领馆依法向驻在国有关当局反映有关要求，敦促对方依法公正、妥善处理，从而维护海外中国公民、法人的合法权益"⑥。这一界定似乎使得领事保护仅限于狭义的领事保护，而未能将自然灾害或其他情形下的"撤侨"等广义的领事保护包括在内。

国际领事保护实践一般都属于广义的一类，既包括了狭义的领事保护，也包括了广义的领事协助。

---

① 《维也纳领事关系公约》，http：//capetown. china-consulate. org/chn/lsbh/xgfg/t213674. htm，2008 年 8 月 23 日。

② 殷敏：《外交保护法律制度及其发展势态》，华东政法学院博士学位论文，2007 年，第 33 页。

③ 《中国境外领事保护和服务指南》（2007 年版），http：//www. fmprc. gov. cn/chn/lsfw/lszl/ t353596. htm，2008 年 12 月 28 日。

④ 《维也纳领事关系公约》，http：//capetown. china-consulate. org/chn/lsbh/xgfg/t213674. htm，2008 年 8 月 23 日。

⑤ 《中国境外领事保护和服务指南》（2007 年版），http：//www. fmprc. gov. cn/chn/lsfw/lszl/t353596. htm，2008 年 12 月 28 日。

⑥ 《中国领事保护和协助指南（新）》（附少数民族文字版），http：//cs. mfa. gov. cn/lsbh/lbsc/t873386. htm，2011 年 12 月 30 日。

与领事保护有关的概念还有领事服务（Consular Service）。对此，中国外交部是如此定义的，领事服务是指"中国驻外使、领馆依据本国有关法律和法规为在接受国内的本国公民提供涉及国际旅行证件、公证、认证等事宜的服务"①。可见，领事服务主要限于领事认证这一内容。

西方一些发达国家通常所用的与领事工作有关的词汇是"领事服务"或"领事协助"。

《哥伦比亚百科全书》中所用的是领事服务（Consular Service），包括促进和保护美国的商业利益，颁发护照，核查国外美国公民身份，对前往美国的船只的货物、船员和乘客等开具卫生条件的证明，与当地地方官员就海外美国人法律事宜进行交涉和调停等。②

美国国务院在《对国外美国国民的领事保护》中，就使用了领事保护（Consular Protection）、领事事物（Consular Affairs）、领事服务（Consular Service）和领事职能（Consular Function）等词。其中，还将领事职能总结为：领事保护、颁发护照、办理公证认证、打击国际儿童拐卖罪行、出生和死亡登记以及财产处理等，范围非常广泛，甚至还有涉及引渡的一些事物等。③

由此可见，这里的"领事服务"大致相当于中国的领事保护再加上领事服务，而且范围还要更广一些，不仅囊括了《维也纳领事关系公约》中规定的所有领事职务，而且还有些突破与发展。

巴西和葡萄牙在它们签订的对在第三国的本国国民进行领事保护（Consular Protection）和协助（Consular Assistance）的合作协议中，对领事保护的定义大致与中国官方的界定相同。④

在本书中，为了便于论述，笔者将领事保护与领事认证等服务内容分离出来。领事保护也就是通常所指的广义的领事保护。笔者将之界定为：当派遣国国民在居留国受到不法侵害（国家的或个人的）或因其他原因处于困境时，派遣国的外交和领事官员，在国际法许可的限度内，通过与其居留国（国家或地方政府）进行交涉，甚至包括采取抗议等方式来维护其权益，或提供其他必要的协助。

---

① 《中国境外领事保护和服务指南》（2003 年版），http：//www. fmprc. gov. cn/chn/lsfw/lszl/t353596. htm，2008 年 12 月 28 日。

② http：//www. encyclopedia. com/doc/1E1 – consular. html，2008 年 12 月 26 日。

③ Consular Protection of U. S. Nationals Abroad，http：//www. state. gov/documents/organization/86556. pdf，2008 年 12 月 28 日。

④ http：//untreaty. un. org/unts/120001_ 144071/26/3/00021483. pdf，2009 年 3 月 3 日。

二、外交保护的定义

对于外交保护的界定，一直存在着较大的争议。

日本国际法学者寺泽一、山本草二认为，外交保护是指本国国民在外国遭到损害，依据该国国内法程序得不到救济时，本国可以通过外交手段向该外国要求适当救济。国家为了行使这种外交保护权利，需要具备以下两个条件：第一，受害者本人具有本国国籍。这个国籍必须是遭受侵害时起直至得到外交保护为止，连续持有该本国的国籍（国籍连续原则）。第二，受害者本人，应采取在受到损害的居留国内可能利用的国内法救济程序，这样做仍得不到满意结果时，才行使外交保护权（国内救济原则）。① 这里不仅界定了外交保护的方式，还界定了行使外交保护的程序条件。不过，这种定义对于外交保护的方式，仅限于外交手段。

韩国国际法学者柳炳华认为，"如私人因国际不当行为遭受损害，其所属国可以向实施不当行为的国际法主体追究国际责任，使个人遭受的损害得以补偿，这就是外交保护"②。这里的定义主要限于外交保护的实体规范，即因国际不当行为追究其国际责任。

苏联克利缅科等主编的《国际法辞典》中，并未见到领事保护条款。它对外交保护是这样界定的："一个国家通过外交和领事代表机关对本国在外国的公民被侵犯权利或可能被侵犯权利时给予的保护。外交保护有两个特点：①从驻在国当局获得有关侵权行为或有关驻在国当局针对某人采取行动的原因和法律根据的信息；②进行保护。例如，对非法拘留提出抗议，要求释放被拘人员，协助征求当地律师的意见，等等。如果驻在国当局对某人采取的措施是因为当事人本身的非法行为引起的，外交保护则仅限于获得有关的信息和在必要时（例如当事人被逮捕）帮助当事人寻找律师等。根据《苏联领事条例》，即使有关的苏联公民并未要求外交保护，苏联驻外代表机关（使馆和使团的领事部门和领事代表机关）也应主动提供外交保护。"③ 这里的定义显然注意没有区分领事保护与外交保护，而是将领事保护也融入到外交保护中。

英国国际法学者阿库斯特认为，如果东道国给予外国人的待遇不符合最低限度国际标准，将"引起"该国的"国际责任"，受害外国人的本国可以行使"外

---

① ［日］寺泽一、山本草二主编，朱奇武等译：《国际法基础》，中国人民大学出版社1983年版，第308～309页。

② ［韩］柳炳华著，朴国哲等译：《国际法》（下卷），中国政法大学出版社1997年版，第219页。

③ ［苏］克利缅科等主编，程晓霞等译：《国际法辞典》，中国人民大学出版社1987年版，第52页。

交保护权"，即可以通过外交渠道对该国提出要求，以便得到赔偿或某种其他方式的救济。此种要求通常由谈判解决；如果双方当事国同意，作为替代办法，也可以通过仲裁或司法解决加以处理。① 这里的界定主要规定了外交保护的实体规范和实施方式，而且其方式既包括了外交方式，也包括了法律方式。

中国国际法学者王铁崖是这样定义的："如果一国国民受另一国违反国际法的行为的侵害而不得通过通常途径得到解决，该国民所属的国家有权对其实行外交保护，这是国家法的一项基本原则。国家为其国民采用外交行动，该国实际上是主张自己的权利——保证国际法规则受到尊重的权利。"② 这里的界定不仅规定了外交保护的实体规范，而且也规定了最为关键的程序规范——不得通过通常途径得到解决，即用尽当地救济，而且还明确指出了外交保护是一项国家权利。不过，对于其方式也是限于外交行动。

联合国国际法委员会在 2006 年二读通过的《外交保护条款草案》中，对外交保护是这样界定的，"外交保护是指一国对于另一国国际不法行为给属于本国国民的自然人或法人造成损害，通过外交行动或其他和平解决手段援引另一国的责任，以期使该国责任得到履行"③。这里既界定了外交保护的实体规范，也全面界定了外交保护的方式。

结合上述定义以及外交保护实践的发展，笔者将外交保护界定为：外交保护是指一国对另一国国际不法行为给本国国民（自然人或法人）造成的侵害或损害，在用尽当地救济仍未能解决的情况下，以国家的名义通过外交行动或法律手段援引另一国的责任，以期使该国责任得到履行，从而使得国家权利和个人权利受到尊重和保护。

第二节　领事保护的理论基础

对于领事保护④的理论基础，以往的一些研究很少进行专门探讨，大多将之

---

① ［英］阿库斯特著，汪暄等译：《现代国际法概论》，中国社会科学出版社 1981 年版，第 101 页。
② 王铁崖主编：《中华法学大辞典》（国际法学卷），中国检察出版社 1996 年版，第 572 页。
③ 二读通过的《外交保护条款草案》及其评注，A/61/10。
④ 关于领事保护与外交保护，无论是在理论上还是在实践中都是一个较难明确区分的问题，特别是在实践中，二者更是交织融合在一起，有的个案中可以看到既有外交保护也有领事保护。许多学者往往将领事保护作为外交保护的初级阶段，或将外交保护作为领事保护的高级阶段。因此，领事保护的理论基础实际上也在一定程度上成为外交保护的理论基础。但二者还是有本质区别的，不可将领事保护与外交保护的理论基础混为一谈。为了区分二者，笔者认为外交保护的理论基础应从国家利益伤害理论、国际责任理论和用尽当地救济原则等方面进行探讨。

简单地概括为属人管辖权。基于主权的属人管辖权虽然构成了领事保护的基础，但是难以解释领事保护的推动因素、标准和依据等，尤其对于现代领事保护而言，更是如此。[①]

领事保护不仅是一项国家权利，也是一项个人权利。随着国际人权法的发展，反映国际法中人权保护状况的一般原则也获得了广泛认可，如一个国家尊重人权的义务在正常情况下适用于对外国人的待遇，也适用于对本国国民的待遇。此外，国际人权规范也推动着领事关系法的人本化。

领事保护的内容是海外公民以及法人在海外的合法权益。这些合法权益主要包括：人身安全、财产安全、合法居留权、合法就业权、法定社会福利、人道主义待遇等，以及当事人与其国籍国驻当地使、领馆保持正常联系的权利。[②] 因此，对于领事保护的理论基础，必须结合人权因素进行探讨。

一、领事保护的理论基础

（一）属人管辖权——领事保护的基础

从国际法的观点来看，作为国际法主体的国家，必须具有一定的居民、确定的领土、相应的政权组织和主权四个要素。其中，主权是现代国家的根本属性，是国家基本权利和义务的基础。

国家管辖权是国家主权最直接的体现，是指国家对其领域内的一切人、物和事件以及境外特定的人、物和事件具有的行使管辖的权利。[③] 一般而言，国家管辖权包括属地管辖权、属人管辖权、保护性管辖权和普遍性管辖权四个方面。其中，属地管辖权和属人管辖权是主要的两个方面。

属地管辖权，主要以领土作为管辖的标准，是指国家对其领域内的一切人（享有豁免权者除外）和物以及事件有权行使管辖。属人管辖权，主要以国籍作为管辖的标准，是指国家对在国内和国外的本国公民，有权行使管辖。国家管辖权在其领土外的适用，主要是针对具有其国籍的人或其他获得其国籍的特定物。[④]

---

① 从国家责任的角度可把国家的形态分为古代的"家国一体型国家"、近代的"契约型国家"和现代的"国际化人道国家"（1948—　）三种类型。对于后两种形态而言，领事保护都离不开人权因素的推动。基于此，在不同国家形态中，领事保护的理论基础也是不相同的。本书所探讨的领事保护的理论基础，是基于现代的"国际化人道国家"形态。

② 《中国领事保护和协助指南（新）》（附少数民族文字版），http://cs.mfa.gov.cn/lsbh/lbsc/t873386.htm，2011年12月30日。

③ 饶戈平主编：《国际法》，北京大学出版社1999年版，第102页。

④ 饶戈平主编：《国际法》，北京大学出版社1999年版，第107页。

居留于一国的外国人处于其居住国的属地管辖权之下，他们必须遵守居住国的法律。1985 年，联合国大会通过的《非居住国公民个人人权宣言》第四条就规定："外侨应遵守居住或所在国的法律，并尊重该国人民的风俗和习惯。"[①] 同时，居留于一国的外国人也处于其国籍国的属人管辖权之下，要对其本国尽一定的义务。如《中华人民共和国宪法（1982）》第五十二条就规定，"公民有维护国家统一和全国各民族团结的义务"。对于海外中国公民也是如此。

所以，一国的外国人要同时受居住国属地管辖权和国籍国属人管辖权的双重管辖。这种双重管辖实际上来自于主权的相对性。"国家主权的相对性主要是指国家主权的相互制约性，主权内容的动态变化性以及主权权力行使的有限性等。"[②] "绝对主权论者"往往片面宣扬主权的最高性和绝对性，并把它无限地运用到国家对内、对外事务的处理中。实际上，主权本身就包含一定的相对性。

首先，从主权的领域限制而言[③]，在其领域范围内，国内管辖权具有最高效力；而在其领域范围之外，国家只能行使国际法所赋予的主权权力。

其次，随着全球化的发展，主权的相对性程度也会越来越高，本质上属于国内管辖的事项范围正在逐步缩小。如人权或环境保护领域的事项往往具有国内管辖事项与国际法事项的双重性质。[④]

"主权的相对性是国际社会成员和平共处必不可少的一个条件，也是解决接受国属地管辖权和派遣国对海外公民属人管辖权冲突的理论依据。"[⑤] 正是基于此，"尽管外国人的国籍国也拥有对该人的属人管辖权，但属地管辖处于相对优先的地位，属人管辖须服从和受制于属地管辖"[⑥]。但是，属地管辖权并不因此而具有绝对性。尽管属人管辖权的行使要受到属地管辖权的（优先）限制，但它也反向构成了对属地非法"管辖"或不作为的限制。

属人管辖权有助于扩大本国主权的域外效力，是国籍国保护其国外公民权益的基础。正是基于属人管辖权，国籍国才可以对其国外公民提供领事保护甚至进行外交保护。

国际法保障一个国家对其领土内的人、物和事件的属地管辖权，因为它是国家主权的根本标志之一，是领土主权最重要的体现。同时，国际法也保障国籍国

---

① 《非居住国公民个人人权宣言》，http：//www.un.org/chinese/hr/issue/docs/84.PDF，2008 年 12 月 29 日。

② 杨泽伟：《主权论——国际法上的主权问题及其发展趋势研究》，北京大学出版社 2006 年版，第 33 页。

③ 杨泽伟：《主权论——国际法上的主权问题及其发展趋势研究》，北京大学出版社 2006 年版，第 9 页。

④ 李斌编著：《现代国际法学》，科学出版社 2004 年版，第 57 页。

⑤ 李娟娟：《领事保护制度研究》，外交学院硕士学位论文，2008 年，第 7 页。

⑥ 万霞：《海外中国公民安全问题与国籍国的保护》，《外交评论》2006 年第 6 期，第 101 页。

的属人管辖权，正如《奥本海国际法》所指出的，"虽然外国人在进入一国的领土时立即从属于该国的属地最高权，但是，他们仍然受他们本国的保护。根据这一普遍承认的国际法的习惯规则，每一个国家对于在国外的本国公民享有保护的权利"①。属人管辖权的规定，反映出了它对一个国家管辖其领土内个人权力的一种限制。② 国籍国行使属人管辖权，主要是通过与属地管辖权的协调和冲突来实现。不过，对于现在的领事保护而言，更多的是一种协调。《维也纳领事关系公约》第五条，具体规定了各项领事职务。其中最基本的就是以下两项："①于国际法许可之限度内，在接受国内保护派遣国及其国民——个人与法人——之利益"；"②帮助及协助派遣国国民——个人与法人"。③ 归结起来，领事的主要职能就是保护和协助其国外公民。

由于属人管辖权构成了领事保护的基础，所以国籍也就成为一国进行保护的判断标准。但是《维也纳领事关系公约》并没有绝对限定这一标准。如第八条就规定："经适当通知接受国后，派遣国之一领馆得代表第三国在接受国内执行领事职务，但以接受国不表反对为限。"④ 这也就为领事保护中国籍的松动和突破奠定了基础。这一规定，无疑是出于对人权的考虑。而且，早在人权还属于国内事项的时期，这种实践就已出现。在当今国际人权思想和法律不断发展的时代，这种实践将会在人权因素的推动下更为普遍。

即使是在对国籍限定条件更为严格的外交保护领域，随着人道主义、人权理论和国际人权法影响的扩大，传统外交保护理论也不断地融合了人权因素，体现出了更为人本化的特点和趋势。如二读通过的《外交保护条款草案》第一条规定："外交保护是指一国针对其国民因另一国国际不法行为而受的损害，以国家的名义为该国民采取外交行动或其他和平解决的手段。"⑤ 这里所说的"国民"，既包括具有外交保护国之国籍的自然人，也包括其法人。此外，《外交保护条款草案》还规定了外交保护的对象包括难民、无国籍人、双重国籍或多重国籍的人。对于属于国家权利的外交保护尚且如此，那么对于属于公民权利的领事保护，在人权因素的推动下，主权的限制会相对放松，即其国籍限制会进一步放松。

---

① ［英］劳特派特修订，王铁崖等译：《奥本海国际法》（上卷第二分册），商务印书馆 1989 年版，第 173 页。

② Barry E. Carter, et al. , *International Law*, Apsen Publisher, 2003 , p. 743.

③ 《维也纳领事关系公约》，http：//capetown. china - consulate. org/chn/lsbh/xgfg/t213674. htm，2008 年 8 月 23 日。

④ 《维也纳领事关系公约》，http：//capetown. china - consulate. org/chn/lsbh/xgfg/t213674. htm，2008 年 8 月 23 日。

⑤ 二读通过的《外交保护条款草案》及其评注，A/61/10。

（二）外国人待遇原则与国际人权法——领事保护的依据

1. 外国人待遇原则——依据之一

外国人待遇制度是确定和维护海外国民权益的国际法标准。外国人待遇是指外国人在外国享有权利和承担义务的一种综合。对于居留国而言，它成为其对待外国人的参照标准。对于国籍国而言，则成为其保护其国外公民的参照标准和依据，尤其是对狭义的领事保护而言，更是如此。

《维也纳领事关系公约》规定了领事职务的行使必须"于国际法许可之限度内"[①]。实际上，除了国籍国要清楚这一保护的限度外，居留国也应明白这一对待的限度。这一限度就涉及外国人待遇的标准问题，尤其是在人身和财产安全方面。[②]

当一个外国人进入一个国家时，他就立即处于所在国的属地管辖权之下，因此，该国可以把它的法律适用于其领土内的外国人。外国人必须遵守所在国的法律，但其基本权利也应得到所在国的保护。

外国人待遇制度规定了外国人权利的基本内容，因此也就构成了外国人权利受到侵害、寻求法律救济时最根本的依据。总的来看，国际法对于国家给予外国人何种待遇，并无统一的规定，而是由国家自行决定，或是国家之间通过双边条约作出规定。每个国家都可以根据本国的具体情况，在不违背国际习惯法和国际条约规定的情况下，规定外国人入境、出境和居留的管理办法，以及在居留期间的具体权利和义务等。

外国人待遇更主要的是涉及那些居留的外国侨民和开展业务活动的法人。因为这些外国人虽然也与临时出国或短期停留的外国人一样，服从所在国的法律，但他们要比临时逗留或旅行的外国人享有更广泛的权利和履行更多的义务。[③] 尽管如此，外国侨民与临时逗留或旅行的外国人在其待遇的基本原则上仍是相同的。

在国际实践中，对外国人的待遇采取了各种不同的原则，常见的有国民待遇、最惠国待遇、互惠待遇和差别待遇等。

国民待遇，也称平等待遇，是指国家在一定范围内给予外国人的待遇不低于给予本国公民的待遇。国民待遇通常是国家在互惠原则的基础上互相给予，体现

---

①　《维也纳领事关系公约》，http://capetown.china – consulate.org/chn/lsbh/xgfg/t213674.htm，2008年8月23日。

②　丘日庆主编：《领事法论》，上海社会科学院出版社1996年版，第41～42页。

③　梁淑英：《论外交保护的条件》，见马呈元等：《国际法律问题研究》，中国政法大学出版社1999年版，第222页。

了国家之间的平等关系。国民待遇原则并不是从来就有的，这一思想起源于法国大革命期间的《人权宣言》，即"人类生来是自由的，在权利上是平等的"。随着经济的发展以及外国人民事法律地位的变迁，国民待遇到了资本主义时期，出于国际贸易和通商的需要才逐步确立。在全球化的今天，国民待遇已经成为国际经济交往的基本原则。这一原则被广泛运用于世界贸易领域。结合国际实践来看，国家给予外国人国民待遇，一般限于民事权利和诉讼权利。至于政治权利，外国人一般不能享有，或享有较为有限的政治权利。

最惠国待遇，是指一国（施惠国）给予另一国（受惠国）公民或法人的待遇，不低于现时或将来给予任何第三国公民或法人在该国的待遇。联合国国际法委员会在《关于最惠国条款的条文草案》第五条中指出："最惠国待遇是授予受惠国或与之有确定关系的人或事的待遇不低于授予国给予第三国或与之有同于上述关系的人或事的待遇。"①

互惠待遇，是指国家之间根据平等互惠的原则，互相给予对方公民在入境签证、税收等方面的优惠待遇。

差别待遇，是指国家给予外国人不同于本国公民的待遇，或给予不同国籍的外国人不同的待遇。

上述外国人待遇的不同原则，既有人权思想的影响，又有国家利益和商贸关系的考虑。不管是哪种因素居于主导地位，外国人待遇原则都构成了一国保护其国外公民的基本依据。当今，外国人待遇的原则，根据国际社会的普遍实践和国际条约的相关规定，一般以国民待遇原则和最惠国待遇原则来确定。

2. 国际人权法——依据之二

国际人权法所确立的涉及外国人的权利与义务标准，更具一般性和普适性，这也使得它更少政治性，凸显了人本性。

由国际人权法所确立的涉及外国人的权利与义务标准，对于居留国而言，成为其对待外国人的参照标准。对于国籍国而言，成为其保护自己海外公民的推动力、参照标准和依据。

外国人待遇进入国际法领域是 19 世纪以后的事情。关于外国人的待遇，并没有统一的标准。在国际法的理论中，存在着国际标准主义和国内标准主义两种对立的主张。

国际标准主义，又称国际最低标准主义。这种理论主要是由英美等西方发达国家提出的。该理论主张外国人待遇应达到"国际最低标准"或"文明国家的道德标准"。实际上，就是以欧美国家标准要求于他国。

---

① 王铁崖、田如萱编：《国际法资料选编》，法律出版社 1982 年版，第 762 页。

国内标准主义，又称国民待遇标准主义。这种理论主要是由发展中国家尤其是拉丁美洲国家提出的。19 世纪 60 年代，卡尔沃主义在拉美得以产生。阿根廷著名的外交家和国际法学者卡洛斯·卡尔沃（Carlos Calvo）为抵制发达国家对外交保护权的滥用，在《国际法的理论与实践》一书中主张："现在美洲国家与欧洲一样都是自由独立的国家，其主权应受到相同的尊重，其国内法不允许来自外国的任何干涉。""在一国定居的外国人有权享有与居留国国民相同的保护，但不能要求更多的保护，外国人如受到侵害，不能向加害人本国要求任何赔偿，应依靠加害人本国来惩治加害人。""政府对外国人所负的责任，不应多于其对本国国民所负的责任。"① 他的这一主张为拉丁美洲和一些发展中国家所广泛接受，被称为"卡尔沃主义"。该理论主要是针对英美等发达国家的自我标准论，主张外国人与本国人平等，所在国给予外国人的民事权利和法律保护，应以该国国民所享有的程度为准。

上述两种标准之争，实际上反映了不同国家在对待外国人待遇方面的不同考虑：

一是西方发达国家的考虑。由于各国的政治经济状况不同，导致各国人权状况也存在较大差异。西方国家的侨民在其他国家的基本权利难以得到保障。正如英国法学家阿库斯特所说，如果不确立国际最低标准，"它将意味着国家有权把外国人折磨至死，只要它也把自己国民折磨至死——这是常识和正义所不能接受的结论"②。实际上，这种理论除了出于对人权的担忧之外，主要还是出于对西方发达国家海外利益的考虑，即对海外投资等的保护。

二是发展中国家的考虑。外国人在居留国的待遇本应受到居留国国内法的管辖。如果国际社会确立国际最低标准，则容易导致对属地国主权的侵犯和内政的干涉。③ 国民待遇标准，尤其是卡尔沃主义的提出，主要是针对大国利用所谓的国际标准行干涉主权之实。所以，卡尔沃主义主要是出于主权的考虑，"从这个初衷考虑应予支持，但也应防止把事情推向极端，否定国际义务或否定别国的合法权利"④。因此，主权绝对化应是不利于促进和维护人权的。

国际最低标准主义仅仅是西方国家的标准，而不是现代国际法所规定的一般或普适标准。在历史上，它曾经成为欧美列强进行殖民输出以及对弱小国家进行干涉的借口，引起了许多发展中国家的反对。而且，欧美国家之间也并不适用国

---

① Donald R. Shea, *The Calvo Clause*, Minneapolis：University of Minneseta Press，1955，pp. 17 – 19.

② ［英］阿库斯特著，汪暄等译：《现代国际法概论》，中国社会科学出版社 1981 年版，第 104 页。

③ 万霞：《海外中国公民安全问题与国籍国的保护》，《外交评论》2006 年第 6 期，第 102 页。

④ 梁淑英：《论外交保护的条件》，见马呈元等：《国际法律问题研究》，中国政法大学出版社 1999 年版，第 231 页。

际最低标准。此外，传统的领事保护和外交保护在保护效果上也往往受制于对等权力的限制，这就使得西方发达国家的最低标准仅仅只是利于它们而已。

"二战"以后，国际人权法逐步形成国际法的一个新分支。《联合国宪章》首先肯定了人权主体的普遍性，如其序言中强调，"重申基本人权、人格尊严与价值，以及男女与大小各国平等权利之信念"。第一条规定："促成国际合作，以解决国际间属于经济、社会、文化及人类福利性质之国际问题，且不分种族、性别、语言或宗教，增进并激励对于全体人类之人权及基本自由之尊重。"第五十五条规定："全体人类之人权及基本自由之普遍尊重与遵守，不分种族、性别、语言或宗教。"① 由此可见，人权问题被纳入国际法的范畴，成为国际法的一项原则。

1948 年的《世界人权宣言》、1966 年的《经济、社会和文化权利国际公约》和《公民权利和政治权利国际公约》被称为国际人权宪章，同样也是肯定了人权主体的普遍性。

《世界人权宣言》第一条规定："人人生而自由，在尊严和权利上一律平等。他们赋有理性和良心，并应以兄弟关系的精神相对待。"第二条规定："人人有资格享有本宣言所载的一切权利和自由，不分种族、肤色、性别、语言、宗教、政治或其他见解、国籍或社会出身、财产、出生或其他身份等任何区别，并且不得因一人所属的国家或领土的政治的、行政的或者国际的地位之不同而有所区别，无论该领土是独立领土、托管领土、非自治领土或者处于其他任何主权受限制的情况之下。"② 这一关于人权的专门性国际宣言使得人权问题真正进入国际法领域，受到世界各国的普遍关注。

《经济、社会和文化权利国际公约》第二条规定："本公约缔约各国承担保证，本公约所宣布的权利应予普遍行使，而不得有例如种族、肤色、性别、语言、宗教、政治或其他见解、国籍或社会出身、财产、出生或其他身份等任何区分。"③

《公民权利和政治权利国际公约》第二条规定："本公约每一缔约国承担尊重和保证在其领土内和受其管辖的一切个人享有本公约所承认的权利，不分种族、肤色、性别、语言、宗教、政治或其他见解、国籍或社会出身、财产、出生或其他身份等任何区别。"④

---

① 《联合国宪章》，http：//www. un. org/chinese/aboutun/charter/preamble. htm，2009 年 1 月 10 日。
② 《世界人权宣言》，http：//www. un. org/chinese/hr/issue/udhr. htm，2009 年 1 月 10 日。
③ 《经济、社会和文化权利国际公约》，http：//www. un. org/chinese/hr/issue/esc. htm，2009 年 1 月 10 日。
④ 《公民权利和政治权利国际公约》，http：//www. un. org/chinese/hr/issue/ccpr. htm，2009 年 1 月 10 日。

由此看来，国际人权法对人权的理解和规定是建立在普适性人权观的基础之上的。因此，外国人与本国人一样，也都被包容在这一主体之中。国际人权法的融入，使得外国人待遇标准能够脱离各国实力和利益的影响，从而更具一般性和普适性。

阿·菲德罗斯在其《国际法》中也指出："所有以一般国际法为基础的外国人的权利根源于这个理念：各国相互间负有义务在外国人的人身上尊重人的尊严。所以，它们有义务给予外国人以人的尊严的生活所不可缺少的那些权利。"① 正因为如此，"对外国人法律地位制度确定的基本价值根据，仍是国际人权保护中的正义标准"②。那么，这种正义标准究竟该如何统一？

为了统一标准，更好地保护外国人，1985 年 12 月 13 日，联合国大会通过了《非居住国公民个人人权宣言》③，这个宣言对外国人所应享有的权利和义务作出了较为具体而详细的规定，如规定非居住国公民享有人身自由、安全权、隐私权、婚姻权、宗教自由权、选择居所的权利、财产权利、表达意见的权利等基本人权和自由，同时还规定了非经法定程序不得驱逐外侨，禁止集体驱逐外侨等内容。因此它也成为国际人权领域中保护外国公民权利的集大成者。④ 尽管这一宣言不具有法律约束力，但它规定的内容还是符合国际实践并得到国际社会普遍认可的。因此，它对我们了解外国人待遇的基本内容和标准，对国家规范外国人的权利和义务等具有重要意义。⑤ 所以，《非居住国公民个人人权宣言》既可成为居留国如何对待外国人的基本参照标准，也可成为国籍国进行领事保护的基本依据。

（三）国内人权与国际人权——领事保护的推动因素

领事保护不仅是一项国家权利，也是一项个人权利。一国公民有权要求或放弃领事保护。从《维也纳领事关系公约》以及一些相关的国际人权公约来看，领事保护的内容涉及海外公民的人身安全、居留权、财产权、劳动就业权、社会福利、人道主义待遇、领事通知以及与派遣国使、领馆保持正常联系等方面。因此，领事保护直接关系到一国海外公民的切身利益。如果一国政府切实保护人

---

① ［奥］阿·菲德罗斯等著，李浩培译：《国际法》（下册），商务印书馆 1981 年版，第 434～435 页。

② 王利民：《外国人法律地位制度的法理思考》，《大连理工大学学报》2006 年第 1 期，第 92 页。

③ 《非居住国公民个人人权宣言》，http：//www. un. org/chinese/hr/issue/docs/84. PDF，2008 年 12 月 29 日。

④ 杨培栋：《外交保护制度研究》，外交学院硕士学位论文，2007 年，第 39 页。

⑤ 梁淑英：《论外交保护的条件》，见马呈元等：《国际法律问题研究》，中国政法大学出版社 1999 年版，第 223 页。

权，那么它们本身的活动就是合法的。① 正因为此，许多国家都以国内宪法或法律规章等赋予本国公民要求领事保护的权利。如美国法律规定，只要确证美国国籍的公民受到了不公平的待遇，领事应予以保护；《荷兰宪法》规定，荷兰人享有领事保护的权利；《中华人民共和国宪法》规定，"中华人民共和国保护华侨的正当的权利和利益"，等等。② 此外，一些国家还制定了专门保护其国外公民的法规。如匈牙利就制定了专门的领事保护法。③ 我国也正在进行领事保护立法的研究工作。

人权的概念，是17、18世纪西方资产阶级革命时期提出来的。荷兰法律思想家格劳秀斯（1583—1645），在《战争与和平法》一书中，专门论述了人的普遍权利问题，最早提出并阐述了"自然权利"说。格劳秀斯认为，自然法的基础存在于人性之中。自然权利是天赋的、不可侵犯的，主要包括生命、财产和自由等。④ 因此，格劳秀斯主张人的生命权和人身自由等是不可侵犯的。

英国思想家洛克（1632—1704），认为人类社会在国家产生之前，处于一种平等、自由的自然状态。为了更好地保护人们的自然权利，人们缔结了"社会契约"，建立了国家。"当某些人基于每个人的同意组成一个共同体时，他们就因此把这个共同体形成一个整体，具有作为一个整体而行动的权力，而这只是经大多数人的同意和决定才能办到的。"⑤

法国思想家卢梭（1712—1778），认为在自然状态中，每一个人都是自由、独立和平等的。由于私有制、暴君以及暴政等的出现，从而破坏了这种自然状态。人民走出自然状态的方式就是缔结"社会契约"。因此，人们在缔结社会契约时，每一个结合者都把其自身的权利转让给集体，同时又从集体那里获得自己所让渡给别人的相同权利并得到社会的保护。⑥

因此，按照天赋人权和社会契约理论，在公民与国家的关系上，国家的权力是人民让渡和赋予的，国家的任务就是保护和促进人民的权益。这一时期，契约型国家的国内人权就构成对其主权的限制。在这一限制之下，政府就应保障和促进其公民的人权。领事保护是一项个人权利，国内个人人权的发展必定会推动它的相应发展。

在近代契约型国家中，领事保护受到其国内人权因素的推动。而对于当时尚

---

① ［美］杰克·唐纳利著，王浦劬等译：《普遍人权的理论与实践》，中国社会科学出版社2001年版，第10页。

② 许育红：《领事保护法律制度与中国的实践》，外交学院硕士学位论文，2003年，第32页。

③ 沈国放等：《企业和个人，海外遇事怎么办》，《世界知识》2008年第17期，第27页。

④ 徐大同主编：《西方政治思想史》，天津教育出版社2002年版，第124～125页。

⑤ ［英］洛克著，叶启芳等译：《政府论》（下篇），商务印书馆1996年版，第60页。

⑥ ［法］卢梭著，何兆武译：《社会契约论》，商务印书馆1980年版，第22～25页。

处于家国一体型阶段的晚清社会，由于人权的缺乏，领事保护却难以发展。如在中国历史上，就曾发生过骇人听闻的红溪惨案，侨居于印尼的数万华侨惨遭荷兰殖民者的大肆屠杀，导致红溪河水也被华侨的鲜血所染红。惨案发生后，荷兰殖民者遣使清廷谢罪，乾隆皇帝竟"大度"地表示，那些被害者是"天朝弃民"，"概不闻问"。① 由此可见，领事保护如果缺乏人权因素的推动，即使国力强盛，仍难以作为。

虽然在第二次世界大战以前，人权问题基本上是被当作纯粹的国内法管辖的事项来对待的。但是在某些领域或个别问题方面，也出现了一些和人权保护有关的国际法发展的先例，主要表现为保护少数者、禁止奴隶制和奴隶贸易以及战争法上的人道主义规则几个方面。保护少数者或少数民族可以说是在国际法上和人权保护有关的最早的领域。当某国的宗教、语言或人种少数者的权利遭到侵害时，在近代国际法上曾有过两种主要的救济措施，其中之一就是在权利受到侵害的少数者具有外国国籍的情形下，由该少数者的本国行使外交保护。②

"二战"中德、意、日等法西斯政权对人权的残酷践踏，促使人们意识到仅仅依靠国内法保护人权是不够的，因为制定法律的政权掌握着唯一合法的暴力工具，本身就可能成为侵犯人权的主体。因此，倡导人道主义、提升人权意识、主张国际人权保护，成为战后国际社会的共识。

作为国际法的特殊分支——国际人权法的主要目的在于保护和实现个人权利而非国家利益，其关涉的是国家与其管辖下的一切人，既包括本国人，也包括外国人。其中主要的仍是国家与其本国公民的关系。因此，它尤为需要建立完备的国内人权法并使之切实发挥作用。③

随着国际人权法的发展，反映国际法中人权保护状况的四个一般原则也获得了广泛认可。"第一，一个国家以内的人权做法，如果情况严重或由于其他原因以致引起其他国家的正当关注的，就不再必然仅仅是该国自己的内部事务了；第二，一个国家尊重人权的义务在正常情况下适用于对外国人的待遇，也适用于对本国国民的待遇；第三，现在，许多人权的义务是作为习惯国际法适用的，虽然对于哪些义务现在具有这种地位仍然存在着争议；第四，人权义务可以列在国家对任何人所负的义务中。"④ 由上述内容来看，规定国家如何对待其国民和其领土内外国人的国际人权法出现了。因而，国际人权法也开始关注和影响领事保护。

---

① 韩永福：《清代前期的华侨政策与红溪惨案》，《历史档案》1992 年第 4 期，第 101～102 页。
② 白桂梅等：《国际法上的人权》，北京大学出版社 1996 年版，第 1～5 页。
③ 李步云主编：《人权法学》，高等教育出版社 2005 年版，第 116 页。
④ 曾令良主编：《21 世纪初的国际法与中国》，武汉大学出版社 2005 年版，第 16 页。

一方面，国际人权法为国家保障和促进人权设定了义务，促进了一国国内人权的发展，进而综合推动了领事保护的发展。另一方面，国际人权法还直接影响了国际领事法的发展，促进了国际领事法的人本化。我们可以看到，与领事保护有关的国际条约和宣言主要包括《维也纳领事关系公约》、《维也纳外交关系公约》、《公民权利和政治权利国际公约》、《禁止酷刑及其他残忍、不人道或有辱人格的待遇或处罚公约》、《消除一切形式种族歧视公约》、《经济、社会和文化权利国际公约》、《消除对妇女一切形式的歧视公约》、《男女同工同酬公约》、《关于难民地位的公约》、《关于保护移民劳工及其家庭成员权利的国际公约》和《非居住国公民个人人权宣言》等。其中，大部分都是国际人权公约，这些与领事保护相关的国际人权法既为一国的领事保护设定了义务，同时也规定了权利，进而横向促进了一国领事保护的发展。

二、外交保护的理论基础

前面探讨了领事保护的理论基础，实际上，属人管辖权理论、外国人待遇理论和国际人权理论也可说是外交保护的理论基础。因为外交保护是领事保护的高级阶段，有些领事保护本身就可升级为外交保护。属人管辖权，既是外交保护的基础，也对外交保护的行使进行了程序限制——较严格的国籍条件。周鲠生认为，"主权国家，根据它的属人管辖权，具有对本国在外国民行使外交保护的权利。国家机关根据国内法承担护侨的责任；各国驻外的使领机关的主要职务之一，就是护侨"①。外国人待遇和国际人权标准则是外交保护的实体权利得以确立的标准和依据。

不过，为了不重复，也为了突出外交保护与领事保护的区别，这里将从以下三个方面来探讨外交保护最主要的理论基础。

（一）国家利益伤害理论——动机和基础

当一国国民的合法权益受到他国的不法侵害，国籍国为何要实行外交保护，从而将本国海外公民与居留国之间的冲突上升为国际冲突？一些传统的国际法理论大都是从国家利益伤害的角度进行的分析。有学者将之概括为三种：间接侵害论、融合论、直接侵害论（或称本国利益外延论或同一利益论）。②

间接侵害论由瑞士国际法学家瓦特尔（Vattel）在 1758 年提出："无论谁虐

---

① 周鲠生：《国际法》（上册），商务印书馆 1981 年版，第 285 页。
② 殷敏：《外交保护法律制度及其发展势态》，华东政法学院博士学位论文，2007 年，第 26 页。

待一名公民，均间接损害须保护该公民的国家。"① 任何人虐待一国的公民，就是对该国国家的间接侵犯。该国必须为受到的伤害进行报复。正因为一国不法行为对本国国民人身或财产造成伤害，这也就引起了对该国籍国的间接伤害，国家就可以以自己的名义要求另一国承担责任。这一观点后来被广泛援引，作为外交保护的理论依据。

融合论是由美国国际法学者博查德提出的，他认为"如果外国人本国支持并代表他向居留国提出请求，外国人个人的请求就融合成为他本国的请求"②。这实际上也可归入间接侵害论。

直接侵害论，这一理论的提出者是美国学者塞德尔·霍恩维尔登等。③ 该理论认为，跨国公司在海外的投资实际就是其本国经济在海外的一种延伸，这些公司虽然活动于国外，但它们仍服务于本国利益，对它们的利益的侵害就等于是对其本国利益的直接侵害。

综合上述三种理论来看，它们都是以国家利益受到伤害作为外交保护的动机和理论基础，这与重商主义以及海外投资的外交保护有着较大的关联。但是，这种理论，尤其是"直接侵害论"，在历史上往往沦为大国滥用外交保护权侵犯和干涉他国的借口。因为，国际求偿案件通常区分为直接损害一国的案件与外交保护的案件，前者不需要用尽当地救济，后者才需要用尽当地救济。④ 直接侵害论则把对本国国民的侵害当作是对本国国家的直接侵害，从而排除了当地救济的约束，欧美资本主义国家往往可以借此肆意侵犯他国主权。正是为了避免这种滥用，外交保护法规对此做出了严格的程序限定。

（二）国际责任理论——实体权利

国际责任，即国际法律责任，在国家是国际关系唯一主体的时期也通常称之为国家责任。"国际法上的国家责任，也称国际责任。"⑤ 随着国际法主体的扩张，国际责任的主体也必然涉及国家以外的其他主体。国际责任是现代国际法中一项极其重要而又较为复杂的问题。它是指国际法主体对其国际不当行为或损害行为所应承担的法律责任。这一制度的重要意义在于，它通过确定国际不当行为或损害行为所产生的法律后果，力图规范国际法主体的行为，促使国家遵守国际

---

① E. de Vattel, *The Law of Nations or the Principles of Natural Law Applied to the Conduct and to the Affairs of Nations and Sovereigns*, DC：Carnegie Institution of Washington, 1916, p. 136.

② 殷敏：《外交保护法律制度及其发展势态》，华东政法学院博士学位论文，2007年，第26页。

③ 张劲：《论对跨国公司的外交保护》，北京大学硕士学位论文，1999年，第10页。

④ 黄涧秋：《论外交保护中的用尽当地救济规则》，《江南大学学报》2008年第5期，第45页。

⑤ 梁西主编：《国际法》，武汉大学出版社1993年版，第113页。

法和履行其国际义务，通过追究国际法律责任来维护受害者的合法权益，从而维护国际关系的正常发展。

国际不当行为，也称为国际不法行为，是指国际法主体所作的违背其国际义务的行为。它包括一般国际不当行为和国际罪行。前者是指违背一般国际义务的行为，如侵犯他国侨民的合法权益、侵犯外交和领事代表的特权与豁免权、损坏边界的界桩等；后者是指违背对国际社会根本利益至关紧要的国际义务，以致整个国际社会公认违背该项义务，是一种罪行的行为，如发起侵略战争、破坏和平、武力建立和维持殖民统治、实施种族隔离或灭绝、贩卖奴隶、贩运毒品、进行恐怖主义活动或海盗活动等。①

国际损害责任，又称国际法不加禁止行为造成损害性后果的国际责任。它是伴随着生产力和科技的快速发展而产生的。由于人类在原子能利用、海底资源开发、航天航空以及人造地球卫星发射等方面的一系列科学与探测活动日益频繁，而国际社会对此类活动往往不加禁止，但此类活动本身又具有潜在的跨越国界的风险，容易给他国造成程度不同的损害，当此种可能变为现实时，上述国际法不加禁止的合法行为，就转变为国际损害行为。从事国际法不加禁止行为的国家就应承担国际法律责任，受害国有权要求行为国给予合理的补救和赔偿。②

对于一般国际不法行为追究责任，主要着眼于对受害者的救济，赔偿是一种常用方式。"对国际不法行为造成的损害充分赔偿，应按照本章的规定，单独或合并地采取恢复原状、补偿和抵偿的方式。"③

在传统的国际法理论和实践中，国家责任仅仅是指外国侨民受到损害时所引起的责任。第二次世界大战后，大批新独立的发展中国家的出现促使国际法上带有浓厚殖民主义色彩的国家责任制度开始发生新的变化。尽管当今国家责任的范围已扩大到了国际法的所有方面，"但传统的国家责任制度，即有关外国人待遇的责任内容，仍然是国家责任法中的最成熟最常用的部分"④。

1927 年，国际法研究院（国际法学会）在一项决议中宣称："国家应对其违背国际义务的任何行动或不行动对外国人造成的损害负责。"

1929 年，哈佛大学研究院草拟过一项《国家在其领土内对外国人或其财产造成的损害赔偿责任的公约草案》。

1930 年，国际联盟主持召开的海牙国际法编纂会议的专题之一，就是国家责任制度，试图就国家机关未能履行国家的国际义务，而在其领土内对外国人的

① 陈卫东：《国际法学》，对外经贸大学出版社 2007 年版，第 57 页。
② 王华：《国际法律责任问题研究》，大连海事大学硕士学位论文，2003 年，第 37 页。
③ 《国家对国际不法行为的责任》，A/RES/56/83。
④ 赵建文：《国际法上的国家责任》，中国政法大学博士学位论文，2004 年，第 6 页。

生命、财产的侵害所负的责任进行编纂，但各国未能达成协议。①

国际法委员会 1949 年第一届会议选定国家责任为其认为适合编纂的一个专题。大会 1953 年 12 月 7 日第 799（VIII）号决议要求委员会一旦认为时机成熟，即着手编纂有关国家责任的国际法原则。因此，委员会 1955 年第七届会议决定开始对国家责任进行研究，并指定阿马多先生担任该专题的特别报告员。自 1956 年至 1961 年，特别报告员连续向委员会的六届会议提交六次报告，全面论述对外国人人身及其财产造成损害的责任问题。②

1961 年，哈佛大学研究院草拟的《国家侵害外国人的国际责任的公约草案》，专门对外国人损害的范围作了广泛的规定。

1980 年国际法委员会第三十二届会议一读暂时通过有关"国际责任的起源"的条款草案的第一部分。③

关于在何种情况下产生国际责任，结合前面论述的外国人待遇，存在着两种主张。

一种是西方发达国家的主张，认为给外国人的待遇，不得低于"国际最低标准"。如果东道国给予外侨的待遇低于了这个标准，就会产生该国的国际责任，外侨的国籍国可以进行外交保护。这种理论在很大程度上是为了维护发达国家向外拓展其投资利益的需要，而且发达国家也经常以此为借口肆意侵犯他国主权，它们到处侵略和干涉主权，但不引起其国际责任。因此，这一主张受到了许多发展中国家的反对。

另一种是广大亚洲、非洲和拉丁美洲等发展中国家的主张，认为在一国居住的外国人应享受国民待遇。只要达到了国民待遇标准，就是善意履行了国际义务，不产生国际责任。④

国际人权法和其他国际公约的发展，也推动了外国人待遇标准普适性的扩展。

在国际人权方面，"所有人的基本权利的存在，包括本国人，同样也包括外国人，每一个国家尊重和遵守这些基本权利的相应义务的存在，现在反映在《联合国宪章》、《世界人权宣言》、《公民权利和政治权利国际公约》等的相应部分中"⑤。因此，从人的基本权利的角度来看，"应承认一般国际法上外国人在日常

---

① 赵建文：《国际法上的国家责任》，中国政法大学博士学位论文，2004 年，第 10 页。

② 《国家责任》，A/55/10。

③ 《国家责任》，A/55/10。

④ 赵建文：《国际法上的国家责任》，中国政法大学博士学位论文，2004 年，第 5 页。

⑤ ［美］赫斯特·汉纳姆著，宋永新译：《〈世界人权宣言〉在国内法与国际法上的地位》，《北大国际法与比较法评论》（第 2 卷第 2 辑），北京大学出版社 2003 年版，第 78 页。

生活中不可缺少的权利能力和行为能力"①。联合国国际法委员会在其起草的《国际责任条款草案》中指出："国家有义务确保外国人享受到与其国民同样的公民权利以及获得同样的个人保障。但是，在任何情况下，此等权利和保障不能低于现今国际文件所规定和承认的'基本人权'。"② 这就表明，国际法委员会试图将人权和外国人待遇结合起来。所以，"一些国际公约如 1965 年的《消除一切形式种族歧视国际公约》、1973 年的《禁止并惩治种族隔离罪国际公约》、1979 年的《消除对妇女一切形式歧视公约》等，规定了缔约国应该赋予本国国民的权利以及对缔约国某些行为的禁止，这些规定显然也适用于居留在缔约国的外国人。即使外国人依公约享有的权利超出了'国民待遇标准'或'国际最低标准'，东道国仍然有义务保证该外国人享有这些权利"③。

在其他国际公约方面，"第二次世界大战以后，卡尔沃条款的实质内容逐渐融入了普遍性国际文件之中，例如体现在《各国经济权利和义务宪章》之中"④。

而在具体的国际实践中，外国人待遇之争也已经超出了历史上发达国家与发展中国家之争，在范围上也更具普适性。如美国特拉华州 Pope and Talblot 公司诉加拿大政府仲裁案，其中涉及的法律问题也是外国人待遇问题。⑤

外国公民在居留国受到损害，主要由三种行为引起：一是国家行为，二是私人行为，三是自然行为，如地震、海啸等。

由于自然行为所导致的损害，属于不可抗力和偶然事故，可免除国际责任。"一国不遵守其对另一国国际义务的行为如起因于不可抗力，即有不可抗拒的力量或该国无力控制、无法预料的事件发生，以致该国在这种情况下实际上不可能履行义务，该行为的不法性即告解除。"⑥ 而对于前述两种，则涉及国际责任的两大类：直接责任和间接责任。

对于国家机关和经授权行使政府权力的其他实体机关以及个人等，它们所引起的国际责任，都属于国家的直接责任。如国家立法机关、行政机关和司法机关的行为，所有国家机关的官员的职务行为，经国家授权代表国家行事的个人的执行职务的行为，如果这些行为违背了国际义务，都可直接归因于国家，由国家承担其国际责任。"任何国家机关，不论行使立法、行政、司法职能，还是任何其他职能，不论在国家组织中具有何种地位，也不论作为该国中央政府机关或一领

① 万霞：《海外中国公民安全问题与国籍国的保护》，《外交评论》2006 年第 6 期，第 103 页。
② *Yearbook of International Law Commission*, New York：United Nations, 1957, Vol. 2, p. 112.
③ 夏林华：《伤害外国人的国家责任有关问题研究》，《河北法学》2008 年第 5 期，第 85 页。
④ 赵建文：《国际法上的国家责任》，中国政法大学博士学位论文，2004 年，第 5 页。
⑤ 赵建文：《国际法上的国家责任》，中国政法大学博士学位论文，2004 年，第 6 页。
⑥ 《国家对国际不法行为的责任》，A/RES/56/83。

土单位机关而具有何种特性，其行为应视为国际法所指的国家行为。"① 这些国家机关"包括依该国国内法具有此种地位的任何个人或实体"②。而对于一国法律授权而行使政府权力要素的个人或实体，"其行为应视为国际法所指的国家行为，但以该个人或实体在特定情况下以此种资格行事者为限"③。对于国家机关或经授权行使政府权力要素的个人或实体而言，即使他们在行为中逾越权限或违背指示，其行为仍应视为国际法所指的国家行为。④

凡是不具有代表国家资格又未经国家授权的机关或个人的行为，如果其发生违背该国的国际义务的行为，国家的国际责任就只具有间接性。对于此类可能给其他国家或其国民造成损害的行为，国家负有事前适当注意加以防范的义务；如果此类事件发生，国家应当惩办肇事者，采取防止此类事件再度发生的措施，并且对于外国或其国民所遭受的损害予以适当补救。如果国家事后不采取有效措施，间接责任就可转变为直接责任。⑤

国籍国对其海外公民实行外交保护的实体权利，正是建立在他国的国际不法行为和国际责任之上的。然而，"从严格意义上讲，外交保护属于外国人的待遇范畴。但它所涉及的不是有关外国人人身和财产待遇的规则，而是在外国人遭受侵害后，须满足何种条件才可以提出外交保护诉求的规则"⑥。由于当前外交保护实体规范和程序规范的变化，特别是用尽当地救济原则主要是严格限于国际求偿，所以，对于当今的外交保护而言，国际责任理论已不如以前那样具有重要影响；甚至在一定程度上可将它归为领事保护的理论基础。不过，结合领事保护的个人特质以及外交保护的国家特征而言，国际责任理论构成了外交保护以国家名义发起的基础。对于当今严格的外交保护（国际求偿）而言，其实践还必须满足严格的程序条件。

（三）国籍原则和用尽当地救济原则——程序规范

以往对于外交保护的研究，往往对外交保护的实体权利和程序条件不加区分。⑦

梁淑英是较早专门对外交保护的条件进行总结和分析的学者之一，在《论外交保护的条件》一文中，她提出了通常所认为的"三条件"说：第一，本国侨

---

① 《国家对国际不法行为的责任》，A/RES/56/83。
② 《国家对国际不法行为的责任》，A/RES/56/83。
③ 《国家对国际不法行为的责任》，A/RES/56/83。
④ 《国家对国际不法行为的责任》，A/RES/56/83。
⑤ 赵建文：《国际法上的国家责任》，中国政法大学博士学位论文，2004年，第4页。
⑥ 朱文奇主编：《国际法学原理与案例教程》，中国人民大学出版社2006年版，第93页。
⑦ 张新军：《外交保护的实体权利和程序问题》，《中外法学》2008年第1期，第137页。

民在所在国的合法权利遭到了该国的非法侵害；第二，受害人必须具有保护国的国籍；第三，用尽当地救济。[①]

高智华在《论外交保护制度》一文中指出，国家在行使外交保护权、提出正式抗议或要求赔偿时，原则上必须符合以下三个条件：

第一，必须有损害事实的客观存在。本国国民的合法的人身和财产权利等确实受到了国家不法行为的实际损害。侵权行为和损害事实的客观存在，是国家行使外交保护权的基本前提。而且，造成损害事实的侵权行为必须是可归因于国家的不法行为，即国家有直接责任，或者是因为普通的私人侵权行为，但由于其本国的有关机关对此疏于防范、制止或惩治，甚至加以鼓励或明示认可而引起的间接责任。

第二，必须符合国籍持续原则。受害人从受害之日起一直到抗议或求偿之日都必须连续不断地具有保护国的国籍，且不能具有侵权所在国的国籍。

第三，必须符合用尽当地救济原则。"用尽当地救济"是指当外国人在他国的合法权益受到损害时，必须采用当地法律所规定的一切救济方法和程序以获得补救。只有在用尽所在国国内一切可以利用的救济办法而仍未能获得补偿的情况下才能进行国际抗议或求偿。[②]

高智华似乎也对外交保护的实体权利和程序条件有所意识，又补充指出，"'用尽当地救济'原则是国家行使外交保护权的条件之一。必须指出的是，该原则只是程序上的而非实体上的规则，受害人一旦用尽了当地救济仍得不到满意的结果，或者有证据证明进一步的地方救济已毫无意义，受害人国籍国仍可再次发起国际诉讼，进行正式抗议或求偿"[③]。不过，高智华还是将三者放在一起，并没有作出细致的区分。

黄瑶在《国际法关键词》一书中指出，"国家为其国民提供外交保护必须具备三个条件：一是一国国民在外国受到非法侵害；二是被保护的外国人必须具有保护国的国籍；三是受侵害的外国人在所在国已经用尽当地救济"[④]。

殷敏在其博士论文里也指出，"国籍国欲对其在海外的本国自然人或法人提起外交保护时，必须具备以下条件，也称为外交保护的实施条件：国籍原则；实际损害原则；用尽当地救济原则"[⑤]。

[①] 梁淑英：《论外交保护的条件》，见马呈元等：《国际法律问题研究》，中国政法大学出版社 1999 年版，第 221～251 页。

[②] 高智华：《论外交保护制度》，《福建政法管理干部学院学报》2003 年第 1 期，第 23～24 页。

[③] 高智华：《论外交保护制度》，《福建政法管理干部学院学报》2003 年第 1 期，第 24 页。

[④] 黄瑶：《国际法关键词》，法律出版社 2004 年版，第 56 页。

[⑤] 殷敏：《外交保护法律制度及其发展态势》，华东政法学院博士学位论文，2007 年，第 65 页。

日本国际法学者寺泽一、山本草二认为，国家为了行使这种外交保护权利，需要具备两个条件：国籍原则和用尽当地救济原则。①

国际法理论对于用尽当地救济原则的性质，长期以来一直存在较大的争议，主要分为程序法和实体法两类对立的学说。

程序法论者认为，该规则只是程序性的而并非实质性的，所以用尽当地救济对提起国际求偿而言，只是构成一道程序上的障碍。这就是说，要确定国家的国际责任只需要具备一个条件：实际损害。实体法论者则认为，用尽当地救济是国际责任产生的实质要件，也是国际求偿产生的实质要件。② 依照这一说法，要确定国家的国际责任就需要具备两个条件：实际损害和用尽当地救济。即使存在实际损害，但是如果没有用尽当地救济就不能产生国际责任。

实际上，"一国的每一国际不法行为引起该国的国际责任"③，只要这一行为违背了国际义务，就产生了国际责任。国际责任产生后，"救济办法仅是一种事后的补救措施，是对行为违背国际义务后产生的后果的补救。用当地救济办法是实现国际责任的一种途径。只是基于国家主权原则与国家的属地管辖原则，在受害者是私人时，应先用当地的救济办法来解决。并不是说，没有用尽当地救济办法，国际责任就没有成立"④。

《外交保护条款草案》第十四条规定，"除非有第十五条草案规定的情形，一国对于其国民或第八条草案所指的其他人所受的损害，在该受害人用尽一切当地救济之前，不得提出国际求偿"⑤。

所以，结合上述观点来看，行使外交保护的程序条件就是两项：国籍原则和用尽当地救济原则。在国际人权法的推动下，外交保护的国籍原则也开始松动，这在《外交保护条款草案》中得到了鲜明体现，后文中将详细论述。而实际损害原则是与国际责任以及实体权利直接相关的。

三、部分外交保护向领事保护的转化

对于领事保护和外交保护，区分起来有着较大的难度。

有些学者将二者等同起来，如有学者认为，"国际法中的领事保护（领事保

---

① ［日］寺泽一、山本草二主编，朱奇武等译：《国际法基础》，中国人民大学出版社 1983 年版，第 308～309 页。

② 李寿平：《现代国际责任法律制度》，武汉大学出版社 2003 年版，第 201 页。

③ 《国家对国际不法行为的责任》，A/RES/56/83。

④ 李寿平：《现代国际责任法律制度》，武汉大学出版社 2003 年版，第 201～202 页。

⑤ 二读通过的《外交保护条款草案》及其评注，A/61/10。

护权），又称外交保护（外交保护权），是一种国家权利，指一国国民在外国受到不法侵害，且依该外国法律程序得不到救济时，其国籍国可以通过外交方式要求该外国进行救济或承担责任，以保护其国民或国家的权益"①。

有些学者是将二者混淆了，将本来属于外交保护限制条件的当地救济当作了领事保护的条件，如认为领事保护存在三个条件：第一是派遣国国民权利受到侵害时由于接受国的国家不当行为所致；第二是"国籍继续原则"和"国籍实际联系原则"；第三是"用尽当地救济原则"。② 有的学者则在上述三个条件外，又加上一个，认为第四个条件是在规模较大的不可抗力产生特定紧急情况下的处理。③

梁宝山在其《实用领事知识》一书中将领事保护定义为，"一国的领事机关或领事官员，根据本国的国家利益和对外政策，于国际法许可的限度内，在接受国内保护派遣国及其国民的权利和利益的行为"④。他还将领事保护分为广义的和狭义的两种。广义的领事保护除了狭义领事保护之外，还包括领馆和领事官员向派遣国国民提供必要的帮助和协助。狭义的领事保护是指当派遣国国民（包括法人）的合法权益在领区内受到违反国际法的不法行为损害时，领馆或领事官员同领区内有关当局交涉，以制止不法行为，恢复受害人应享有的权利和利益，要求对已受到的损害予以赔偿。他认为这才是真正意义上的领事保护。不过，行使的条件是必须在确知受害人已用尽当地补救方法或在司法程序中遇到拒绝司法的情况下才能进行领事保护。这里，他把用尽当地救济作为狭义领事保护的程序条件，似乎把它等同于外交保护了。然而，他又提到了这并不是外交保护。"如果领区当局无视或拒绝领馆和领事官员的交涉，则可将有关问题提交本国外交代表，由其与接受国外交部进行交涉，进行外交保护。"⑤ 实际上，领事保护并不需要用尽当地救济，无论是广义的，还是狭义的。

还有些学者虽然认为二者既有联系又有区别，但是仍然分辨不清，如认为"外交保护的重要内容之一是领事保护，又称领事服务"，"领事保护与外交保护既有联系又有区别。如果说，外交保护是驻外大使馆或国内主管机关对一些事关原则、全局性问题，向所在国政府提出交涉，而领事保护则是一国的领事官员围绕一些经常性、具体性事条，对本国公民提供保护或帮助，必要时，也与所在国

---

① 江国青主编：《国际法》，高等教育出版社 2005 年版，第 310 页。
② 刘功宜编著：《出国人员如何求助——浅说"领事保护"》，中国经济出版社 2005 年版，第 24 页。
③ 颜志雄：《日本领事保护制度研究——兼论中日领事保护制度的差异》，外交学院硕士学位论文，2006 年，第 8 页。
④ 梁宝山：《实用领事知识》，世界知识出版社 2001 年版，第 235 页。
⑤ 梁宝山：《实用领事知识》，世界知识出版社 2001 年版，第 236 页。

的主管机关进行交涉"①。这里判别二者的标准主要是事件的影响性。但是我们从国际法的实践中却可看到，在"拉格朗案"（LaGrand Case）中，德国因美国未能给予已被判死刑的拉格朗兄弟领事通知权而对美国发起外交保护。显然，单就事件的影响是不能区别领事保护和外交保护的。

许育红是较早对二者进行辨别的学者之一。她认为："派遣国国民受到非法侵害或损害后，在利用接受国司法或行政机关的救济过程中，仍属于领事保护的一般范畴。"② 可见，她是以是否用尽当地救济作为判别的标准，进而还认为，外交保护是领事保护的延续和最高阶段，"外交保护的内容是在领事保护阶段用尽当地救济之后所涉及的内容"③。虽然她在外交保护的程序上作出了正确判断，但是她关于与此相关的国家责任的论断，在今天看来，却是错误的。"只有用尽所有可能的救济手段而派遣国国民仍未能得补偿的情况下，接受国的国家责任才产生。"④ 关于国家责任产生的条件，前文已有论述。

此外，黄洪江在《中国外交保护与领事保护辨析》一文中，对外交保护与领事保护也进行了辨析，认为外交保护的行使条件较为严格，迄今实践较少，而领事保护是中国驻外使、领馆的重要日常工作。外交保护针对的是外国不法行为，国籍国采取措施追究外国国家责任。领事保护则不是针对国家，而是协助本国国民适用当地救济。⑤ 这里除了指出二者之间的区别在于是否用尽当地救济之外，还指出了外交保护追究的是国家的国际责任。

殷敏在《外交保护与领事保护的比较研究》一文中，对于外交保护（包括外交保护中的外交交涉与一般的外交交涉）与领事保护，从其行使的主体、保护的客体、权利是否可以被放弃、保护的内容等方面进行了比较，也是以是否用尽当地救济作为区别二者的标准，认为领事保护可以看作是外交保护的一个前期准备阶段，或称初级阶段。外交保护权不是自然人与法人的权利，而是一国对另一国的权利。领事保护则属于个人权利。⑥ 不过，在领事保护和外交保护之间，她认为还存在外交交涉。"领事保护是由领事机构实行的，不以用尽当地救济为前提条件；外交交涉中则有一部分属于外交保护的范畴，即如果提出外交交涉时，本国自然人或法人已用尽了当地救济，则属于外交保护中的外交交涉，反之，就是一般的外交交涉；领事保护与一般的外交交涉在用尽当地救济后都有可能会上

---

① 向党：《中国涉外警务》，中国人民公安大学出版社 1997 年版，第 59 页。
② 许育红：《领事保护法律制度与中国的实践》，外交学院硕士学位论文，2003 年，第 22 页。
③ 许育红：《领事保护法律制度与中国的实践》，外交学院硕士学位论文，2003 年，第 24 页。
④ 许育红：《领事保护法律制度与中国的实践》，外交学院硕士学位论文，2003 年，第 22 页。
⑤ 黄洪江：《中国外交保护与领事保护辨析》，http：//www. gqb. gov. cn/news/2007/0511/1/4929. shtml，2008 年 12 月 20 日。
⑥ 殷敏：《外交保护与领事保护的比较研究》，《国际商务研究》2008 年第 4 期，第 41～42 页。

升为外交保护。"①

结合上述的辨析来看，可以确定是否用尽当地救济是区分二者的关键标准。然而，很多人易混淆狭义的领事保护与外交保护。这主要是与国际责任法的变化、对国际责任的产生存在误解以及对外交保护实体权利和程序条件没有分清有关。

在国家责任条款的一读草案中，"用尽当地救济"原则是其第三章"违背国际义务"项下的内容，是违背国际义务的判断标准②。而且，其中第三条并没有将实际损害当作国家的国际责任的构成要件。也就是说在没有用尽当地救济之前，居留国侵犯外国人的不法行为并不构成国际责任。而在2001年《国家对国际不法行为的责任条款草案》中，第一条明确规定，"一国的国际不法行为引起该国的国际责任"③。所以，这时的国际责任的产生，并不需要用尽当地救济原则这一程序条件。这就表明，只要居留国存在侵犯外国人的不法行为，就可构成国际责任。

对于一国援引另一国的国际责任，"一国有权在下列情况下作为受害国援引另一国的责任：①被违背的义务是个别地对它承担的义务；②被违背的义务是对包括该国在内的一国家集团或对整个国际社会承担的义务"④。在援引国际责任，发起国际求偿之前，必须"用尽当地救济"。因此，在第四十四条"可否提出要求"部分规定，"该项要求适用用尽当地补救办法规则，却未用尽可利用的有效当地补救办法"⑤。

由此看来，用尽当地救济只是构成受害人国籍国发起国际求偿的限定条件。而且，《外交保护条款草案》在很大程度上也是规范外交保护的求偿条件的。

国际求偿，通常是指受害者的国籍国代表受害者通过国际司法或仲裁机构向有关责任国寻求救济。不过，在国际实践中，由于没有普遍适用的强制管辖程序，再加上一些国家本身对国际司法或仲裁的公正性存在疑虑，所以，国际求偿也时常通过外交途径解决。

国际求偿必须受"用尽当地救济"条件的限制，即受害者在遭受侵害之后，只有在用尽当地司法救济手段之后（如法院终审判决之后），受害者的国籍国才可以将争端提交国际司法或仲裁机关来解决。⑥ 之所以如此限定，主要是为了让

---

① 殷敏：《外交保护与领事保护的比较研究》，《国际商务研究》2008年第4期，第42页。
② 黄涧秋：《论外交保护中的用尽当地救济规则》，《江南大学学报》2008年第5期，第44页。
③ 《国家对国际不法行为的责任条款草案》，A/56/10。
④ 《国家对国际不法行为的责任条款草案》，A/56/10。
⑤ 《国家对国际不法行为的责任条款草案》，A/56/10。
⑥ 饶戈平主编：《国际法》，北京大学出版社1999年版，第131页。

违反国际义务的国家，"首先在国内层面对其错误进行补救，以避免这类错误转化为国际层面的争端，从而有可能不必要地扰乱国家间的关系"①。

为了更明确地理清外交保护的主体权利和程序条件，有学者认为，外交保护涉及一次规则和二次规则，一次规则是对待外国人身和财产方面的规则，主要由国际责任条款来规范。居留国违反这一规则，即产生国际责任，国籍国因此在实体上具有了外交保护（要求责任国履行责任）的权利。② 而外交保护权的行使还需要满足二次规则，即国籍原则和用尽当地救济原则。这主要由外交保护条款中所限定的程序条件来规范。"外交保护属于'外国人待遇'这一问题的范围。然而本条款草案并没有试图处理关于这一问题的初级规则，即关于外国人人身和财产待遇的规则，违反这种规则通常引起对受损害人国籍国的责任。本条款草案仅限于次级规则，即关于必须满足何种条件才可提出外交保护诉求的规则。这大致上是指关于诉求的可接受性的规则。"③

正是由于将"用尽当地救济"主要限定于国际求偿，所以，《外交保护条款草案》所作规定的言外之意是"国际求偿"之外的其他外交保护方式，如交涉、抗议等外交保护方式并不需要"用尽当地救济"，这既是外交保护的相对灵活之处，也是外交保护与领事协助的交叉地带。④ 这种交叉就构成了前文一些学者所指的用尽当地救济之前的外交交涉。

由于国际责任条款和外交保护条款的双重影响，我们可以看到，传统领事保护与外交保护当中，出现了部分交融的趋势。

如果居留国存在着对外国人的损害，就产生了国际责任。国籍国因此在实体上具有了外交保护（要求责任国履行责任）的权利。只是在没有用尽当地救济之前，不能提起国际求偿。所以，在用尽当地救济之前，国籍国可以超越传统的领事保护，采取国际交涉、抗议等"外交保护"方式（这种方式在传统的理论中是需要用尽当地救济的），只是不能进行国际求偿这种严格的外交保护。所以，这就出现了外交保护和领事保护的部分融合。因此，这也时常导致人们判断上的混乱。

在外交保护实践中，实际已经在这样做。"作为一个负责任的外交和领事官员，每当有外交保护案件，总是以第一时间了解情况，向当地政府或部门表达关注，要求维护国民的合法权益作为第一要务。事实上，也少有所在国以用尽当地

---

① 〔美〕托马斯·伯根索尔、肖恩·墨菲著，黎作恒译：《国际公法》，法律出版社 2005 年版，第111 页。

② 张新军：《外交保护的实体权利和程序问题》，《中外法学》2008 年第 1 期，第 137 页。

③ 二读通过的《外交保护条款草案》及其评注，A/61/10。

④ 杨培栋：《外交保护制度研究》，外交学院硕士学位论文，2007 年，第 13 页。

救济原则为由拒绝国籍国官员探视或关注的先例。"①

外交保护与领事保护的这种融合，实际上就是部分外交保护转化为领事保护，这就扩展了领事保护的范围，提升了领事保护的程度，使得海外公民的权利更能得到及时的保护和补救。

为了便于在实践中判别，也为了理论论述的方便，结合当前的发展动态，笔者将国籍国在国际求偿之外对于其海外公民的保护，包括表达关切、提供协助、外交交涉、提出抗议等，都纳入领事保护的范畴。

四、领事保护：人权与政治的双重考量

综合领事保护与外交保护的历史及其理论来看，二者都兼具政治性（国家实力与国家利益因素影响）与人权性（人权因素影响）。"外交保护历来被视为国家的专有权利，意思是说，由于对国民的损害被视为对国家本身的损害，所以国家依据自己的权利行使外交保护。"② 而领事保护不仅是一项国家权利，也是一项个人权利。尽管领事保护（国家权利与个人权利的融合）的人权因素更浓，但也带有一定的政治色彩，尤其是狭义的领事保护。如历史上欧美国家对其他国家领事裁判权的攫取与滥用，还有如晚清政府领事保护上最初的不作为和后来的有心无力等。尽管外交保护也融合有一定的人权因素，不过，由于其"国家特征"（国家权利、自由裁量、国际争端）的存在，使得它的政治色彩更浓。历史上许多欧美国家常常借口保护本国侨民而对其他弱小国家进行干涉和侵略。如1983 年和1989 年，美国先后出兵格林纳达和巴拿马；1898 年，德国借口两个传教士在中国被杀而占领了中国山东。此外，也有许多弱小国家出于国家利益和国家实力的考虑不敢动用外交保护，或者即使发起外交保护，收效也并不理想。

不过，随着国际社会和国际法的人本化发展，领事保护和外交保护的政治色彩正在逐步褪去，其人本因素在逐步凸显。外交保护的许多规则都否定了利益虚拟的正确性，尤其是持续的国籍规则，该规则要求一国证明受损害的国民在损害本身发生之后直到提出求偿之日始终是其国民。套用马夫罗马蒂斯案意见中的话——"事实上"，一国并不仅仅是出面维护其本身的权利。"事实上"该国也是出面维护其国民的权利。③ 尤其是领事保护，其所融合的人权因素更为突出。国内人权和国际人权共同推动了它的发展。而随着现代国际责任法的变化与外交

---

① 杨培栋：《外交保护制度研究》，外交学院硕士学位论文，2007 年，第 38 页。
② 二读通过的《外交保护条款草案》及其评注，A/61/10。
③ 二读通过的《外交保护条款草案》及其评注，A/61/10。

保护条款中对外交保护的严格的程序限制，也使得强国不能再如历史上那样随便动用外交保护干涉他国主权，必须依法行使；同时也使得弱小国家可以为了维护人权，利用国际法所提供的权利工具进行外交保护。

正是基于领事保护与外交保护的双重性——政治性与人权性，国际人权的发展必定会对领事与外交保护产生影响。而且，外交保护的人本化无疑会推动领事保护更深层次的人本化。

第二章 国际人权法的人本化"压力"
与中国的领事保护（1978—2011）

人权，是人依据其自身的本性所应享有的权利，是人的基本价值和尊严的体现，是应有权利、法定权利和实有权利的有机统一。作为一种法定权利，人权必须受到国家宪法和其他法律的承认和保护。

人权理念和国际人权法的形成源于近代国际社会尊重和保护人权的理论与实践。17、18世纪，欧美的资产阶级启蒙思想家为了反对中世纪的神权和封建特权，以自然法或自然权利说为核心，提出了"天赋人权"的思想。不过，那一时期，"契约国家的责任是单维度的，仅指向其公民"①。此后，人权就成为国内法的重要内容，是指各国国内法规定的本国公民个人享有的公民权利和政治权利。人权一产生就具有扩散性。"特定国家在特定时期形成的人权观念和人权理论，也会经一定时间传播到其他国家。"② 尽管英国的《权利法案》、法国的《人权宣言》以及美国的《独立宣言》，其制定的初衷主要是为了争取和维护本国的人权，但是它们都不同程度地扩散开来，产生了较为重要的国际影响。

第一次世界大战后，国际社会在保护宗教和种族少数者的权利、保护劳工权益、禁止贩卖奴隶、保护战争受难者等方面进一步缔结了一批国际条约。

第二次世界大战期间，由于法西斯的独裁统治和侵略扩张给人类带来了空前的灾难，人权惨遭蹂躏和践踏，于是人权问题得到了国际社会广泛的关注。

第二次世界大战之后，人权问题开始全面进入国际法领域。1945年的《联合国宪章》，在其序言中"重申基本人权人格尊严与价值，以及男女与大小各国平等权利之信念"，并把"发展国际间以尊重人民平等权利及自决原则为根据之友好关系"和"增进并激励对于全体人类之人权及基本自由之尊重"列为联合国的两项宗旨。1948年，联合国大会通过了《世界人权宣言》，这就标志着国际人权法的诞生。1966年，又通过了《经济、社会和文化权利国际公约》和《公

---

① 齐延平：《国家的人权保障责任与国家人权机构的建立》，《法制与社会发展》2005年第3期，第4页。

② 王在邦、邱桂荣：《21世纪世界人权面临的挑战》，《现代国际关系》1998年第11期，第3页。

民权利与政治权利国际公约》。《世界人权宣言》与这两个公约构成了国际人权法的核心，被誉为"国际人权宪章"。它们与其他关于人权的国际公约一起构成了现代国际法的重要组成部分。这也使得国家又负有了另一维度的责任，即对国际社会的责任，或者说是其在国际法上的责任。因此，国家在人权保障方面的责任，也就具有了国内和国际两个维度。①

国际社会围绕着人权问题也进行了激烈的争辩、交流、斗争与合作。传统的资产阶级人权观，比较强调个人的公民权利和政治权利，而较为忽视人权的经济内容。而发展中国家的人权观，更为强调集体人权（民族自决权和发展权）和经济权利。

国际法意义上的人权，主要是指各国公认的并负有法律义务予以尊重和保护的人的基本权利和自由，既指个人人权，也包括集体人权；既指政治权利，也包括经济、社会和文化权利等。

随着全球化的发展，人权的实践呈现出国际、国家（政府）和社会三元结构的特点。

不过，国家不仅直接制定国内人权法，还参与制定国际人权法，而且还承担着将国际人权法转化为国内法的义务。因此，保护人权的主要责任还是在于主权国家。

而国内推动人权发展和转化的因素主要有政治基础、法制保障、机构保障、社会权利意识等。本书主要选择政府层面的两个因素：政治基础（执政理念）和法制保障（人权立法），从国内纵向的角度来探讨在国际人权的横向影响下，国内人权因素对领事保护的推动作用。

国际人权法主要涉及一个国家与其国民的关系。国家在国际人权法下的义务可以概括为承认、尊重、保障和促进以及保护人权这四个方面。② 这里所说的国际人权法，主要是指国际人权宪章，其形成于1948—1966年。本书所探讨的中国的人权发展，时间为1978—2011年。为了便于理论分析和突出特点，这里将横向的人权影响相对静态化，内化为一种纵向的国内人权因素。"国际因素通常与国内因素有着密切的联系。有时国际因素就是国内因素影响的结果。"③ 而且，与本书所界定的国际法的人本化相结合，这里，国际人权法对中国的影响主要体现为个人人权的逐步发展。纵向来看，主要经历了三个阶段：强调集体人权时期的国际交流、执政为民的人本理念、以人为本与人权入宪。由于中国领事保护的

---

① 齐延平：《国家的人权保障责任与国家人权机构的建立》，《法制与社会发展》2005年第3期，第4页。

② 孙世彦：《论国际人权法下国家的义务》，《法学评论》2001年第2期，第91页。

③ 罗艳华：《中国外交战略调整中的"人权问题"》，《国际政治研究》2001年第1期，第22页。

发展，实际上是人权因素和国际领事法规的综合作用所推动的，因此，本章所探讨的人权的推动，主要是结合中国人权的发展，从领导人讲话、执政理念、领事保护指南和相应法规的发展变化来进行分析，对于中国具体的领事保护机制的变化以及领事保护的不足、进步与发展方向等，则放在后文，与横向的拉力一起来进行综合分析。

第一节　强调集体人权时期的国际交流与中国的领事保护（1978—2000）

一、改革开放背景下中国人权的国际交流与发展

1963 年 4 月 22 日，联合国通过了第一个全面规范领事关系和制度的公约——《维也纳领事关系公约》，该公约于 1967 年 3 月 19 日生效。1979 年 7 月 3 日，中国加入《维也纳领事关系公约》，同年 8 月 1 日起，该公约对中国生效，这标志着中国的领事制度在程序上与国际社会的正式接轨。① 当然，这只是一个基本的框架，具体的领事保护即实体性义务，还得依靠人权因素的推动以及中国领事保护指南与法制等的规范。"与国际法其他许多分支部门不同，国际人权法由于为国家设定人权方面的国际义务而与各国国内人权法制产生了直接而密切的联系。实践中，国际人权法对各国立法、司法、行政和其他机关在人权领域内的行为提出了许多或原则或具体的要求，这些要求经有关国家以明示（主要适用于国际人权公约）或默示（适用于关于人权问题的国际惯例）的方式予以接受而对这些国家产生法律拘束力。尤为重要的是，许多国际人权法规则已经被'采纳'为有关国家的国内法的重要组成部分，或者被'转化'为有关国家的国内法规则，从而对这些国家的国内社会成员产生直接或间接的拘束力，因而可为其国内立法、司法和行政机关所适用。"②

① 焦世新在《中国融入国际人权两公约的进程与美国的对华政策》（《复旦学报》2007 年第 4 期，第 133 页）一文中指出，加入国际人权两公约的国家有两方面的义务：一是程序性义务，国家要按照公约的规定，向公约的监督机构定期提交本国的人权报告，接受国际监督；二是实体性义务，一旦决定加入国际人权两公约，国家就有义务将这些人权保护机制所规定的各项实体权利加以实施，将国际人权规范融入国内的政治、经济和社会体系之中，贯穿于国内的司法治理和社会治理中。

② 班文战：《国际人权法在中国人权法制建设中的地位和作用》，《政法论坛》2005 年第 3 期，第 89 页。

1978 年 12 月，中国共产党十一届三中全会召开，从此中国进入了改革开放的新时期。党和政府的工作重心最终实现了从阶级斗争为纲向以经济建设为中心的转移。正如邹谠所指出的，改革开放就是一个对于国家与社会关系进行重组的运动，也就是党化的"全能国家"对于全方位控制的"社会"的松动。① 实际上，这也是一个人权逐步受到尊重和权利逐步得以确立的过程。这一时期，中国的对外交往范围也在逐步扩大。中国对国际人权问题的态度也有了较大的转变。②

自从《世界人权宣言》通过以来，世界人权运动的一个重要变化就是发展中国家人权观的形成和发展，成为推动当代人权理论和实践的一个重要动力。③

新中国成立后，中国公民的基本权利和自由如享有选举权、被选举权，享有思想、言论、出版、集会、结社、人身、迁徙、宗教信仰、示威游行的自由权等，在 1954 年的宪法中得到了确认，特别是平等权得到确认。1954 年《宪法》第八十五条规定："中华人民共和国公民在法律上一律平等"，而"平等权利在宪法上主要是作为一种基本权利而存在，但它与其他的基本权利不同，在整个宪法的权利体系中具有一定的超越地位，它不但通过民族平等、男女平等，而且还广泛地通过政治平等权、社会经济平等权以及其他具体的基本权利来体现其作为一种基本权利的具体内容，为此是一种原理（原则）性的、概括性的基本权利"④。

由于"左倾"思潮和阶级斗争学说占据了思想领域的主要阵地，直至后来发展为全国范围的文化大革命，这就导致了"人权"一直被看作是资产阶级的典型意识形态，民主法制遭到严重破坏，人权受到大规模侵犯。"由于'左倾'错误的影响，受到某些人的无理批评，说'这是资产阶级的法制原则，我们不能用'，还说'它抹杀了法律的阶级性，是主张革命同反革命将平等'。这种错误延续很久，以致七五宪法和七八宪法都把它取消了。"⑤

针对"文革"践踏人权的悲剧，邓小平明确提出要通过健全民主、法制来保障公民的权利。他指出："宪法和党章规定的公民权利、党员权利、党委委员权利，必须坚决保障，任何人不得侵犯"；"要切实保障工人农民个人的民主权利，包括民主选举、民主管理和民主监督"；"为了保障人民民主，必须加强法制。"⑥

---

① 邹谠：《二十世纪中国政治：从宏观历史与微观行动的角度看》，香港牛津大学出版社 1994 年版，后记。

② 罗艳华：《中国参与国际人权合作的历程与展望》，《思想理论教育导刊》2005 年第 1 期，第 16 页。

③ 张晓玲：《世界人权宣言与中国的人权观》，《中共中央党校学报》1998 年第 3 期，第 57 页。

④ 许崇德主编：《宪法》，中国人民大学出版社 1999 年版，第 153～154 页。

⑤ 李峰：《中华人民共和国四部宪法比较研究》，中共中央党校博士学位论文，2004 年，第 55 页。

⑥ 《邓小平文选》（第 2 卷），人民出版社 1994 年版，第 144～147 页。

由于受 1989 年北京政治风波的影响，以美国为首的西方国家大肆攻击和诋毁中国，对中国推行"人权外交"，① 国际人权斗争较为激烈。因此，出于政治方面的考虑，中国所持的态度非常谨慎，将人权视为西方渗透中国的手段。中国的人权建设与国际人权合作出现了短暂的波动和倒退。

实际上，"人权不仅仅是作为我国进行国际政治斗争的工具，它也是而且更多的是我国建设人民民主国家的根本要求与根本目的"②。正是出于这一根本目的，中国不能在人权问题上闭关锁国，必须加强与国际社会的交流与合作。"中国人权事业之所以能在改革开放以后，尤其是 90 年代以后迅速取得进展，这与国际人权制度本身的完善、国际人权组织和西方国家对中国人权的关注、国际人权条约逐渐被中国签署和批准以及与人权相关的各种跨国沟通行为体在中国的活动不无关系。"③

中国参与联合国立法程序的过程也推动了中国国内立法逐步与国际社会的接轨。中国一贯尊重《联合国宪章》促进人权和基本自由的宗旨，对国际人权宪章，中国给予了充分的肯定和积极的评价。

自 1971 年恢复在联合国的合法席位后，中国开始参与联合国大会和经社理事会关于人权问题的讨论。从 1979 年起，中国连续三年派观察员出席联合国人权委员会会议，并于 1981 年当选为人权委员会的成员国，此后一直连选连任。从 1984 年起，中国连续当选为防止歧视和保护民族、种族、语言、宗教上属于少数人的人权小组委员会委员和候补委员，并且是该机构下属的土著居民问题工作组和来文工作组的成员。

1980 年，中国签署、批准了《消除对妇女一切形式歧视公约》；1981 年，中国加入《消除一切形式种族歧视公约》；1982 年，中国加入《关于难民地位公约》；1983 年，中国加入《防止及惩治灭绝种族罪行公约》；1986 年，中国签署了《禁止酷刑和其他残忍、不人道或有辱人格的待遇或处罚公约》；1990 年，中国签署了《儿童权利公约》。

1986 年，中国声明，中国遵循《联合国宪章》的宗旨和原则，支持联合国组织根据宪章精神所进行的各项工作，积极参加联合国及其各专门机构开展的有利于世界和平与发展的活动。

1997 年，中国签署了《经济、社会和文化权利国际公约》。1998 年，中国又签署了《公民权利和政治权利国际公约》。这一举动在国内外引起了极大的反

---

① 罗艳华：《中国参与国际人权合作的历程与展望》，《思想理论教育导刊》2005 年第 1 期，第 17 页。
② 李志永：《国际制度的国内影响》，中国人民大学硕士学位论文，2005 年，第 32 页。
③ 李志永：《国际制度的国内影响》，中国人民大学硕士学位论文，2005 年，第 32 页。

响，一些外国媒体甚至认为"中国的人权立场发生了突然性的大转变"①。

中国是《世界人权宣言》的第一批签字国，再加上上述两个公约的签署，这就表明中国已经完全签署了"国际人权宪章"。

根据联合国宪章、人权公约以及我国加入的国际公约的规定，各成员国必须努力制定与国际公约相一致的国内法，并有义务保障本国公民享受人权。"在人权扩张的过程中，人权本身日益具有复杂性，发展中国家在促进和保障人权方面可能承受着越来越大的压力。它们既要解决这些国家人民的公民权利、政治权利，更要解决他们的生存权、发展权以及经济和社会文化权利。"②

从这一时期中国的国内立法和人权保障来看，1982 年宪法总结了"文革"的历史教训，在序言中明确规定："今后国家的根本任务是集中力量进行社会主义现代化建设"，"逐步实现工业、农业、国防和科学技术的现代化，把我国建设成为高度文明、高度民主的社会主义国家"。它恢复了公民的平等权利，第三十三条把 1954 年宪法第八十五条的"中华人民共和国公民在法律上一律平等"修改为"中华人民共和国公民在法律面前一律平等"。③

1985 年 6 月 6 日，邓小平在会见"大陆与台湾"学术研究会主席团全体成员时，阐述了中国共产党在新的历史时期对人权的态度，他指出："什么是人权？首先一条，是多少人的人权？是少数人的人权，还是多数人的人权，全国人民的人权？西方世界的所谓'人权'和我们讲的人权，本质上是两回事，观点不同。"④ 这也表明中国的人权观在这一时期主要还是侧重于集体人权。

1991 年 11 月 1 日，为了回应西方的指责和推动中国人权的发展，中国国务院新闻办公室发表了题为"中国的人权状况"的白皮书。它作为中国第一个官方的人权文件，向世界介绍了中国人权的发展变化，阐述了中国政府关于人权问题的原则立场和基本政策。它在序言中鲜明地指出"享有充分的人权，是长期以来人类追求的理想……是中国社会主义所要求实现的崇高目标"⑤。白皮书还首次提出了生存权问题，指出"对于一个国家和民族来说，人权首先是人民的生存权。没有生存权，其他一切人权均无从谈起"⑥。生存权概念的提出，"是中国在20 世纪 70 年代与发展中国家共同倡导发展权之后的又一个贡献，因为生存权把发展权与民族自决权相联系，是对发展权概念在新形势下的一个创新"⑦。

---

① 罗晶：《当代中国人权意识研究》，武汉大学硕士学位论文，2005 年，第 18 页。
② 王在邦、邱桂荣：《21 世纪世界人权面临的挑战》，《现代国际关系》1998 年第 11 期，第 3 页。
③ 李峰：《中华人民共和国四部宪法比较研究》，中共中央党校博士学位论文，2004 年，第 55 页。
④ 《邓小平文选》（第 3 卷），人民出版社 1993 年版，第 125 页。
⑤ 国务院新闻办公室：《中国的人权状况》，1991 年，第 1 页。
⑥ 国务院新闻办公室：《中国的人权状况》，1991 年，第 3 页。
⑦ 沈雅梅：《九十年代以来中国国际人权政策及其演变》，外交学院硕士学位论文，2003 年，第 12 页。

此外，它也承认了人权的国际性，表明"中国主张在相互理解、求同存异的基础上加强人权领域内的国际合作"，就人权问题开展平等对话，"但任何国家实现和维护人权的道路，都不能脱离该国的具体国情，需由主权国家通过立法对人权制度予以确认和保护"①。

《中国的人权状况》白皮书的发表标志着人权开始正式走进中国的政治生活，开始正式成为中国社会的一个重要政治概念。②

1992 年 3 月，第七届全国人民代表大会第五次会议通过的《政府工作报告》指出，"人权是国际社会普遍关心的问题……整个人类的人权和基本自由应得到普遍尊重"③。此外也强调："人权不仅包括公民的政治权利。对于广大发展中国家来说，首要的是独立权、生存和发展权。"

1993 年 3 月，第八届全国人民代表大会第一次会议通过的《政府工作报告》再次指出，"中国重视人权问题，并愿意与国际社会一道为实现联合国保护和促进人权与基本自由的宗旨而努力……促进整个人类人权和基本自由的普遍实现"④。这就表明了中国政府把人权作为人类所追求的共同目标，愿意与国际社会一道共同努力，促进整个人类人权和基本自由的普遍实现。

1997 年，中央明确提出要建设法治国家，这就更加促使我们不断推动人权法制建设，开展更广泛的国际人权对话、交流与合作，更自觉地融入世界人权的进步潮流。

据国务院新闻办公室发布的《2000 年中国人权事业的进展》白皮书：1979 年以来，在国内立法上，全国人大及其常委会共制定了近 390 件法律和有关法律问题的决定，国务院制定了 800 多件行政法规，地方人大制定了 8 000 多件地方性法规。此外，中国还批准或加入了 18 个国际人权公约⑤，加强了人权领域的国际对话与合作。

二、中国领事保护的人民特征

1961 年 4 月 18 日，联合国主持缔结《维也纳外交关系条约》，并于 1964 年 4 月 24 日正式生效。1975 年 11 月 25 日中国加入该条约。1986 年 9 月 5 日中国全国人民代表大会常务委员会通过《中华人民共和国外交特权与豁免条例》，并

---

① 国务院新闻办公室：《中国的人权状况》，1991 年，第 55 页。
② 李海星：《普遍的人权与人权的普遍》，中共中央党校博士学位论文，2005 年，第 124 页。
③ 高广温、王成福主编：《党的第三代领导集体治国决策述要》，红旗出版社 2001 年版，第 547 页。
④ 高广温、王成福主编：《党的第三代领导集体治国决策述要》，红旗出版社 2001 年版，第 552 页。
⑤ 国务院新闻办公室：《2000 年中国人权事业的进展》，2001 年。

予以颁布实施。这一条例是在与《维也纳外交关系条约》保持一致的基础上，对外国驻华使团的特权与豁免作出了规定。

1979 年 7 月 3 日，中国加入《维也纳领事关系公约》，同年 8 月 1 日起，该公约对中国生效。

1980 年 9 月 10 日，第五届全国人民代表大会常务委员会第三次会议通过了《中华人民共和国国籍法》。其中第三条规定："中华人民共和国不承认中国公民具有双重国籍。"第九条规定："定居外国的中国公民，自愿加入或取得外国国籍的，即自动丧失中国国籍。"这一时期，中国的领事保护对象主要为具有中国国籍的华侨。

1982 年制定的《中华人民共和国宪法》规定："中华人民共和国保护华侨的正当的权利和利益，保护归侨和侨眷的合法权利和利益。"

1990 年 10 月 30 日，第七届全国人民代表大会常务委员会第十六次会议通过了《中华人民共和国领事特权与豁免条例》，并于 1990 年 10 月 30 日起开始施行。这一条例在内容上与《维也纳领事关系公约》基本一致。

1994 年 3 月，中国外交部领事司编写了《领事保护工作指南》。该指南在《前言》中特别强调，《领事保护工作指南》仅供中国驻外使、领馆内部使用，请勿外传和公开引用。①

在实体义务上，我们可以看到，基于《维也纳领事关系公约》的程序框架，在国内人权观念和法律的推动下，1997 年，"为充分体现中国政府对中国公民生命财产的关注和重视，有效地帮助在国外的中国公民获得中国驻外使、领馆的领事保护和服务，外交部还指示驻外使、领馆对外印发《中国境外领事保护和服务指南》"②。

2000 年 11 月 7 日，外交部首次向社会公布了《中国领事保护指南》，其目的是"帮助你了解中国大使馆和领事馆对中国公民的领事保护和服务范围"③。而且，还特别强调，"依据中华人民共和国宪法及有关法律、中国缔结或加入的国际条约的规定及国际惯例，中国驻外国的大使馆和领事馆有责任保护中国公民在国外的合法权利和利益"④。不过，其中的具体内容较少，"一共只有 1 200 多

---

① 许育红：《领事保护法律制度与中国的实践》，外交学院硕士学位论文，2003 年，第 36 页。

② 中华人民共和国外交部政策研究司编：《中国外交》，世界知识出版社 1998 年版，第 842～843 页。

③ 《中国领事保护指南》（2000 年版），http://www.fmprc.gov.cn/chn/lsfw/xgfg/t9780.htm，2008 年 12 月 19 日。

④ 《中国领事保护指南》（2000 年版），http://www.fmprc.gov.cn/chn/lsfw/xgfg/t9780.htm，2008 年 12 月 19 日。

字"。①

总之，1978—2000 年，中国在总结历史经验和教训的基础上，开始了建设中国特色社会主义的发展道路。

从 20 世纪 80 年代支持联合国大会通过的《发展权利宣言》，到 20 世纪 90 年代主张把"发展权"写入《维也纳宣言》，还有中国具体落实《经济、社会和文化权利国际公约》的规定，修改宪法等，都体现了中国在实现经济和发展权利方面的积极努力。②

因此，这一时期，中国将以生存权和发展权为核心的集体人权放在首位，同时又开始进行国际人权对话与合作，通过发展经济、健全法制，在保障公民的生存权的基础上，逐步实现并保护公民的经济、文化和政治等权利。中国在实践中也取得了伟大成绩。中国国内生产总值 2000 年首次突破 1 万亿美元，人均 GDP 超过 800 美元。1998 年，我国城镇居民的恩格尔系数从改革开放前的 57% 以上下降到 44.5%，农村居民比例从 1954 年的 69% 下降到 1998 年的 53.3%，农村贫困人口也从 1978 年的 2.5 亿减少到 1998 年的 4 200 万。③

不过，在 20 世纪 90 年代以前，中国过于强调集体人权，较为忽视个人人权，甚至在有些时候，集体人权压倒了个人人权。"虽然执政党和政府十分强调要求国家、集体与个人利益三者之间的统一，协调与兼顾，但实际上在一个时期里，曾经存在过忽视保障个人利益的偏向。"④ 这也必然体现在领事保护上，"政府工作人员的思想还没有完全从文化大革命极左思想的束缚下解放出来"，"面对改革开放的各种新生事物，驻外使、领馆从制度到思想认识一时还都跟不上新的形势"⑤。因此，这一时期，中国的领事保护可以概括为一种人民特征，即在领事保护上强调集体人权，较为忽视个人人权。

---

① 直播实录：专家解读《中国领事保护和协助指南》，http://world.people.com.cn/GB/1030/6165722.html，2008 年 12 月 28 日。

② 沈雅梅：《九十年代以来中国国际人权政策及其演变》，外交学院硕士学位论文，2003 年，第 32 页。

③ 钟瑞友：《从白皮书到入宪：中国人权事业的展开与抉择》，《河南社会科学》2005 年第 1 期，第 12 页。

④ 李步云：《探索法理》，湖南人民出版社 2003 年版，第 199 页。

⑤ 刘功宜编著：《出国人员如何求助——浅说"领事保护"》，中国经济出版社 2005 年版，第 247 页。

第二节　执政为民与中国的领事保护（2001—2003）

一、WTO 的压力与执政为民的人本内涵

随着改革开放的深入以及中国全面融入国际社会，我国对外交往的广度和深度已经达到了相当高的水平。国家的海外利益在不断拓展，中国普通民众的足迹也开始遍及全球。

1997 年，中国签署了《经济、社会和文化权利国际公约》。不过，签署公约只是加入公约的一个步骤。只有经过国家最高权力机关——全国人民代表大会的批准，国际人权公约才能对我国发生效力。[1]

2001 年 2 月 28 日，全国人民代表大会常务委员会批准了《经济、社会及文化权利国际公约》，只对该公约第八条第一款（甲）项即人人有权组织工会声明保留。

2001 年，随着中国加入 WTO，"中国对外开放的水平和程度，与国际社会的交流与合作实现了质的飞跃，国际联系空前紧密，对外交流持续扩大，同时，内政与外交、国内与国外因素相互作用日益明显，中国的发展站在了一个新的起点上"[2]。

世界贸易组织（the World Trade Organization，简称 WTO）成立于 1995 年 1 月 1 日。加入 WTO 是我国参与经济全球化的一个重要战略步骤。虽然 WTO 是个国际经济组织，但它对成员国的政治和社会生活同样具有非常重要的影响。

WTO 与人权有着较为密切的内在联系。首先，WTO 的自由贸易规则与基本人权蕴涵着相同的价值认同。二者都包括了个人自由、权利与义务的一致性，都内在蕴涵了非歧视原则、平等原则和法治原则。其次，国际人权文书与 WTO 的规则也共同蕴涵了尊重和保护人权的义务。[3]

有学者认为，加入 WTO 从以下三个方面对中国人权事业产生重要影响：一是加入世贸组织，必然会极大促进中国的经济发展，将有利于实现中国人民整体的发展权；二是 WTO 规则中对劳动者权利的保护性规定以及"国际劳工标准"

---

① 罗晶：《当代中国人权意识研究》，武汉大学硕士学位论文，2005 年，第 18 页。

② 李学保：《改革开放 30 年来中国外交观念变革的历史路径及经验启示》，《中南民族大学学报》2008 年第 6 期，第 29 页。

③ 侯英华：《入世后的中国人权发展问题研究》，大连理工大学硕士学位论文，2003 年，第 4 页。

等，将有利于改善中国工人的社会权利；三是从公民权利和政治权利看，国际交流的增加在一定程度上对公民权利和政治权利的实现提出更高的要求，这将持续地对中国的人权发展产生正面影响。① 当然，挑战也是同时存在的，如政府职能问题，西方会进一步利用 WTO 规则加紧对中国进行西方人权价值观的渗透等。

邓小平用其宽广的世界视角回答了一系列国际国内的长远的、全局的战略问题，实现了党的工作重心的转移，开辟了一条有中国特色的社会主义建设道路。江泽民则用其世界眼光准确地把握国际总的发展趋势和当今时代的特征，继承和创造性地发展了邓小平的时代观，提出了"三个代表"的重要思想，从而也正确回应了加入 WTO 以及应对全球化所带来的挑战问题。

江泽民在 2001 年"七一"讲话中指出："代表中国先进生产力的发展要求，代表中国先进文化的前进方向，代表中国最广大人民的根本利益，是统一的整体，相互联系，相互促进。""不断发展先进生产力和先进文化，归根到底都是为了满足人民群众日益增长的物质文化生活需要，不断实现最广大人民的根本利益。"②

随着改革开放的深化和社会主义市场经济的发展，我国社会生活中出现了社会经济成分的多样化、利益主体的多样化、社会组织方式和社会生活方式的多样化、就业岗位和就业形式的多样化。人民群众在根本利益上的统一和具体利益上的分化，要求我们党在推进改革开放和社会主义现代化的时候，既要代表广大人民群众的根本利益，又要正确处理和调整不同利益之间的矛盾，切实维护好具体的个人利益。

中国传统社会结构的最大特点是家国同构。这种社会结构也使得中国传统文化过于以家族（家庭）为核心，重集体、轻个人，重义务、轻权利。新中国成立之后到改革开放之前，这种"家""国"一体的思想表现得仍然较为充分。在个人、集体、国家三者利益上，也是强调国家和集体的利益，而较为忽视个人的利益。③ 改革开放和全球化的发展，使得国家可以直接并全面地借鉴国外的法治经验与教训，而且人民也由于眼界的开阔而自然产生比较，很容易产生对不能妥善保护自己人权的国家和政府的蔑视甚至谴责。④

而加入 WTO 所带来的压力和影响，特别是对公民权利和政治权利的实现提出的更高要求，也正符合了中国的客观现实，指出了未来的发展方向。

---

① 钟瑞友：《从白皮书到入宪：中国人权事业的展开与抉择》，《河南社会科学》2005 年第 1 期，第 13 页。
② 《江泽民文选》（第 3 卷），人民出版社 2006 年版，第 280～281 页。
③ 罗晶：《当代中国人权意识研究》，武汉大学硕士学位论文，2005 年，第 13 页。
④ 王世洲：《国际人权标准与我国刑法人身权保护的发展方向》，《法学家》2006 年第 2 期，第 81 页。

2002 年 5 月 31 日，江泽民在中央党校发表重要讲话指出，贯彻"三个代表"要求，本质在坚持执政为民。

胡锦涛在 2003 年"七一"重要讲话中明确指出，"'三个代表'重要思想的本质是立党为公、执政为民"①。

立党为公、执政为民，是"三个代表"重要思想的出发点和落脚点。我们党从建立以来的一切奋斗，归根到底都是为了实现、维护和发展最广大人民的根本利益。发展先进生产力和先进文化是实现最广大人民根本利益的基础和前提，实现最广大人民的根本利益则是发展先进生产力和先进文化的目的和归宿。

由此可见，"三个代表"的重要思想，进一步发展了中国的人权观，是维护和发展我国人权保障的根本指导思想。中国最广大人民群众的利益，都与人权密切相关。要落实"三个代表"，就要求适应改革开放以来我国社会构成的新变化，进一步扩大人权享有的主体，使中国人权具有越来越大的广泛性。始终代表中国最广大人民的根本利益，奠定了中国共产党人权理论创新的科学基础。

2003 年 10 月，党的十六届三中全会明确指出"坚持以人为本，树立全面、协调、可持续的发展观，促进经济社会和人的全面发展"。"以人为本"是科学发展观的实质和目的，一切工作的出发点和归宿都是为了人，是对人权的高度重视和充分肯定。"实际上科学发展、以人为本、求真务实这三个口号是不可分割的。"②

人权的最终目的在于实现人的自由而全面发展。无论是经济、社会、文化权利，还是公民权利与政治权利，都是人权体系中重要的组成部分。公民权利和政治权利是公民享有人格尊严和实现充分人权的政治保证。经济、社会、文化权利是公民享有公民权利和政治权利的基础条件。

科学发展观要求以人为本，促进人的全面发展，实质上就是人权的发展和实现。科学发展观认为，人的权利发展也是一个协调、渐进的过程。科学发展观首先是发展，并且是科学协调的发展，是一个渐进的具体的历史过程。人的权利的实现也是一个具体的历史的过程，最后都要依赖于发展。③ 在不同的国家，人们面对的人权问题是不同的，对人权的观念也不一样，优先要解决的人权问题也不同。不过，无论其阶段如何，总是具有很多共同性因素，尤其在公民权利与政治权利方面，因为它与经济发展水平并不成正比。因此，"以人为本所讲的人权，

---

① 胡锦涛：《在"三个代表"重要思想研讨会上的讲话》，见《兴起学习贯彻"三个代表"重要思想新高潮》，研究出版社 2003 年版，第 16 页。

② 资中筠：《"科学发展观""以人为本""求真务实"兼及"西化"问题》，《社会科学论坛》2004 年第 10 期，第 71 页。

③ 涂小雨、赵雄：《科学发展观的人权诠释》，《新疆社科论坛》2008 年第 2 期，第 25 页。

与西方人本主义所讲的人权具有共同性，都强调人人平等、尊重人权、尊重个人，都强调人人具有作为'人'应具有的普遍的、一般的权利，具有个人作为个人应具有的特殊权利"①。

尤其在注重人的个体性上，以人为本的一个根本要求就是，其中的"人"是"相对于抽象的群体而言的，例如'人民'、'民族'、'阶级'、'群众'。'人'和'人民'有根本的不同。其区别在于：'人民'是抽象的，是整体的概念，而这里'人'的含义是具体的、有血有肉的'个人'，就是要把思考问题的基点还原为具体的个人"②。由此可见，个人人权逐步得到重视和发展。

因此，以人为本的科学发展观的提出，将人权提升到了一个前所未有的高度，"坚持以人为本，就是要以实现人的全面发展为目标，从人民的根本利益出发谋发展，促发展，不断满足人民群众日益增长的物质文化需要，切实保障人民群众的政治、经济和文化权益，让发展的成果惠及全体人民"③。最主要的是要惠及具体的个人。因此，科学发展观在强调推动经济和社会发展的同时，也要促进民主政治的健全和完善；在抓紧物质文明建设的同时，也要统筹好精神文明建设、政治文明建设和生态文明建设。做到发展的全面性和可持续性，实现人的权利保障的系统性、完整性和具体性。

二、中国领事保护的人本转型

"三个代表"进一步扩大了人权的主体，而科学发展观则进一步发展了人权的内涵，与改革开放初期偏重于强调集体人权相比，科学发展观则融合了个人人权的内涵，而且开始突出具体的个人，"提出'以人为本'的观念，意味着我们考虑问题的基点要有一个根本性的转变"④。

国务院新闻办公室在《2003年中国人权事业的进展》白皮书中指出："中国政府将人民的生命健康和基本人权放在首位，以对人民负责、为人民服务、受人民监督的态度，提出了'执政为民'和'权为民所用、情为民所系、利为民所谋'的执政思想，形成了以人为本，促进社会和人的全面发展的科学发展观，确立了确保宪法实施、建立法治政府、建设政治文明的治国理念。"

---

① 韩庆祥：《以人为本与人本主义两种人权观的区别》，《人权》2006年第5期，第9～10页。
② 资中筠：《"科学发展观""以人为本""求真务实"兼及"西化"问题》，《社会科学论坛》2004年第10期，第71页。
③ 汪习根：《对话与超越：全球化时代中国人权法治的发展路径》，《武汉大学学报》2005年第4期，第398页。
④ 资中筠：《"科学发展观""以人为本""求真务实"兼及"西化"问题》，《社会科学论坛》2004年第10期，第72页。

在"三个代表"执政为民理念的推动下，我们可以看到，中国的领事保护指南在 2003 年 5 月又有了新的版本。《中国境外领事保护和服务指南》2003 年版开篇就指出，"亲爱的同胞：作为中国公民，当您在国外旅行、工作、学习或居住期间遇到困难时，当您的合法权益受到侵害时，您一定渴望得到中国政府的关心和帮助。为了有效地帮助您排忧解难，我们编写了《中国境外领事保护和服务指南》，它将帮助您了解中国驻外使、领馆的领事保护和服务范围"。这份指南从名称上看，增加了"服务"的字眼，对海外中国公民的称呼也体现出了亲切感，而且内容更为详细，指导更加实用。此外，这份指南在外交机构都可以免费索取。从领事保护的对象上看，可以发现其对象已不仅仅限于华侨，而是包括了在国外旅行、工作、学习或居住的中国公民。与此同时，外交部网站上也专门设有"出国特别提醒"栏目，不定期发布与中国公民有关的各国信息，提醒中国公民慎重前往局势动荡的地区。由此可见，在领事保护意识和机制上，中国已开始具备以人为本的事前预防和服务意识，开始探索建立领事保护预防机制。

第三节　人权入宪与中国的领事保护（2004—2011）

一、人权入宪与中国人权国内、国际标准的统一

2004 年，在第十届全国人民代表大会第二次会议上，温家宝总理代表新一届政府作了《政府工作报告》。这一报告通篇贯穿了"以人为本"的精神主线。这就表明了新一届中央领导集体将继续贯彻和升华"以人为本"的执政理念。

市场和人权不仅共同构成了推动全球化发展的两个重要因素，而且也推动了法律的国际化与全球化。

第十届全国人民代表大会第二次会议审议通过的宪法修正案，首次将"人权"概念正式写入宪法。其中第三十三条明确规定："国家尊重和保障人权。"人权入宪，使尊重和保障人权由党和政府的政治主张上升为宪法的一项至高而神圣的原则，表明了我国宪法是公民权利和人权保障的统一体，尊重和保障人权，明确地成为国家的责任和义务，成为中国现代化建设的一个基本目标，反映了中国社会在人权理念和宪政观念上的巨大进步，也体现了中国对人权全球化这一时代趋势的积极呼应，从而为中国人权事业的全面发展奠定了法律基础，揭开了中国人权事业发展的新篇章。

人权入宪，徐显明认为它从以下 5 个方面修正了先前的人权理念：

　　一是人权主体观的根本变化。由"公民主体观"转变为"人人主体观"，预示着宪法保护的主体由此指向了所有的人。

　　二是人权体系的设定变化。由"封闭式人权体系"转变为"开放式人权体系"，据此可以建立起不断丰富和发展的人权体系。

　　三是人权标准的衔接变化。由"国内标准"转变为"国际标准"，预示着我国在法理层面上承担了接受国际人权标准的义务。除了我国声明保留的以外，一般来说，国际人权标准也就构成了我国的人权标准，表明我国人权的国内标准和国际标准由此走向了统一。

　　四是执政理念方面的人权理解变化。"执政为民"由政治原则转化为法律判断，就是把"为了最广大人民的根本利益"表述成"为了全体人民的各项权利"。尊重和保护人权成为国家机关及其工作人员的基本任务。

　　五是司法理念方面的人权理解变化。人权条款入宪意味着，即使法律没有规定和明示的权利，只要证明它具有法义，司法机关也要给予保护。①

　　张千帆则认为，从人民主权入宪到人权入宪，2004年的宪法修正案体现了一种思维方式的根本转变，也就是从重抽象的集体到重具体的个人。

　　无论是1954年宪法、1978年宪法，还是1982年宪法，其中都规定"中华人民共和国的一切权力属于人民。人民行使国家权力的机关是全国人民代表大会和地方各级人民代表大会"。这一条款被普遍认为规定了中国宪法的"人民主权"原则，即国家的一切权力最终来自"人民"，"人民"通过全国和地方人大行使国家权力。虽然"人权"也是普遍的，但是人权的立足点应是具体的个人，而不是抽象的整体。但在过去，"人民"、"国家"、"民族"、"社会"、"集体"这些整体概念被不假思索地接受了，而且被认为是代表了一种至高无上的利益，甚至完全压倒了个人权益。作为人权的进一步体现，修正案还规定了"合法的私有财产不受侵犯"，并且国家征收或征用私有财产或土地必须"给予补偿"。因此可以看出，宪法的着眼点已经从抽象的、难以操作的"主权"转移到具体的、救济明确的"人权"，从宏观的、难以定义的"人民"转移到微观的、具体实在的"个人"。②

　　可见，张千帆主要强调的是人权入宪的个人人权意义。个人既是国家和社会的基本组成单元，又是国家和社会的最终归依。因此，个人人权的宪法保障尤为重要。

　　综合上述分析，可以发现，"'人权条款'与国际人权法的基本精神和内容

---

　　① 徐显明：《世界人权的发展与中国人权的进步》，《中共中央党校学报》2008年第2期，第35页。

　　② 张千帆：《从"人民主权"到"人权"》，《政法论坛》2005年第2期，第8页。

具有本质上的一致性，二者可以共同构成我国人权法制建设的基础"①。而在2007年10月1日，《物权法》的实施，无疑使得集体权益与个人权益更能得到平等的保护。

二、中国领事保护的人权定位

2004年3月6日，李肇星部长在记者招待会上，结合温家宝总理的政府工作报告，针对外交工作指出："我们的外交是全中国人民的外交，有着全国各族人民的支持，包括港澳台同胞和海外侨胞的支持，外交工作才取得了那么大的成就。""新中国的外交也在贯彻以人为本、执政为民的宗旨。去年中国和有关国家协调配合，妥善地处理了日军在华遗留的化学武器泄露事件，俄罗斯友谊大学火灾事件，新西兰音乐学院倒闭导致中国留学生失学事件，伊拉克战前、利比亚内乱期间协助安排中国公民安全撤离等问题。"② 这就充分体现了中国外交理念的新发展——外交为民。外交为民是我国外交顺应时代和形势的发展变化所面临的一项重要任务。李肇星还特意强调，我国外交要"急人民之所急，想人民之所想，在国际上为维护我国法人和公民的合法权益多做实事"。

"正是由于确证了个人对于国家和社会的基础地位，正是由于确证了个人优于国家，更优于社会以及个人比国家和社会更为实在这一事物的本来逻辑，法治所特别关注并将其置于首要重任的乃是对个人权利的充分而全面的有效保障。"③基于个人人权的考虑，中国外交加强了为中国公民权益服务的意识，从单纯的"外交为国"发展到也要"外交为民"的新阶段。中国的外交战略在统筹国际国内大事的同时，越来越关心人民群众的"小事"与"琐事"，在谋求国家利益的同时，更加注重促进和保护普通百姓的利益。

而且，我们也可以看到，当前中国外交工作增加了很多为人民服务的重要内容，如设立外交部开放日，成立公众外交处，逐步开放外交历史档案，外交官员在网上与网民进行对话和交流等。外交部和驻外使馆还建立了应对紧急突发事件的机制，并进行了相应的培训等。④ 这些应对紧急突发事件的机制主要体现在领事保护机制建设上。

---

① 班文战：《国际人权法在中国人权法制建设中的地位和作用》，《政法论坛》2005年第3期，第89页。

② 《李肇星：中国为世界和平发展作出了应有贡献》，http://www.cctv.com/news/china/20040306/100832.shtml，2009年1月28日。

③ 姚建宗：《法治的生态环境》，山东人民出版社2003年版，第171页。

④ 张历历：《"外交为民"——中国外交理念的新发展》，http://www.fmprc.gov.cn/ce/cgkhb/chn/xnyfgk/t140912.htm，2009年2月16日。

2007 年 5 月 19 日，外交部迎来了 180 多名来自全国各地的公众代表，参加 2007 年第一次"公众开放日"活动。杨洁篪部长向来宾们发表了热情洋溢的讲话。他指出，人民是国家的主人，中国的外交是人民的外交，是为人民的根本利益服务的。对外建设和谐世界，就是要在政治上平等民主，经济上互利共赢，安全上互信协作，文化上交流共进，携手建设持久和平与共同繁荣的和谐世界。在当前中国国力增强、更多中国公民走出国门的情况下，我们更要强调"外交为民"，维护中国公民和法人在海外的合法权益。①

在外交工作中，领事保护最贴近人民群众，直接关系到他们的切身利益。中国的领事保护工作始终把保护人民群众的根本利益作为出发点和归宿。在"外交为民"这一新理念的指导下，各级领导人都高度重视领事保护工作。

2004 年 6 月 11 日，胡锦涛主席在访问匈牙利时针对阿富汗昆都市遇袭案件严正声明，"尽管我们中国有 13 亿人口，但我们珍惜每一个同胞的生命！决不能允许恐怖主义威胁中国公民的安全"②。这无疑体现了中国领导人对每个公民的重视，中国公民的个人人权也因此得到具体维护和体现。

2004 年 8 月 28 日，中国最高立法机关高票通过决定，批准加入《联合国人员和有关人员安全公约》。此外，目前我外交部正在积极参与制定《关于制止核恐怖主义行为的国际公约》等国际公约和条约。这些条约对于保障我国公民在驻在国的人身安全、合法利益方面也将起到十分重要的作用。同时，这些情况也表明中国正在加快立法进程，通过法制来保护海外中国公民的安全。

到 2005 年 7 月，中国与外国缔结了 42 项领事条约（其中 2 项尚未生效），中国在外国设立的领事机构已达 64 个，外国在中国设立的领事机构已达 104 个。③ 领事条约的签订以及领事机构的发展无疑为领事保护的顺利进行奠定了基础。

2007 年 8 月 21 日，中国外交部发布了《中国领事保护和协助指南》2007 年版，这份指南更为细致，主要包括五部分：第一部分是出国前的特别提醒，第二部分是出国后的特别提醒，第三部分是介绍领事官员可以为您做什么，第四部分是介绍领事官员不可以为您做什么，第五部分是寻求领事保护时常见的 19 个问题。从中明确了驻外领事官员的职责和海外中国公民要求领事保护的权利与义务，还有一些具体的方法指导。

---

① 《杨洁篪：中国对外建设和谐世界，对内主张外交为民》，http：//www.chinanews.com.cn/gn/news/2007/05 - 19/938925.shtml，2009 年 2 月 16 日。

② 《胡锦涛谈我工人遇袭：我们珍惜每个中国公民的生命》，http：//www.chinadaily.com.cn/gb/doc/2004 - 06/12/content_ 338878.htm，2008 年 9 月 10 日。

③ 朱建庚：《中国领事保护法律制度初探》，《中国司法》2008 年第 10 期，第 103 页。

其中，一个细节的变化就是，2003 年版的指南可以免费索取，而 2007 年版的指南则是领事官员免费发放，甚至包括外交部领事司司长也都参与了这一工作。"这是《中国领事保护和协助指南》，希望能够对您的出行有所帮助，祝您一路平安。"① 在 2007 年 8 月 21 日上午，外交部领事司司长魏苇亲手将一本制作精美的蓝色小册子发放到一名民航旅客手中。而在当天，就有 5 万本《中国领事保护和协助指南》在北京首都国际机场免费发放。除了北京外，外交部还将通过各驻外使、领馆、各省市地方外办等机构协助印制《中国领事保护和协助指南》，并免费发放。这就更加凸显了中国领事保护在宣传服务上的主动性和人本性。

对领事保护的对象上，《中国领事保护和协助指南》2007 年版也有一个变化。其中的第四条，"中国公民在何种情况下可以获得领事保护？"对此，这一指南是如此回答的："一旦中国公民（包括触犯当地法律的中国籍公民）在当地所享有的合法权益受到侵害，中国驻外使、领馆有责任在国际法及当地法律允许的范围内实施领事保护。"其中特意强调了领事保护的对象包括"触犯当地法律的中国籍公民"。这是前几版所没有的内容。其后的几版都保留了这一内容。这无疑受到人权入宪和人权观念的较大影响。

2008 年 6 月 30 日，中国外交部领事司又发布了《中国领事保护和协助指南》2008 年插图版，尽管这一指南的内容仍是依照 2007 年版，不过，它增加了漫画插图和彩页设计，增强了形象性和趣味性，其形式更加凸显了中国领事保护宣传的大众化和人性化。同时，外交部领事司还推出了有 10 种专题的领事保护折页宣传册。它也是结合《中国领事保护和协助指南》2007 年版，不仅划分了四类群体，即旅行、商务、留学和劳务这样四大群体，而且分类总结了入境、出境、过境受阻，遭到扣押，发生意外事故，家人在国外失踪，家属在外国亡故，遭遇犯罪侵害这样六类常见事项，介绍了公民的应对方法和注意事项以及领事官员的具体职责（分为可以做与不可以做两类）等。因此，它的涵盖面非常广，而且又有具体的分类，内容显得通俗实用而富有针对性。2008 年插图版的《中国领事保护和协助指南》以及折页系列宣传手册，还同时向中国驻外使、领馆和各省、自治区、直辖市外办发放，共计 80 万册。② 而且，国内外的中国公民也可通过外交部的官方网站直接下载指南的 PDF 文件。插图不仅提高了中国公民的阅读兴趣，而且最主要的是加深了他们对指南的理解与运用。这就使得本来显得

---

① 《首批 5 万本"中国领事保护和协助指南"开始免费向出境中国公民发放》，http：// zzwb. zynews. com/html/2007 – 08/22/content_ 294202. htm，2009 年 3 月 1 日。

② 《外交部推出 2008 年插图版中国领事保护和协助指南》，http：//news. 163. com/08/0630/17/ 4FN137HN000120GU. html，2009 年 2 月 19 日。

较为严肃的外交领域，展现出了融入民间大众的一面。外交部部长助理吴红波在首发仪式上指出，海外公民的安全一直是中国政府和领导人高度关心的问题。外交部和中国驻外使、领馆为维护海外中国公民的安全和正当权益做了大量努力。2008 年是北京奥运年，我们应加倍努力，认真贯彻落实"以人为本、外交为民"理念，围绕"平安奥运、文明奥运、服务奥运"的工作重点，针对不同群体的不同特点和要求，继续做好领事服务和保护工作，让在国外的同胞充分感受到祖国和人民对他们的关心和关爱。①

与此相配合，2008 年 7 月 25 日上午，由中国外交部领事司和广东省外办联合举办的"2008《中国领事保护和协助指南》推介"暨"海外安全宣传月"活动在广州白云国际机场国际出发厅举行。外交部领事司魏苇司长在这次宣传活动中指出，这次地方活动首选广东，意义深远，目的是以生动、简洁和人性化提醒的方式向公众普及领事保护知识，让他们能通过自己喜欢的方式学习领事保护知识，帮助他们更好地了解中国领事保护和协助的程序与内容，确保自身安全和合法权益，与居住国人民和睦相处，共同发展，共建和谐世界。② 现场观众也积极踊跃参与，索取了许多宣传资料，并细致咨询了海外安全和权益保护问题。

同样，2008 年 7 月 31 日，中国外交部领事司、上海市政府外事办公室和中国银联在上海浦东国际机场联合举行 2008 年《中国领事保护和协助指南》发布和宣传仪式。这次活动的主要目的在于提醒海外中国公民增强防范意识和提高自我保护能力，建议中国公民在境外尽量使用银联卡刷卡消费，以维护人身财产安全。外交部领事保护中心主任何平参赞指出，《中国领事保护和协助指南》是外交部贯彻"以人为本、外交为民"理念的重要举措。外交部希望通过此项工作，贯彻中央领导同志对我国公民和机构海外安全工作的重要指示，切实维护好他们的合法权益。③ 从这次宣传中可以看出，领事保护又增加了一些具体的方法来应对和指导，如尽量多使用银联卡支付、减少携带现金等。

其后，国家又先后推出了《领事保护和协助指南》2010 年版、《中国领事保护和协助指南》（新）附少数民族文字版以及《中国企业海外安全风险防范指南》（新）等。如此频繁地更新领事保护指南的内容，主要出现于 2004 年之后。尤其是《中国领事保护和协助指南》（新）附少数民族文字版的推出，更是一种

---

① 《中国领事保护和协助指南 2008 年插图版和专题宣传折页发行》，http：//www. amb – chine. fr/chn/xnyfgk/t477402. htm，2009 年 2 月 19 日。

② 《广东省 2008 中国领事保护和协助指南推介暨"海外安全宣传月"活动取得圆满成功》，http：//www. gdfao. gd. gov. cn/gdws/200808080004. htm，2009 年 3 月 2 日。

③ 《外交部和中国银联建议出境游客尽量用卡支付》，http：//bank1. jrj. com. cn/news/2008 – 08 – 01/000003893292. html，2009 年 4 月 3 日。

大的突破，对于少数民族侨胞以及预备出国的少数民族同胞而言，都具有重要影响。因为有的少数民族侨胞或同胞汉文水平不高，对于外交部领事保护中心和驻外使、领馆宣传发布的领事保护宣传手册和指南等看不懂或难理解。为了体现党和政府对少数民族侨胞的关心和对其权益的尊重，加强少数民族侨胞和同胞的安全风险防范意识，更有针对性地做好预防性领事保护工作，[①] 外交部领事司与国家民委监督检查司合作，将《中国领事保护和协助指南》翻译成蒙古、藏、维吾尔、哈萨克、朝鲜等少数民族的文字，并向有关地方和驻外使、领馆进行发放和宣传。

"在今天，无论哪一个国家都无法堂而皇之地否认人权，人权已经成为神圣的观念，全世界都在提倡对人权的保障和尊重。"[②] 人权保障成了全球化发展下的一种潮流，世界各国也大都朝着国际化人道国家的方向发展和转型。

总之，"开放是中国人权发展的前提，人权进步的速率与中国开放的程度成正相关关系"[③]。而人权入宪，则标志着我国人权标准的衔接变化，由"国内标准"变为"国际标准"，预示着我国在法理层面上承担了接受国际人权规范的义务。这对于我国人权的发展是具有重要意义的。"假若我们过于强调人权的特殊性，就算如何地宣称'人民的权利'和'集体的权利'，但是实际上却不可能真正容纳和发展出人权的观念。"[④] 而长期以来，我国习惯于强调人权的阶级性和集体性，认为国家是一个特殊的利益群体统治另一个利益群体的暴力工具，因此，只要是为了统治阶级的利益，对于被认定为属于被统治阶级的人或者破坏统治阶级利益的人，无论怎么镇压都具有政治和道德上的正当性。这种对人的"二元划分"至今在诸多法律条文和现实的执法以及司法中还有许多明确的体现。而一旦否认了人权的普遍性，就连统治阶级自身的权利也未必能得以保证，更不用说普通平民。[⑤] 因此，人权入宪与个人人权的确立对社会的法制化运转具有重要意义。

总之，从以上三个发展阶段来看，第一阶段，中国主要强调集体人权，并在此基础上与国际社会进行了交流与合作，特别是在1998年，随着中国对《公民权利与政治权利国际公约》的签署，表明我国已经完全签署了"国际人权宪章"。中国在人权立法上就要承担起国际义务。因此，国际人权法也在较大程度

---

① 《中国领事保护和协助指南为啥出民族文字版》，http://news.xinhuanet.com/zgjx/2011-12/24/c_122476765.htm，2011年12月30日。

② ［日］大沼保昭著，王志安译：《人权、国家与文明》，三联书店2003年版，第75页。

③ 周永坤：《论全球化时代的中国人权保障》，《法治论丛》2008年第3期，第14页。

④ 骆伟锋：《人权全球化与中国人权观的思考》，厦门大学硕士学位论文，2007年，第39页。

⑤ 骆伟锋：《人权全球化与中国人权观的思考》，厦门大学硕士学位论文，2007年，第38~39页。

上推动了中国人权意识与法制的发展，不过，个人人权仍融合于集体人权之中，这一时期的领事保护也受集体人权意识的鲜明影响，表现为一种人民性的领事保护。第二阶段，随着加入 WTO，中国执政理念开始发生进一步的转变。而且，这一时期，国际人权宪章在经济全球化的客观环境下，对中国在国内的人权立法提出了更多、更直接的压力，尤其是在个人权利方面。因此，这一时期，中国主要是在执政理念上开始转变，科学发展观的提出，更加凸显了这一转变趋势。这一时期，领事保护也发生了相应的变化，领事保护指南得以改进，而且预防意识开始发展，表现为一种人本化的转型。在第三阶段，执政理念上更加凸显以人为本，而且进一步落实到行政中。最为突出的就是人权入宪，使得尊重和保障人权由党和政府的政治主张上升为宪法原则。因此，中国的人权标准也由"国内标准"转变为"国际标准"。中国正在向建立一个民主国家、法治国家和人权社会的目标迈进。人权入宪，推进了权利主体的普遍化，这也顺应了人权国际化和全球化的趋势。不仅使得居留海外的中国公民，也使得居留中国的外国公民，都能得到更好的保护。因此，海外中国公民的权益将会更加受到中国政府的重视，这也会进一步推动中国领事保护的国内发展以及国际接轨。这一时期，中国的领事保护体现为一种人权定位。所以，我们可以看到，中国的领事保护终于在 2004年开始发生重要转变，不仅在纵向上突飞猛进，而且在横向上与国际接轨也更为直接和密切。

第三章　国际领事法的人本化
"拉力"与中国的领事保护

全球化（Globalization），究竟发端于何时，又是由什么因素推动的？这仍是一个众说纷纭、多有争议的问题。其作为一个正式概念被提出并激发理论研究的兴起则是 20 世纪 80 年代中期的事。冷战的结束、世界市场的扩展、信息革命的进行等因素都极大地推动了本次全球化的发展，使其在广度、深度和发展速度上都是史无前例的。① 而全球化又是个综合的、全方位的概念，至少包括经济全球化、公共事务的全球化、人权全球化、环境全球化和法律全球化五个方面。② 随着全球化的发展，世界各国之间经济领域的依存度越来越高，政治领域的交往越来越频繁，文化领域的交流越来越密切。

中国已经不可阻挡地融入了全球化的浪潮。经济上，2001 年已成功地加入 WTO，政府将遵守世界贸易组织的国际规则；政治上，以 1978 年的十一届三中全会为标志，中国进入改革开放时代，对外开放促使中国逐步融入当今国际体系；人权上，中国在加入国际人权公约方面，也已经迈出了实质性的步伐。

在全球化的今天，国际、国内的界限日益缩小，"内外政策的融合在任何国家都可能发生，但在穷国尤其是在小的贫穷国家特别普遍。后者在各个方面都被外国的影响力所渗透"③。实际上，用后发国家来代替穷国或小国或许更准确。

经济全球化背景下，"两个颇受关注的事物的合力推动着新的法律发展运动：在国家层次上实行人权保护的需要（权利方面）和重建法律以促进全球性市场的运行效率的需要（市场方面）。这两个方面都需要法制"④。这一时期，国际法与国内法的互构和转化更为快捷和明显，更多地表现为法律趋同化和法律一体化。这种趋同化，就是调整同类社会关系的法律制度和规范趋于一致，这既包括不同国家的国内法规趋向一致，也包括国内法与国际法的趋向一致。在国际专门

---

① 王俊生、文雅：《中国融入国际体系的进程及特点分析》，《南京师大学报》2008 年第 3 期，第 51 页。

② 朱振：《全球化进程中的中国法学——访张文显教授》，《学习与探索》2006 年第 1 期，第 261 页。

③ ［美］拉西特、斯塔尔著，王玉珍等译：《世界政治》，华夏出版社 2001 年版，第 9 页。

④ 朱景文：《关于法律与全球化的几个问题》，见胡元梓、薛晓源主编：《全球化与中国》，中央编译出版社 1998 年版，第 109 页。

法领域则更为突出。国际领事法规（外交保护法规）不仅更快速地推动一个国家进行领事保护的程序接轨，而且也直接推动其进行实体接轨。

"一方面，国家是否遵守国际法取决于它参加国际关系的态度；另一方面，国际关系的基本因素又制约着国家遵守国际法。"①

结合当前形势来看，前者主要涉及国家对国际法的态度，后者主要涉及当今全球化问题。

国际领事保护的人本化对中国横向的推动，其程度无疑将受制于中国融入全球化的程度以及中国对待国际法特别是国际领事法规的态度。至于对中国融入全球化程度的详细探讨，这个问题不在本书探讨之列。

国际法与国内法的关系问题，主要表现在国际法与国内法发生冲突时应适用国际法还是国内法。基于对国家主权和国际法的不同认识，"一元论"和"二元论"是关于国际法与国内法关系的基本理论。中国国际法学者周鲠生则提出了"自然调整论"的主张。

"国际法在国内法中适用的本质，是国家对其国际义务的承担。"② 大多数国家对于国际习惯法中强行性规范在国内的实施，都采取了较为宽松的态度，规定只要不与现行国内法抵触就可作为国内法的一部分予以直接适用。对于国际条约，主要通过三种方式在国内发生效力：③

其一是采纳，是指在国家宪法或法律中作出规定，把国际条约视为国内法的一部分，直接自动适用。

其二是转化，是指国际条约不能直接自动地在国内适用，而必须通过国内立法机关的立法行为为将其转化于本国法律体系内才能适用。

其三是混合，是指有些国家根据国际条约的性质或内容同时采取采纳和转化两种方式。

随着全球化进程的不断深入，国际法的效力也进一步加强。现在的许多国际法规则都要求各国制定相应的国内法来履行相应的义务，国际法内化为国内法日益快捷和普遍。在国际实践中，国际法内化为国内法主要有以下三种情况④：

其一是直接适用。许多国际条约中都直接对国内法的内容作出了规定，要求成员国遵守和执行，国际条约直接对成员国及其公民发生法律效力，国际条约直接构成成员国国内法的一部分。

---

① 邓杰、张照东主编：《国际法》，兰州大学出版社 2007 年版，第 109 页。
② 李斌编著：《现代国际法学》，科学出版社 2004 年版，第 24 页。
③ 李斌编著：《现代国际法学》，科学出版社 2004 年版，第 25～27 页。
④ 贾少学：《全球化时代的国际法与国内法关系研究》，吉林大学博士学位论文，2008 年，第 93～95 页。

其二是国际法的原则内化为国内法的基本原则，如公海自由原则、外国人待遇原则、人权保护原则等。

其三是国际规范制约国内法的立法和执法标准。如 WTO 要求成员国的国内法必须与 WTO 法相一致，如国内法与 WTO 法相冲突，必须修改国内法，使其与 WTO 法相一致。甚至在司法实践中，也要求国内法院在国内法与 WTO 法则发生冲突时适用 WTO 法则。

中国宪法并未对国际法与国内法的关系做出明确规定。对于国际惯例，《中华人民共和国民法通则》第一百四十二条规定，"中华人民共和国法律和中华人民共和国缔结或参加的条约没有规定的，可以适用国际惯例"。对于国际条约，《中华人民共和国民法通则》第一百四十二条规定，"中华人民共和国缔结或者参加的国际条约同中华人民共和国的民事法律有不同规定的，适用国际条约的规定，但中华人民共和国声明保留的条款除外"。此外，中国在实践中还往往通过间接适用的方式将有关条约转化为国内法。

中华人民共和国成立以后，就开始注重发展与其他国家的领事关系。由于当时并未参加《维也纳领事关系公约》，所以也导致一些国家对中国存在疑虑和担心。为了全方位地发展对外领事关系，1979 年，中国决定加入《维也纳领事关系公约》，这次国际接轨也使得中外领事关系进入一个全新的发展时期。[①]

为了落实和执行公约的规定，适应中国与外国发展领事关系的需要，1990年 10 月 30 日，中国颁布了《中华人民共和国领事特权与豁免条例》（以下简称《条例》）。这一条例的内容与《维也纳领事关系公约》基本保持一致，全面规定了外国驻华领馆及领馆人员的地位和特权与豁免，阐明了中国发展对外领事关系的原则和立场，是有关领事关系的最主要的国内立法。此外，条例还结合中国的具体情况以及中国与外国签订的双边领事协定，在一些方面作了一些新的规定或补充。如《条例》第四条规定，中国国家工作人员进入领馆馆舍须获得领馆馆长、该国驻华使馆馆长或经他们授权的人的同意，而《维也纳领事关系公约》规定只有接受国官员进入领馆馆舍中专供领馆工作所用的部分才须获得许可。《条例》第十三条规定，领事官员的寓所、文书、信件和财产不受侵犯，而在《维也纳领事关系公约》中对此并无具体规定。由此可见，中国对《维也纳领事关系公约》是采用间接适用的方式，甚至在某些方面给了外国领事馆和领事官员较《维也纳领事关系公约》的规定更为广泛的保护，有利于他们在中国更好地执行领事职务。[②] 而在全球化和国际法人本化的推动下，中国在适用国际领事法

---

①　"新中国领事实践"编写组：《新中国领事实践》，世界知识出版社 1991 年版，第 25 页。

②　刘淑君：《国际法学》，兰州大学出版社 2006 年版，第 201 页。

上，无论是直接适用还是间接适用，都会更加快捷和深入。

虽然 2001 年是中国融入全球化的一个重要转折点，也是国际横向推动更具直接影响的开端。不过，结合中国领事保护与国际接轨的情况来看，本书将 2004 年作为国际领事法规更具横向直接影响的转折点。当然这并不能完全排斥中国国内因素纵向的、综合性的推动和影响，主要还是在《维也纳领事关系公约》的框架内，体现为中国国内人权因素的综合推动。实际上，纵向因素与横向因素在中国领事保护的发展中总是融合在一起共同发生影响的。对于中国而言，国内人权因素本身就带有很大的国际人权因素的影响。不过，在这样一个过程中，纵向因素与横向因素发生影响的程度还是不同的。在 2004 年之前，综合性的人权因素更具主导地位，2004 年之后，直接性的横向因素的影响就越来越明显。

随着全球化进程的不断深化和国际安全形势的发展以及国际法人本化的推动，"国际领事保护制度也不可避免地出现了一些新的发展趋势"①。甚至有学者认为在今后条件成熟时，可能会出现一部单独的领事保护条例。②

外交保护问题是联合国国际法委员会近来较为关注的一个主题。2006 年 5 月 30 日，国际法委员会二读通过了《外交保护条款草案》。在随后举行的第 2909 次会议上，国际法委员会建议联合国大会以草案为基础制定一项关于外交保护的公约。

总之，无论是从领事保护和外交保护的国际实践，还是从国际领事法规和《外交保护条款草案》来看，人权与之融合的方面都出现了一些新的趋势。

而中国的领事保护本身就带有后发型的特点。领事保护和外交保护法规的人本化，一方面为中国政府进行领事保护设定了义务，另一方面也为中国保护其海外公民提供了权利。而且，"按照国际关系理论中的建构主义学说，在国家之间的互动过程中，强者往往会成为弱者模仿和学习的对象"③。因此，外国的一些先进的领事实践也为中国提供了资源借鉴。中国在领事保护上，对领事法规所提供的权利工具，运用得还较少。

---

① 万霞：《海外公民保护的困境与出路——领事保护在国际法领域的新动向》，《世界经济与政治》2007 年第 5 期，第 37 页。

② 殷敏：《外交保护法律制度及其发展态势》，华东政法学院博士学位论文，2007 年，第 152 页。

③ 徐崇利：《中国的国家定位与应对 WTO 的基本战略》，《现代法学》2006 年第 6 期，第 5 页。

第一节　领事保护在国际法领域的人本动向

一、人的安全与外国人安全

"人的安全"[1] 这一概念，最早是由联合国开发计划署在 1994 年的《人类发展报告》中提出的。该报告指出安全不仅仅是针对国家，而且必须强调针对人类自身。"长期以来，安全的概念通常被狭隘地理解为：来自境外侵略的领土安全，或外交政策中国家利益之保护，或来自核武器威胁的全球安全。安全与民族国家之关系远甚于与其人民之关系，而人民所寻求的乃是他们日常生活当中的安全。对许多人而言，安全意味着保护他们免于疾病、饥饿、失业、犯罪、社会冲突、政治迫害和环境问题的威胁。"[2] 该报告列出了人的安全的七大组成部分：经济安全、食品安全、健康安全、环境安全、人身安全、共同体安全、政治安全。

人的安全具有四大本质特征：普世性；相互依存性；预防性，即早期预防胜于事后干预；人本性，即以人为中心。[3]

人的安全的基本目标可以概括为"免于恐惧"和"免于匮乏"。对此，有学者进行了拓展，认为其基本目标还应该加上"免于被歧视"，"即消除国际和国内的各种制度及文化中因性别、年龄、种族、民族、宗教、地域等因素而导致的制度性不平等和文化歧视"[4]。"免于被歧视"这一目标和原则无疑对海外侨民具有重要意义。

传统的安全观过于强调的是国家的安全，将个人和社会的安全都附着于国家安全之内，国家的安全也就意味着人的安全。而人的安全，以"人"为中心，包括了个人和个人所组成的群体，将发展、人权和安全融合为一体，将国家一维的安全观拓展为个人—社会—国家三维的安全观，这一安全观无疑反映了冷战结束后国家安全与人的安全并不完全一致，而且人的安全愈发凸显的现实。

西方国家所论述的人的安全，倾向于强调个人的安全，更多关心的是个人的权益等。而亚洲国家以及一些发展中国家在论述人的安全时，免于匮乏的自由超

---

① Human Security，有些地方也将之翻译为"人类安全"。

② United Nations Development Programme, *Human Development Report 1994*, New York：Oxford University Press, 1994, p. 22.

③ 刘志军：《论人类安全的理念渊源》，《国际问题论坛》2005 年夏季号，第 82 页。

④ 关信平、郭瑜：《人类安全：分析框架及应对措施》，《学海》2008 年第 1 期，第 197 页。

过了免于恐惧的自由。① 它们更倾向于把人的安全纳入国家安全的范畴，认为只有国家的安全有了根本保障，个人的安全才会有保障。然而，随着全球化的日益发展和个人跨国行为的大幅增加，国家安全与个人安全之间出现了许多并不一致的情况。海外人员安全已构成全球化背景下中国崛起所面临的一个十分突出的问题。

尽管国际社会对人的安全的定义并没有达成一致的看法，甚至有学者认为它并不能上升为一种理论。由于人的安全这一概念过于宽泛而且含糊，导致它不能真正得以有效执行，成为一项国际通行的外交指导原则。② 不过，这并不重要，重要的是人的安全这一概念所体现出的一种国际社会的人本取向，它凸显了人权运动的影响，对未来国家政策的制定和国际政治的发展都会产生较重要的影响。③ 国家的最重要组成部分和最终目标仍是人，"人的安全并非是一个抽象的概念，而是表达了真正的实际需要。也就是说，人的安全更重要的是其可以作为一种指导行动的概念工具"④。在非传统威胁日益凸显的背景下，人的安全无疑构成了国家安全的有益补充，尤其是人的安全的本质理念及其目标，都体现了一种人本的诉求和视角，如认为国家安全与人的安全并不统一的理念、早期预防胜于事后干预的理念及以人为本的理念，还有其"免于恐惧"、"免于匮乏"和"免于被歧视"的三大目标，这些理念、目标和视角就将侨民与外国人的安全问题提升到超越传统国际关系和传统安全的层面，不仅启发了外国人待遇问题，而且也在一定意义上成为各国对其国外公民进行领事保护的一项重要参照和推动力量。

二、保护的责任与主权的人本化

2001 年 12 月，加拿大"干预与国家主权国际委员会"，针对卢旺达等地的人道主义灾难，提交了一份名为"保护的责任"的报告。这就首次提出了"保护的责任"这一概念。"保护的责任"主张"主权国家有责任保护本国公民免遭可以避免的灾难，免遭大规模屠杀和强奸，免遭饥饿，但是当它们不愿或者无力

---

① ［加］保罗·埃文斯著，汪亮译：《人的安全与东亚：回顾与展望》，《世界经济与政治》2004 年第 6 期，第 46 页。

② 张春：《人类安全观：内涵及国际政治意义》，《现代国际关系》2004 年第 4 期，第 12 页。

③ 张爱宁：《国际人权法的晚近发展及未来趋势》，《当代法学》2008 年第 6 期，第 60 页。

④ Sadako Ogata, "Human Security: A Refugee Perspective", Keynote Speech at the Ministerial Meeting on Human Security Issues of "Lesoen Process" Group of Governments, Bergen, Norway, May 1999, http://www.unhcr.ch/refworld/unher/hrrspeech/19990519.htm.

这样做的时候必须由更广泛的国际社会来承担这一责任"①。这一概念和主张引起了国际社会的广泛关注。

2003 年 3 月，美国以"反恐"为名，悍然发动了对伊拉克的战争。为了应对联合国和国际法所面临的新挑战，安南宣布成立"威胁、挑战和改革问题高级别小组"。2004 年 12 月，"威胁、挑战和改革问题高级别小组"提交的报告《一个更安全的世界：我们的共同责任》，对"保护的责任"作出了回应。

2005 年 3 月，联合国大会第五十九届会议上安南提交了名为"大自由：实现人人共享的发展、安全与人权"的报告，再次对"保护的责任"的概念及其性质进行了相应的界定和阐述。

2005 年 9 月，世界首脑会议由 175 个国家达成的《2005 年世界首脑会议成果》最终将"保护的责任"限定为"每一个国家均有责任保护其人民免遭灭绝种族、战争罪、族裔清洗和危害人类罪之害"。"国际社会通过联合国也有责任根据《宪章》第六章和第八章使用适当的外交、人道主义和其他和平手段，帮助保护人民免遭种族灭绝、战争罪、族裔清洗和危害人类罪之害。在这方面，如果和平手段不足以解决问题，而且有关国家当局显然无法保护其人民免遭种族灭绝、战争罪、族裔清洗和危害人类罪之害，我们随时准备根据《宪章》，包括第七章通过安全理事会逐案处理，并酌情与相关区域组织合作，及时、果断地采取集体行动。"②

至于保护的责任，尽管国际社会在国际干预的主体、形式、条件等方面还存在较大的争议，但是在对主权责任上却达成了一致，"通过重新解释主权概念，把主权与国家对本国公民的责任紧密联系在一起，将对国家主权的关注重点由国家主权权利转移到国家主权责任方面"③。

自《威斯特伐利亚和约》签订以来，就传统国际法而言，"主权"就具有了内外双重性质，对外表现为独立自主权，对内表现为最高管辖权，其本质含义就被视为是对人民的"控制"或者"支配"，④ 实际上，这种主权往往被视为一种权力或权威。国家权利观的主权，其作为或不作为都将不受任何限制，也无须因为自己的行为而承担相应的责任。但一国主权不是绝对的，而是要受到一定限制的，这是因为"当今世界绝大多数国家都是按照人民主权学说构筑其政治法律体

---

① Responsibility to Protect, http://www.globalsolutions.org/programs/intl_instit/UN_ref/R2P.pdf, 2008 年 12 月 26 日。

② 《2005 年世界首脑会议成果》，A/RES/60/1。

③ 张爱宁：《国际人权法的晚近发展及未来趋势》，《当代法学》2008 年第 6 期，第 61 页。

④ 李斌：《评析保护责任》，《政治与法律》2006 年第 3 期，第 73 页。

制的"①。对于主权的相对性，前文已有探讨。

在当今国际法上，"国家既是权力的主体，也是责任的主体"②。"权利"主权向"责任"主权的转变，无疑是人权因素在其中起到了重要推动作用。传统主权在很长一段时间里一直被当作独立权和不受外部干涉的权利，但在今天，由于人权因素的影响，主权也包含对其国民、对其他国家和国际组织以及公私机构等的某些义务或责任。③ 责任主权使得主权更为人本化，对内要承担其保护本国人民基本人权的责任，对外要承担起尊重他国主权、不干涉他国内政的责任。而"领事保护作为一个协调个人与国家之间关系的重要'窗口'，将会从主权的责任解读中重新得到启示，不论对于属地国还是属人国都是如此"④。对于属人国而言，则要转变传统的权利主权观，切实履行其对本国人民的保护责任；对于属地国而言，则要尊重他国人民的人权和主权。

此外，我们还应注意到"保护的责任"是一个综合的概念。它是一个包含了预防责任、反应责任和重建责任在内的整体。预防的责任强调事前的预防，消除使公民处于危险境地的战乱、冲突和灾害等情势。"每一个国家均有责任保护其人民免遭灭绝种族、战争罪、族裔清洗和危害人类罪之害。这一责任意味着通过适当、必要的手段，可以预防这类罪行的发生，包括预防煽动这类犯罪。我们接受这一责任，并将据此采取行动。国际社会应酌情鼓励并帮助各国履行这一责任，支持联合国建立预警能力。"⑤ 预防是保护责任中最重要的方面。由此可见，保护责任的基本思想已从反应文化转变为预防文化，而且还特别强调建立预警机制，这种预防文化和预警机制对于领事保护也具有一定的启示意义。

三、领事保护人员和主体的多样化

近年来，国际领事保护制度中出现了一些重要的变化，就是领事保护人员和主体的多样化。这又具体分为两个方面：其一是民间积极参与领事保护事务；其二是出现了国际组织领事保护形式。⑥

---

① 张爱宁：《国际人权法的晚近发展及未来趋势》，《当代法学》2008 年第 6 期，第 61 页。
② 李寿平：《"保护的责任"与现代国际法律秩序》，《政法论坛》2006 年第 3 期，第 102 页。
③ Gerard Kreijen, *State, Sovereignty, and International Governance*, Oxford University Press, 2004, p. 182.
④ 万霞：《海外公民保护的困境与出路——领事保护在国际法领域的新动向》，《世界经济与政治》2007 年第 5 期，第 40 页。
⑤ 《2005 年世界首脑会议成果》，A/RES/60/1。
⑥ 万霞：《海外公民保护的困境与出路——领事保护在国际法领域的新动向》，《世界经济与政治》2007 年第 5 期，第 40 页。

对于前一种形式——民间保护形式，是历史上最初的一种"领事"保护形式，如"仲裁领事"或"商人领事"。不过，现代国家中，民间方式不可能再如历史上那样完全成为领事保护的主体，只能是参与其中，从而引起领事机关和领事人员的转变。由于领事保护涉及面很广，既有不同国家的政府，又有不同国家的个人，所以，要进行有效保护，除了单独的政府保护之外，还需要其他很多形式的配合与参与。再加上保护经费、信息来源、人才资源、社会联系诸多方面的限制，愈发增强了民间参与的重要性。

日本外务省甚至还专门成立了领事事务顾问体系，邀请一些来自私人企业的资历较深的公民担任领事顾问。这些顾问不仅提供一些领事保护和服务方面的建议和意见，而且还在经过外务省一定培训后派到驻外使、领馆，协助驻外使、领馆处理一些涉及日本公民的领事保护案件。[①]

此外，还有如美国的黑水公司，不仅可以参与一般的领事保护，甚至还能参与一些对美国外交官员和政治人物的保护。[②] 这也体现出私人和民间力量的重要性。

国际组织的领事保护形式，改变了传统领事保护的主体，这是由欧洲联盟开创的。

1993 年 11 月 1 日《马斯特里赫特条约》正式生效，标志着欧洲联盟的诞生，从而也创立了"欧盟公民"的身份。《马斯特里赫特条约》第二部分题为"欧盟公民身份"，专门对欧盟公民身份的建立及欧盟公民的权利与义务等事项作了原则性规定。这样，欧盟作为一个区域性国际组织也就拥有了自己的公民。[③] 这在人类历史上是一个重要创新。欧盟通过创立欧盟公民这一概念，其主要目的之一就是以此来加强成员国对公民权利和利益的保护。[④]

与欧盟公民权相关的外交保护和领事保护也随之发生着变化。《马斯特里赫特条约》第八条规定，每一个欧盟公民在其国籍国没有驻在代表的第三国领土上，应有权受到任何成员国外交或领事机构的保护，就像保护该国的国民一样。各成员国在第三国接受的前提下，可以对其进行保护。这种权利被确认为欧盟公民权的一项。

《制定欧洲宪法条约》在第一至十条中规定："欧盟公民有权利在其欧盟成员国国籍国没有派驻代表的第三国境内享受任何成员国的外交和领事机构将其视

---

① 夏莉萍：《日本领事保护机制的发展及对中国的启示》，《日本问题研究》2008 年第 2 期，第 50 页。

② 《"现代雇佣军"——美国黑水公司》，http：//news. xinhuanet. com/newscenter/2007 - 10/25/content_ 6941740. htm，2009 年 3 月 2 日。

③ 尹生：《欧盟公民的产生与现代国际法的发展》，《江汉论坛》2004 年第 8 期，第 120 页。

④ 顾百忠：《欧盟公民权利意识的发展》，《上海市政法管理干部学院学报》2002 年第 3 期，第 13 页。

同本国国民提供的保护。"

2006 年 11 月 28 日，欧洲委员会通过了一份名为"欧盟公民在第三国的外交和领事保护"的决议，决定在欧盟 25 国推行相互间的外交保护和领事保护，在 25 国护照中注明《马斯特里赫特条约》第二十条的规定；将欧盟的领事保护延伸到欧盟公民的第三国家庭成员；欧盟成立共同办公室，协调领事保护事宜。[①]

欧盟规定欧盟所有成员国给予所有欧盟公民外交保护和领事保护权利的规定是存在一定问题的。它的问题主要在于：其一，它违反了条约不能使第三者承担义务或获得权利的原则。《维也纳条约法公约》第三十四条规定："条约非经第三国同意，不为该国创设义务或权利。"欧盟条约的任何规定对不属于欧盟成员国的第三国都不具约束力。[②] 其二，它违反了传统国际法上的互惠或对等原则。外交保护一般在互惠原则或对等原则的基础上进行。给予欧盟公民双重甚至多重外交保护不仅会导致欧盟公民特权的产生，还会导致欧盟国家与非欧盟国家之间的外交保护权的不平等，从而违背了主权平等原则。其三，欧盟公民并不具有欧盟所有成员国的国籍，所以具有欧盟公民身份并不意味着满足了提供外交保护的较严格的国籍条件。

对于欧盟开创的领事保护形式，还是可以获得国际法的认可的。其他国家也已有类似的一些实践，如巴西与葡萄牙早在 1995 年就签订了对于其在第三国国民进行领事保护和协助的合作协议。[③]

虽然领事关系也要遵守对等或互惠原则[④]，不过主要限于领事特权与豁免权上。

《维也纳领事关系公约》中就有如下规定[⑤]：

首先，"第六条，在领馆辖区外执行领事职务，在特殊情形下，领事官员经接受国同意，得在其领馆辖区外执行职务"。这就使得领事官员执行领事职务，其领区并不需要严格对等，而是可以灵活调整。

其次，"第七条，在第三国中执行领事职务，派遣国得于通知关系国家后，责成设于特定国家之领馆在另一国内执行领事职务，但以关系国家均不明示反对为限"。这就不仅扩大了国内领区的范围，而且可以将之伸展到第三国。

最后，"第八条，代表第三国执行领事职务，经适当通知接受国后，派遣国

---

① 万霞：《海外公民保护的困境与出路——领事保护在国际法领域的新动向》，《世界经济与政治》2007 年第 5 期，第 40 页。

② 殷敏：《外交保护与领事保护的比较研究》，《国际商务研究》2008 年第 4 期，第 19 页。

③ http://www.encyclopedia.com/doc/1E1 – consular.html，2008 年 12 月 26 日。

④ 丘日庆主编：《领事法论》，上海社会科学院出版社 1996 年版，第 11 页。

⑤ 《维也纳领事关系公约》，http://capetown.china – consulate.org/chn/lsbh/xgfg/t213674.htm，2008 年 8 月 23 日。

之一领馆得代表第三国在接受国内执行领事职务，但以接受国不表反对为限"。这就表明了在执行领事职务时，国家之间并不需要严格对等，派遣国可以代表第三国在其接受国执行领事职务，而不需要以接受国的同等要求为条件。

由上述可见，领事关系的对等与互惠原则也不是非常严格的。当两国未建交或断绝领事关系时，派遣国可以促使其海外国民居留国允许其委托第三国对派遣国国民进行领事保护。而且在国籍条件上，也不像行使外交保护那样严格要求国籍标准。最为关键的是要适当通知接受国或取得它的同意。

所以，欧盟领事保护的推行，主要的问题是应该积极与第三国谈判，达成相关协议，使该国承认领事保护上的欧盟公民身份。而现在，欧盟已启动了与有关国家的双边或多边谈判。

东盟在 2007 年也开始酝酿出台"海外危机情况下的领事协助（consular assistance）标准作业程序"，其目的就是要"强化东盟与区域国家的海外危机处置权限与范围。一旦东盟公民在其他国家或动荡区域中身陷紧急情况，就算原属国未与所处地区或国家建立邦交关系，或未设有属国代表处，会员国公民亦可寻求其他东盟会员国在当地代表处的正式协助或庇护"[1]。这无疑将拓展领事保护的传统形式。

欧盟和东盟国际组织的领事保护形式，呈现出了一种"以人民为关怀诉求的共同体行动"[2] 的特征。基于保护海外侨民权益的需要，领事保护的形式还可以进行更为灵活的拓展。

总之，上述领事保护人员和主体的多样化，必然也会推动其他国家采取相应的措施，进行领事制度的改革。

四、领事保护预防与应急机制的建立

预防机制是目前国际社会在安全、人权和环境等多个领域都积极倡导的一种机制。一般而言，它包括三个组成部分：一是预警，了解局势的危险状况及与之相关联的风险程度；二是预防性工具箱的建立，包括政治、经济、文化、法律和军事等各种预防应对措施；三是实施预防措施的坚定意愿。[3]

为了改变传统领事保护中事后补救的被动局面，各国都在积极探索改进之

---

① 《东盟：领事协助合作的弦外之音》，http：//www. chinadaily. com. cn/hqzx/2007 – 07/31/content_6005965. htm，2009 年 2 月 20 日。

② 《东盟：领事协助合作的弦外之音》，http：//www. chinadaily. com. cn/hqzx/2007 – 07/31/content_6005965. htm，2009 年 2 月 20 日。

③ 郝鲁怡：《欧盟国际移民法律制度研究》，华东政法大学博士学位论文，2009 年，第 244 页。

道，建立和健全领事保护的预防机制和应急机制。① 而要把握领事保护的主动权，关键还是在于预防机制的建立与完善。领事保护预防机制对于降低公民和机构在国外的遇险概率起着非常重要的作用。

预防机制也是联合国积极倡导并亲身力行的一种机制。"从广义上讲，联合国的所有工作都服务于预防冲突。"② 如在"保护的责任"中，就包含预防的责任，这是一项附带的预防破坏性冲突及其他形式的人为灾难的责任，主要通过政治手段、经济手段和法律手段等，必要时还包括采取预防性部署等军事手段。在"人的安全"中，早期预防胜于事后干预的理念是其本质特征之一。

应急机制，是指在事件发生后的快速反应和处理机制，相对于领事事件造成的重大损害及其后才进行的补救而言，它本质上也是一种"预防"机制，主要是预防事件进一步恶化，力图在第一时间最高效率、最大限度地维护海外国民的权益。

五、领事保护的规范化

对于现代国家而言，不论对内管理还是对外交往，国家行为都必须严格按照法律规范实施。③ 领事保护关涉内政与外交，更需要相应的法制规范。"从国际法的角度看，领事保护是在国际公约和双边条约中明确下来的、国家的一项重要的国际权利；此项权利，是专指派遣国的权利，而依法履行相应义务的是接受国。从国内法的角度来看，领事保护是派遣国对其国民的一种义务或一项职责；与此项义务相对应的是派遣国公民的权利。"④ 因此，领事保护要受国际法和国内法的双重约束。

与领事保护有关的比较重要的国际立法主要有《维也纳领事关系公约》、《经济、社会和文化权利国际公约》、《公民权利与政治权利国际公约》、《消除一切形式种族歧视公约》等。不过目前，新的领事保护公约尚未出台。

在国内立法方面，领事保护的依据主要是宪法和其他专门法。各国宪法和人权类法案都规定了国家负有保障本国公民基本人权的义务。如1993年《俄罗斯

---

① 万霞：《海外公民保护的困境与出路——领事保护在国际法领域的新动向》，《世界经济与政治》2007年第5期，第41页。

② 《创造"预防文化"——访联合国助理秘书长达尼洛》，http://www.people.com.cn/GB/paper464/1239/189916.html，2009年2月21日。

③ 蔡秀兰：《中国领事保护制度的现状和完善对策研究》，中山大学硕士学位论文，2009年，第11页。

④ 许育红：《领事保护法律制度与中国的实践》，外交学院硕士学位论文，2003年，第31页。

联邦宪法》就规定:"俄罗斯联邦对其居住在海外的公民提供保护和庇护。"① 此外,有的国家还通过一些专门法规来保护其海外公民权益。如日本于 2004 年制定了《国民保护法案》,2005 年在内阁会议上通过《有关国民保护的基本方针》,根据基本方针的要求,日本外务省还制订了专门的《外务省国民保护计划》。② 由此可见,日本对于其海外公民的保护非常注意以法制来规范。

有了领事立法,最为重要的就是改变领事保护的政治化管理,使其转向法制化管理。尤其是专门性的国际领事保护公约的出台,将会淡化国际领事保护中的政治因素和主权冲突,更利于国家维护其海外公民的权益。而国家自身的领事立法,也将转变一国领事机关的政治化管理,使其依据法律规范,从人权出发,切实履行领事保护职责。

六、国际责任的变化引起领事保护的变化

前文中对国际责任的变化已有详细的分析,主要区别在于用尽当地救济之前,居留国侵犯外国人的不法行为是否构成国际责任。

西罗多·梅恩在其著作中还专门论述了国际人权法对国家责任的影响,主要集中于探讨国家责任从双边主义到多边主义的演变。③

在国家责任条款的一读草案中,"用尽当地救济"原则是其第三章"违背国际义务"项下的内容,是违背国际义务的判断标准。④ 而且,其中第三条并没有将实际损害当作国家的国际责任的构成要件。也就是说在没有用尽当地救济之前,居留国侵犯外国人的不法行为并不构成国际责任。而在 2001 年《国家对国际不法行为的责任条款草案》中,第一条明确规定:"一国的国际不法行为引起该国的国际责任"⑤。所以,这时的国际责任的产生,并不需要用尽当地救济原则这一程序条件。这就表明,只要居留国存在侵犯外国人的不法行为,就可构成国际责任。

对于一国援引另一国的国际责任,"一国有权在下列情况下作为受害国援引另一国的责任:①被违背的义务是个别地对它承担的义务;②被违背的义务是对

---

① 辛崇阳:《保护在外本国民的国际法制度及我国的对策》,http://www.cuplfil.com/show.php? ArticleID=651,2008 年 11 月 23 日。

② 万霞:《海外公民保护的困境与出路——领事保护在国际法领域的新动向》,《世界经济与政治》2007 年第 5 期,第 42 页。

③ Theodor Meron, *The Humanization of International Law*, Leiden:Martinus Nijhoff Publisher,2006,p. 247.

④ 黄涧秋:《论外交保护中的用尽当地救济规则》,《江南大学学报》2008 年第 5 期,第 44 页。

⑤ 《国家对国际不法行为的责任条款草案》,A/56/10。

包括该国在内的一国家集团或对整个国际社会承担的义务"①。在援引国际责任，发起国际求偿之前，必须"用尽当地救济"。因此，在第四十四条"可否提出要求"部分规定，"该项要求应适用用尽当地补救办法规则，而任何可利用的有效当地补救办法尚未用尽"②。该条评注部分对此又作出了具体解释。

由此看来，用尽当地救济只是构成受害人国籍国发起国际求偿的限定条件。而且，《外交保护条款草案》在很大程度上也是规范外交保护的求偿条件的。

所以，只要居留国违反了"一次规则"，就产生了国际责任，国籍国因此在实体上具有外交保护（要求责任国履行责任）的权利。③

这就从两个方面推动了领事保护的发展。从居留国的角度而言，促使它避免承担国际责任后果，积极进行当地救济。从国籍国的角度而言，由于将"用尽当地救济"主要限定于国际求偿，其他外交保护方式，如交涉、抗议等外交保护方式并不必然需要"用尽当地救济"，这就使得部分外交保护有向领事保护转化的趋势，从而使得国籍国可以更加快速、更大限度地敦促居留国进行当地救济，积极协助其海外国民。

第二节　外交保护的人本趋势

全球化的发展和国际法人本化的推动，给外交法这一国际法的古老分支带来新的挑战，即外交职能重心的调整问题，从而使得外交法，特别是外交保护法在其固有的人本特征的基础上更加人本化。④ 这主要集中体现在联合国国际法委员会起草并通过的《外交保护条款草案》上。在 2004 年的第五十六届会议上，联合国国际法委员会一读通过了含有 19 个条文的《外交保护条款草案》，并用了两年的时间讨论和修改，在综合各国提交的建议和意见的基础上，2006 年联合国国际法委员会第五十八届会议二读又通过了新的《外交保护条款草案》，并建议联合国大会在此基础上制定一项公约。

一、外交保护的性质

传统国际法认为，外交保护制度本质上是处理国家间关系的一种制度。外交

---

① 《国家对国际不法行为的责任条款草案》，A/56/10。
② 《国家对国际不法行为的责任条款草案》，A/56/10。
③ 张新军：《外交保护的实体权利和程序问题》，《中外法学》2008 年第 1 期，第 137 页。
④ 曾令良：《现代国际法的人本化发展趋势》，《中国社会科学》2007 年第 1 期，第 93 页。

保护是一个主权国家的权利，而不是国家的义务。一旦国家代表本国国民进行外交保护，原来的个人与外国的关系就转变为其国籍国与居留国之间的关系。国家享有外交保护的自由裁量权。一个国家，可以纯粹为其国民的私人利益行使外交保护权，也可以为其本身的利益行使这种权利。在具体案件中，国家是否行使外交保护权，完全由其自由裁量。① 这种裁量当然更多的是出自对国家利益的考虑和对国家实力的衡量。

如《奥本海国际法》中就指出："按照国际法，一个国家没有保护其在国外的国民的义务，实际上各国对国外的国民往往拒绝行使保护的权利，这是每一个国家自由决定的事情。虽然它的国民的人身或财产在国外受到了侵害，它毫无疑问有权保护这样的国民，但是依据国际法，所在国国外的国民没有权利要求其本国给予保护，尽管依据国内法他可能有这样的权利。"② "如果本国国民受到损害而未能通过通常司法途径取得救济，而且他们要求本国使节予以协助时，接受国必须允许该使节给予他们以保护。但是，一个使节应在什么限度内给予他的本国国民以保护，那是由他的本国的法规和惯例来规定的，而不是由国际法来规定的。"③ 这里说的"保护"，显然是指外交保护。

中国国际法学者基本也持这种观点："外交保护是国家享有的一项权利，意即一国有权保护其在国外的国民，但是没有必须这样做的义务和责任。"④

国际法的实践也支持这一观点。在 1924 年常设国际法院关于马弗洛马蒂斯案的判决中，法院宣称：国家对其受到他国违反国际法行为的侵害而又未能通过一般途径获得充分赔偿的国民，有权加以保护，这是国际法的一项基本原则。国家接受其国民的案件并且付诸外交行动或代表其国民提起国际司法诉讼，实际上就是在主张其自身的权利，即它所享有的使国际法在其国民身上得到尊重的权利……国家一旦代表其国民在国际法庭提起诉讼，在后者看来，该国家便成为独立的请求人。⑤

因此，国际法对于外交保护的法律效果，都是将之归属于国籍国本身。至于国民能否享受以及怎样享受外交保护的成果，则由国内法自行决定，国际法根本不涉及这一问题。

---

① 姜德安：《外交保护制度的主要问题剖析》，武汉大学硕士学位论文，2004 年，第 4 页。

② ［英］詹宁斯、瓦茨修订，王铁崖等译：《奥本海国际法》（第一卷第一分册），中国大百科全书出版社 1998 年版，第 332 页。

③ ［英］詹宁斯、瓦茨修订，王铁崖等译：《奥本海国际法》（第一卷第一分册），中国大百科全书出版社 1998 年版，第 487 页。

④ 朱文奇主编：《国际法学原理与案例教程》，中国人民大学出版社 2006 年版，第 93 页。

⑤ Permanent Court of International Justice, Series A, No. 2, http：//www. icj - icj - cij. org/pcij/series - a. php？p1 = 9 & p2 = 1, 2009 年 4 月 21 日.

虽然从国际法的条文来看，外交保护是一项属于国家的权利，其主观目的和理论基础在于维护国家的尊严和利益。但是在国际实践中，我们可以看到，外交保护实践既关系到国家的尊严和利益，也关系到其国民的尊严和利益，尤其是在其客观成效上直接影响到其国民的权益。

正是基于此，2006年《外交保护条款草案》第十九条特别规定："按照本条款草案有权行使外交保护的国家应：①充分考虑行使外交保护的可能性，特别是当发生了重大损害时；②对于诉诸外交保护和寻求赔偿之事，尽可能考虑受害人的意见；③把从责任国获得的任何损害赔偿在扣除合理费用之后转交受害人"①。由此可见，以前外交保护的国家自由裁量特征已开始发生转变，事件的损害程度和受害人的意见都成为外交保护裁量的因素。而且，《外交保护条款草案》第十九条还针对外交保护的个人法律后果进行了规定：要求把从责任国获得的任何损害赔偿在扣除合理费用之后转交受害人。

虽然在第十九条中，草案并没有在国际法上确立国家实行外交保护的强制性义务，但是这种"建议性"的措辞，至少意味着国家保护其国民的义务性程度在不断增强，② 从而使得外交保护的道义性义务有向法律性义务转变的趋势。这对于传统的强调外交保护纯粹是国家的一项权利的理论来说，可以说是一项大的突破，因此它会在较大程度上促使一国的领事保护上升为外交保护。由此可见，人权对于外交保护的影响也是较大的。

二、外交保护的对象

《外交保护条款草案》第一条规定："外交保护是指一国针对其国民因另一国国际不法行为而受的损害，以国家的名义为该国民采取外交行动或其他和平解决手段。"③

这里所说的"国民"，既包括具有外交保护国之国籍的自然人，也包括其法人。此外，《外交保护条款草案》还规定了外交保护的对象还包括难民、无国籍人、双重国籍或多重国籍的人。

具有本国国籍的自然人，也就是本国公民，这是一国外交保护的主要对象。不过，一国的自然人比一国的公民在外延上更为广泛，它还包括一国的外国人和无国籍人等。"为对自然人行使外交保护的目的，国籍国指该人根据该国法律通

---

① 二读通过的《外交保护条款草案》及其评注，A/61/10。
② 黄涧秋：《论海外公民权益的外交保护》，《南昌大学学报》2008年第3期，第95页。
③ 二读通过的《外交保护条款草案》及其评注，A/61/10。

过出生、血缘、归化、国家继承或以任何其他方式，在不违反国际法的情况下，获得了其国籍的国家。"① 而对于"双重或多重国籍国民的任一国籍国可针对该人不属于其国民的国家，为该国民行使外交保护"②。"两个或多个国籍国可为具有双重或多重国籍的国民共同行使外交保护。"③ 由此可见，外交保护在国籍问题上有向领事保护转化的趋势。

法人也是外交保护的一个主要对象，尤其是在 19 世纪至 20 世纪中期，对于欧美国家而言更是如此。最常见的就是各种各样的公司，也包括一些法人组织。随着经济全球化的发展和本国法人的不断外拓，如何保护本国法人也成为当今各国外交保护的一个主要问题。《外交保护条款草案》中的法人，虽然主要是指公司，但同时也包括了其他法人，如学校、基金会、教会、非政府组织等，最主要的是还把与法人利益密不可分的股东纳入外交保护的范围。"如此广泛的范围再次显示了《草案》在法人的外交保护方面蕴涵的人本考虑。"④

至于无国籍人，《外交保护条款草案》第八条规定："一国可为无国籍人行使外交保护，但该人须在受到损害之日和正式提出求偿之日在该国具有合法的和惯常的居所。"⑤

至于难民，《外交保护条款草案》第八条规定："一国可为被该国根据国际公认的标准承认为难民的人行使外交保护，但该人须在受到损害之日和正式提出求偿之日在该国具有合法的和惯常的居所。"⑥

在传统的外交保护中，对国籍具有严格的限定条件，即国籍国只能对拥有本国国籍的海外公民实行外交保护。随着人道主义、人权理论和国际人权法影响的扩大，传统的外交保护理论也不断融合了人权因素，体现出更为人本化的特点和趋势。

三、外交保护和人权保护的关系

在外交保护与人权法的指导原则之间，原本就存在着较大的融合之处。⑦
2004 年《外交保护条款草案》第十七条就规定：国家、自然人或其他实体

---

①　二读通过的《外交保护条款草案》及其评注，A/61/10。
②　二读通过的《外交保护条款草案》及其评注，A/61/10。
③　二读通过的《外交保护条款草案》及其评注，A/61/10。
④　曾令良：《现代国际法的人本化发展趋势》，《中国社会科学》2007 年第 1 期，第 94 页。
⑤　二读通过的《外交保护条款草案》及其评注，A/61/10。
⑥　二读通过的《外交保护条款草案》及其评注，A/61/10。
⑦　Theodor Meron, *The Humanization of International Law*, Leiden：Martinus Nijhoff Publisher, 2006, p. 301.

可以根据国际法诉诸外交保护以外的其他行动或程序，为国际不法行为所致损害获得补救的权利。"本条款草案概不影响国家、自然人或其他实体有权按照国际法诉诸外交保护以外的行动或程序，为因国际不法行为而遭受的损害取得补救。"①

虽然外交保护受到国际人权理论和国际人权法的一定影响，而且外交保护也能在一定程度上促进人权保护，但外交保护并不是一种人权机制。2004 年《外交保护条款草案》第十七条的相关规定主要是用于解决草拟中的外交保护规则与现存及将来的人权保护规则之间效力冲突的问题。②

在该条的评注中指出，一个国家可根据下列文书，在国家间的诉讼中针对受损害人国籍国或第三国保护非本国国民：《公民及政治权利国际公约》、《消除一切形式种族歧视国际公约》、《禁止酷刑和其他残忍、不人道或有辱人格的待遇或处罚公约》、《欧洲人权公约》、《美洲人权公约》和《非洲人权和人民权利宪章》。上述公约还允许一国在国家间诉讼程序中保护自己的国民。根据国际人权公约，个人也享有保护自己不受损害国损害的权利和救济，不论损害国是该个人的国籍国还是另一国。为达到这一目的最经常利用的是在国际人权监测机构的申诉权。③

一些全球的和区域的人权公约属于"外交保护以外的行动或程序"的依据，一国甚至可以依照这些人权公约在国家间诉讼中针对受害人国籍国或第三国保护非本国国民。④

由此可见，外交保护并不构成人权保护程序的阻碍或限制，而是一种平行互补关系。"习惯国际法有关外交保护的规则已经过数世纪的演变，它们与最新的人权保护原则相辅相成，最终服务于一个共同的目标—— 保护人权。"⑤ 而实践中，外交保护制度在保护个人权利方面仍然具有重要的现实意义。崔因达德也指出，"当前人们开始从一个新的视角来解读领事关系公约，或者至少是其中的一些条款，必然地将它们与人所固有的权利联系起来"⑥。在实践中也是如此，如拉格朗案与阿维纳和其他墨西哥国民案等，就证明了这点。因此，外交保护将继

① 一读通过的《外交保护条款草案》及其评注，A/59/10。
② 黄涧秋：《论海外公民权益的外交保护》，《南昌大学学报》2008 年第 3 期，第 96 页。
③ 一读通过的《外交保护条款草案》及其评注，A/59/10。
④ 曾令良：《现代国际法的人本化发展趋势》，《中国社会科学》2007 年第 1 期，第 94 页。
⑤ 一读通过的《外交保护条款草案》及其评注，A/59/10。
⑥ Antonio Augusto Cancado Trindade, "The Humanization of Consular Law: The Impact of Advisory Opinion No. 16 (1999) of the Inter-American Court of Human Rights on International Case-law and Practice", *Chinese Journal of International Law*, 2007, Vol. 6, No. 1, p. 3.

续充当一种推进人权的工具。①

第三节　领事与外交保护法的人本化对
中国领事保护的义务限定

外交保护作为一项国家权利，本身就属于国家自由裁量的范畴。因此，与领事保护（作为国家权利与个人权利的融合）相比，外交保护的政治因素更多。即便如此，外交保护在人权和国际法人本化的推动下，人本因素越来越多，这就越发给领事保护施加了压力，推动了领事保护的人本化发展，无论是在领事保护的性质、对象上，还是在领事保护与人权保护的关系上，都是如此。甚至在某些问题上，基于维护人权，还会推动领事保护的升级。

综合上述领事保护与外交保护的人本化来看，它们对中国的领事保护（针对其海外公民）的义务限定（主动运用也是权利工具和资源借鉴）主要体现为以下几个方面：其一，主权理念：由权利主权转向责任主权，要求政府切实履行保护其国外公民的义务；其二，政府行政：政府由公共管理转向公共服务，政府官员由官本位转向人本位；其三，领事保护对象（国籍问题）：由严格限定国籍转向在国籍问题上适当松动，尤其是对于撤侨等广义的领事保护而言；其四，领事保护的形式：从保护人员来看，由单一国籍国保护转向注重和引导民间积极参与，从保护主体来看，由单一国籍国保护转向积极开展双边或多边合作；其五，领事保护机制：由事后补救转向事前预防，事发应急；其六，领事保护法规：由缺乏法规转向领事保护立法；其七，领事保护阶段：由单纯的领事保护转向领事保护与外交保护并用，其中既有领事保护上升为严格的外交保护（国际求偿）（国际求偿方式也应向法律方式特别是国际司法方式拓展），也有不严格的外交保护（国际求偿之外的外交保护）转化融合为领事保护。有些保护案件，仅仅需要单纯的领事保护；有些保护案件，则需要同时运用外交保护和领事保护两种方式；有些案件甚至需要将领事保护上升为外交保护。

至于国际领事保护与外交保护的人本化对中国的领事保护具体会产生怎样的影响，这就涉及下一章的内容。第四章以2004年为界，通过对中国领事保护的对比来阐述其不足、进步及发展趋势，其进步和发展趋势明显体现出横向直接压力与人权综合因素的双重影响。

---

① Theodor Meron, *The Humanization of International Law*, Leiden：Martinus Nijhoff Publisher, 2006, p. 302.

第四章　中国的领事保护：问题、进步与方向
（以 2004 年为界的比较）

第一节　问题与进步

一、领事保护的理念

领事保护与一国人民群众的利益密切相关。一个国家对其海外公民的领事保护，在较大程度上属于其"内政"范畴。所以，一国政府的执政理念对其影响很大。而前面论述的责任主权观、人的安全等观念无疑在国际层面上对一国政府的执政理念也具有一定的督促和启发作用。在国际人权的推动下，西方一些发达国家纷纷强调政府的公共管理向公共服务功能的转变。

一国国内推动人权发展和转化的因素主要有政治基础、法制保障、机构保障、社会权利意识等。对于中国政府层面而言，政治基础主要体现为以人为本的执政理念，法制保障主要体现为人权入宪等。因此，中国政府必须转变观念和职能，执政为民，变管理为服务，从外交为国发展到外交为民。

新中国成立后，在社、资两种意识形态斗争以及冷战格局的国际背景下，中国当时的首要任务就是维护国家主权独立和领土完整；中国的人权观，首先是以争取和维护国家独立、支持民族自决权的形式进行的，其次表现为通过主张发展权维护国家独立；在外交上，中国也是侧重于国际政治和意识形态领域的合作与抗争，主要体现为一种"政治外交"。而在领事工作中，国家往往侧重于集体人权和利益，外交和领事官员受行政管理传统理念和作风的影响，存在较强的官本位思想，为民服务的意识不强。

"对于老百姓来说，外交总是蒙着一层神秘的面纱，一直以来似乎总与国家领导人、盛大的仪仗队、大红的地毯等联系在一起。许多在海外发展的民营企业

甚至不知道如何寻求官方支持。"① 这种主要涉及高级政治的外交，一向显得非常神秘，与普通老百姓的距离较为遥远，缺乏普遍性和大众性。② 这就导致了很多海外中国公民根本不知道领事保护是怎么回事，"常把领事保护错误地解读为'保护领事'"③，造成这种错误解读的最主要的原因是多年以来当侨胞在遭遇危难或陷入困境时，大多只能独自承受求助和投诉无门的痛心和无奈。而且，美东华人社团联合总会执行主席、美国林则徐基金会主席和全美餐馆反暴力联盟主席黄克锵还强调指出：遥记十数年前，必须要劳心伤神费尽口舌说明事件发生、甚至忍不住怒叱责问，才获得一些官员近乎冷淡的协助。④ 由此可见，当时的领事保护中国家本位与官本位色彩非常浓。

不少国家的华人华侨也纷纷反映，"少数中国驻外使、领馆工作人员过去的一些做法不能令人满意，如门难进，脸难看，作风差，怕麻烦，多停留于一般化的电话外交，甚少积极应对和跟进，致使有的侨胞的困难得不到妥善解决，有的受害侨胞争不回公道"⑤。就连刘功宜领事在其著作里也指出，驻外使、领馆官僚和衙门作风曾一度较严重，门难进、脸难看、怕麻烦、不管事。⑥

以江泽民为总书记的党中央，从代表最广大人民的根本利益的意义上确立了人民的价值，形成了"三个代表"的重要思想；以胡锦涛为总书记的党中央，在发展观中确立了以人为本的核心地位，从此把人本思想引向了新的高度。⑦ 2004 年，中国更是将人权概念首次写入《宪法》，使尊重和保障人权的概念上升为国家根本大法的一项原则。这些发展变化深刻影响了中国外交工作理念和重心的转变。中国外交加强了为中国公民利益服务的宗旨，进入了"外交为民"⑧ 的新阶段。诚然，中国外交和领事官员的"外交为民"，并不全是为其海外公民服务，更主要的仍是担负国家交给的外交使命。但"中国外交须保护其海外公民"，同样成为中国外交和领事官员的一项重要任务。⑨

① 《彭兴庭：从"外交为国"走向"外交为民"》，http：//nbweekly. oeeee. com/Print/Article/26，14，1989，0. shtml，2009 年 2 月 27 日。

② 王红、万吉琼：《我国新外交的为民意识初探》，《四川理工学院学报》（社会科学版）2008 年第 1 期，第 44 页。

③ 黄克锵：《领事保护不会"干涉内政"》，《世界日报》，2007 年 8 月 25 日。

④ 黄克锵：《体现"以人为本"的侨民保护》，http：//www. fjql. org/fjrzhw/d143. htm，2009 年 2 月 26 日。

⑤ 《委内瑞拉华文报纸为中国"外交为民"理念叫好》，http：//www. chinanews. com. cn/news/2004year/2004－07－21/26/462720. shtml，2009 年 2 月 26 日。

⑥ 刘功宜编著：《出国人员如何求助——浅说"领事保护"》，中国经济出版社 2005 年版，第 247 页。

⑦ 高艳萍：《中国外交实践中的人本思想》，《职业时空》2008 年第 11 期，第 153 页。

⑧ 张历历：《"外交为民"——中国外交理念的新发展》，http：//www. fmprc. gov. cn/ce/cgkhb/chn/xnyfgk/t140912. htm，2009 年 2 月 16 日。

⑨ 《对"外交为民"的期许》，http：//www. oushinet. com/news/8586. htm，2008 年 12 月 19 日。

在以人为本、执政为民理念的指导下，中国的领事保护得到了较大的改进，尤其是在 2004—2011 年。中国预防与应急的领事保护机制也是在这段时期内建立起来并立即投入实际运转的。外交部非常重视驻外使、领馆的领事业务，李肇星特别强调，要努力把"以人为本、外交为民"的理念落实为具体的领事保护行动。① 为此，外交部要求驻外使、领馆的主要官员，甚至包括大使，都要亲自负责领事业务，并且将领事保护工作作为对大使工作考核的一个重要指标。对于驻外使、领馆的工作人员，外交部也要求他们转变服务理念，向海外的中国公民提供微笑服务。② 中国驻巴基斯坦大使张春祥就表示，贯彻新一届中央领导集体"以人为本、执政为民"的执政理念，是我国驻外使、领馆更好地做好海外中国人安全保障工作所要坚持的首要原则。③

中国的领事保护理念的转变及其在实践中的具体体现，受到了海内外许多传媒的关注和赞扬。如香港《大公报》就指出，中国政府以人为本，高度重视维护海外中国公民的利益，中国外交部门也越来越关心与中国公民有关的小事和琐事，外交领域开始呈现出越来越浓重的"外交为民"的色彩。④ 就连一度对中国领事保护非常不满的黄克锵，也在 2006 年表示了由衷的赞扬："祖国政府'以人为本'的执政理念，已延伸到生命和财产受到威胁的海外华侨华人身上。""近年来，驻外官员在侨务工作的态度上有了巨大转变和进步，他们在侨务工作上认真、热情和投入的态度令广大海外华人华侨感到由衷的高兴和欣慰。"⑤ 由此对比来看，中国的领事保护理念发生了较大的转变。

在外国政府和领导人的外交为民上，曾有这样三个例子一直为人们所援引和称赞。

其一是美国前总统克林顿为其海外公民费伊求情的事例。1993 年，在新加坡做生意的美国青年迈克尔·费伊，先后给他人的汽车乱喷油漆，又向一辆汽车扔鸡蛋，并将他人汽车的车门弄坏。此外，他还偷盗新加坡国旗和公路指示牌等。因此，新加坡法院依法对他作出监禁 4 个月、罚款 3 500 新元和抽打 6 鞭的判决。⑥ 没料到，费伊事件竟然惊动了当时的美国总统克林顿。克林顿为此亲自

① 《李肇星：把外交为民的理念变成领事保护行动》，http：//www. southcn. com/news/china/china05/2007lh/07dt/200703060725. htm，2009 年 2 月 27 日。

② 夏莉萍：《试析近年来中国领事保护机制的新发展》，《国际论坛》2005 年第 3 期，第 30 页。

③ 《中国外交呈现越来越浓重的"外交为民"色彩》，http：//news. sina. com. cn/c/2004 - 06 - 04/07522713026s. shtml，2009 年 2 月 27 日。

④ 《中国外交呈现越来越浓重的"外交为民"色彩》，http：//news. sina. com. cn/c/2004 - 06 - 04/07522713026s. shtml，2009 年 2 月 27 日。

⑤ 黄克锵：《体现"以人为本"的侨民保护》，http：//www. fjql. org/fjrzhw/dl43. htm，2009 年 2 月 26 日。

⑥ 刘思：《由费伊挨打说起》，《新闻爱好者》1994 年第 7 期，第 46 页。

出面向新加坡政府求情，希望免除鞭刑。由此，费伊事件就成为美国总统外交为民的一个重要范例。

其二是菲律宾总统拉莫斯（Fidel Valdez Ramos）为其犯罪女佣弗洛尔求情的事例。1991 年 5 月 4 日，在新加坡工作的菲律宾女佣弗洛尔找到她的女佣伙伴马加，拜托马加在第二天回国时帮她捎一些钱物给她的父亲。据说，马加因为嫌东西太重就拒绝了弗洛尔的请求。接着，马加以及马加看护的一名新加坡男孩遇害身亡。这样，弗洛尔就涉嫌被捕。① 在新加坡政府决定处死她之前，菲律宾总统拉莫斯曾多次亲自出面要求新加坡总理吴作栋暂缓行刑。后来，弗洛尔还是被判处死刑。为此，拉莫斯还断然采取了一系列强硬措施进行抗议，如召回菲律宾驻新加坡大使，降低菲新外交关系级别，甚至声称如果调查证实该女佣确是冤死，将不惜断绝同新的外交关系等。由此可见，菲律宾总统是多么重视一个在外打工的女佣，竟然为了这名"犯罪嫌疑人"，不惜牺牲国家利益，与新加坡断交。

其三是加拿大总理哈珀（Stephen Harper）用自己的专机接回困于黎巴嫩的加拿大侨民的事例。2006 年 7 月，自黎巴嫩真主党对以色列发动越境袭击以来，黎巴嫩和以色列之间的军事冲突不断升级，导致当地安全局势日益紧张。出于安全方面的考虑，各国纷纷着手撤离在黎巴嫩的侨民。当时有 5 万多名加拿大人被困在黎巴嫩，而已向加拿大驻黎巴嫩使馆登记的加拿大籍公民也有 3 万多人。② 加拿大政府随即展开了其历史上最大规模的撤侨行动。7 月 18 日，加拿大外长麦凯宣布，由加拿大政府包租的 7 艘客船将于 19 日抵达黎巴嫩首都贝鲁特进行撤侨。这 7 艘船每天可运送 2 000 人。运送的乘客在抵达塞浦路斯或土耳其后，再搭乘加拿大政府包租的客机回国。此外，加拿大政府还下令派遣一个军事侦察小组前往黎巴嫩，以保证加拿大侨民的安全，并负责撤侨的相关后勤工作。③ 刚参加完八国首脑会议正在法国访问的加拿大总理哈珀也突然决定改变行程，下令大部分随行官员和记者转乘商业飞机回国，自己则在少数工作人员的陪同下从巴黎改道飞往塞浦路斯，并用自己的总理专机接回困于黎巴嫩的 120 名加拿大侨民。

结合这三个例子来看，前两个案例"外交为民"的对象都属于在国外的犯罪侨民。最后一个则有所不同，属于政治动乱中的侨民。其最为突出的亮点就是总理亲自参与撤侨，而且是用自己的专机。

---

① 李云：《铁案还是冤案？——女佣案与菲新关系》，《世界知识》1995 年第 8 期，第 10～11 页。

② 《加拿大总理用自己的专机接回被困黎巴嫩的侨民》，http：//news. sohu. com/20060720/n244366453. shtml，2011 年 12 月 20 日。

③ 《在黎巴嫩的外国人员加紧撤离》，http：//news. sina. com. cn/w/2006 - 07 - 19/162410475802. shtml，2011 年 12 月 20 日。

实际上，中国在外交为民的具体事件上，也迈出了重要步伐。2004 年 7 月 21 日，中国天津的女商人赵燕在美国尼亚加拉观光瀑布时，被美国国土安全部官员无故打伤。令美国官方吃惊的是，中国对此做出了不同于以往的迅速反应：驻纽约总领事馆官员很快就前往探视，同时中方正式向美国边境事务局发出照会，要求彻查。5 天后，中国外长李肇星还亲自与美国国务卿鲍威尔通话，"就中国公民赵燕在美国期间人权受到侵犯一事表示，中方要求美方立即对此案进行认真、彻底的调查，依法严惩有关肇事人员"。同日，外交部领事司副司长紧急约见美国驻华使馆负责人，专门就此案向美方进行交涉。对此，外交学院副院长曲星指出："中国外长就一个公民的遭遇直接向对方外交最高长官提出直接交涉，这是很不多见的。"① 对中国来说，以往确实少见，因此这一事件也被视为中国高层在外交上注重人本转变、切实维护个人人权的一个重要标志。

同样，驻外使领人员在外交为民、维护人权理念的指导下，其领事保护实践也体现出了重要的转变。如 2006 年 10 月 28 日下午，纽约上州 28 号公路发生一起重大车祸。一辆载有 5 名中国留学生的轿车与另一辆轿车相撞，造成 3 名中国留学生死亡、1 人重伤和 1 人轻伤。晚上 8 时多，当地警察局向中国驻纽约总领馆通报了消息。时任总领事的刘碧伟和副总领事崔爱民在 1 个小时之内就到达出事地点附近的医院看望轻伤人员，然后和美国警官会面，详细了解事件的经过以及现场救治和调查的具体情况。之后，刘碧伟和崔爱民就提出要去将近 100 公里以外的医院看看保留在那里的死者的遗体。当时美国警官感到非常惊讶，他认为遭遇车祸的死者，都没有经过尸体化妆，较为恐怖，总领事没有去看的必要，而刘碧伟则非常肯定地说："这是我们的同胞，我们有责任、有义务去见他们最后一面。而且，我也是家长，我的孩子跟他们都差不多大，我理解他们父母的心境，不管什么情况我都要去。"② 从中可以看出，驻外使领人员在领事保护理念上的重要转变，由以前的官本位切实地转变为人本位。除了人权观念之外，还带有较浓的中国人情因素。这也得到了美国警察由衷的敬佩。

---

① 《中国外交风格发生温和转变》，http：//news. sina. com. cn/c/2005 - 04 - 26/17196499473. shtml，2009 年 2 月 27 日。

② 张宪军：《两会观察：护侨力度日增的五年》，http：//www. shzgh. org/renda/node7406/node7414/node10380/node10381/u1a1479100. html，2009 年 4 月 22 日。

二、领事保护的机制及案例分析

（一）中国的领事保护机制

从改革开放至 20 世纪初期，中国往往较为忽略领事保护的机制建设，制度性不强，而且大多是属于事后补救性的。

领事机关是代表国家执行领事政策和职务的职能部门。现代的领事机关，通常由国内领事机关和驻外领事机关两部分组成。[1] 具体的组织结构可见下图。

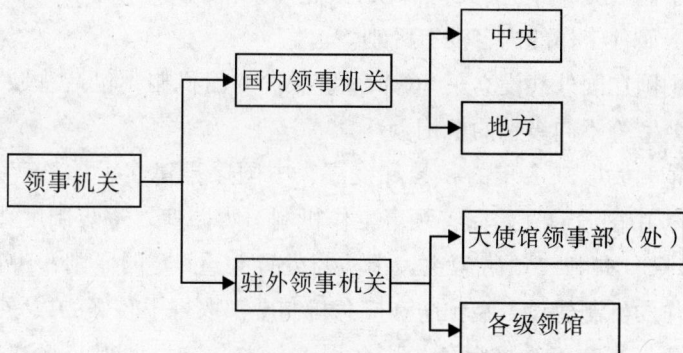

```
                                    ┌─────────┐
                          ┌────────▶│  中央   │
              ┌──────────┐│         └─────────┘
          ┌──▶│国内领事机关├┤
          │   └──────────┘│         ┌─────────┐
   ┌──────┐                └────────▶│  地方   │
   │领事机关│─┤                       └─────────┘
   └──────┘  │              ┌──────────────────┐
          │   ┌──────────┐ ┌▶│大使馆领事部（处） │
          └──▶│驻外领事机关├┤  └──────────────────┘
              └──────────┘│  ┌──────────────────┐
                          └─▶│   各级领馆        │
                             └──────────────────┘
```

领事机关组织结构图

中央领事机关一般设在外交部，通称领事司或领事局。美国称为领事局（Bureau of Consular Affairs）。[2] 中国称为领事司。

领事司在外交部长领导下工作，通常由一位副部长分工主管，领事司司长主持日常工作。[3]

执行领事职务的地方机关，一般为地方政府的外事部门，或中央政府外交部派驻地方的派出机构，它们在中央领事机关的指导下，主要是协助驻外领事机关执行领事职务。[4] 在中国，这一任务主要是由各省、市、自治区外事办公室来承担。为了适应当前广东省内出国人数大幅增加以及领事保护工作的新形势，广东省外办还特别设立了"涉外安全处"，这在全国地方外事部门中尚属首创，其职能主要是"负责协调、督促、指导并处理外国公民和法人在粤发生的各类刑事、

---

① 梁宝山：《实用领事知识》，世界知识出版社 2001 年版，第 65 页。
② http：//travel. state. gov/about/about_ 304. html，2009 年 2 月 19 日。
③ 梁宝山：《实用领事知识》，世界知识出版社 2001 年版，第 65 页。
④ 梁宝山：《实用领事知识》，世界知识出版社 2001 年版，第 66 页。

民事、海事等重大案件；协调、指导并处理我省在境外公民和机构安全保护的相关事务；处理国家实施领事保护的相关事务等"①。这无疑加强了广东省领事保护协助工作的机制化建设。

驻外领事机关，是指国家派驻国外执行领事职务的各级领事机关，包括大使馆领事部（处）和各级领馆。②

对于大使馆领事部（处、室），这里只是一种通称，并不是严格限定。对此问题，笔者曾请教过刘功宜领事，他指出，中国驻国外的外交领事机构，不论大小，都负有领事保护的责任。由于领事业务也是使馆的基本职责之一，使馆一般设负责领事事务的外交人员，并在使馆设立领事部（处、室），但是也有些使馆并不设置领事部（处、室）。无论有没有领事部（处、室）建制，也一定有人专管这个工作，而且工作的内容没有区别。③

目前，中国在国外共设立了 86 个领事保护专门机构，包括总领事馆、领事馆和领事办公室等不同级别的机构。④

经过改革开放以来多年的积累和发展，中国逐步建立了一整套领事保障体系。2003 年，中国政府开始完善领事工作机制，力图使之逐步制度化和法制化。从 2004 年以来，本着"预防为主、预防与处置并重"⑤ 的原则，中国着重加强领事保护工作的机制建设，在预防和应急机制上都取得了较好的成效。中国领事保护的制度化也有利于维护海外中国公民的权益。这也使得其人本色彩越来越浓。中国当前的人本性领事保护运行机制主要体现在以下几个方面：

1. 宣传服务机制

2003 年，中国政府编发了《中国境外领事保护和服务指南》中英文本，并在因特网上公告。领事司司长也多次就领事保护问题接受采访。⑥ 同时，也开始实施境外中国公民自愿登记制度，这主要是出于身份确认的方便，可让主管机关迅速确定当事人的身份。⑦

2004 年之后，中国在领事宣传和服务方面，主要是向社会颁布《中国境外

---

① http：//www.gdfao.gd.gov.cn/wsjg/zncs/200704100003.htm，2009 年 3 月 20 日。

② 梁宝山：《实用领事知识》，世界知识出版社 2001 年版，第 66 页。

③ 笔者对刘功宜领事的请教。

④ 《中国在全球共设 86 个领事保护机构保护 5000 万侨民》，http：//news.163.com/08/1127/14/4ROUAHR2000120GU.html，2009 年 2 月 15 日。

⑤ 石洪涛：《中国将建立五项机制保护海外公民安全——专访外交部领事司副司长魏苇》，《中国青年报》，2005 年 12 月 28 日。

⑥ 中华人民共和国外交部政策研究司编：《中国外交》，世界知识出版社 2005 年版，第 369 页。

⑦ 中华人民共和国外交部政策研究司编：《中国外交》，世界知识出版社 2005 年版，第 368 页。

领事保护和服务指南》中英文本①，通过新闻媒体等多渠道地宣传和普及海外中国公民寻求领事保护的基本知识。如外交部领事司或使、领馆通过接受媒体专访或应邀演讲等形式向公众普及领事保护知识，提高公民的自我保护和防范意识。驻外使、领馆在这方面也做了很多努力，如 2005 年 6 月，中国驻新西兰使馆领事部在当地最有影响的华文报纸《乡音》上专门开设了《夏领事信箱》专栏。该专栏由领事部主任夏国顺主持，采用问答形式，力求用通俗的语言并结合实际的案例向侨胞们介绍使馆领事服务信息，宣传有关领事政策，解答疑问，引导侨胞遵纪守法，加强自我保护能力。半年来，该专栏已连续刊出 10 多期，深受侨胞的喜爱和欢迎。领区内的其他 4 家中文报纸亦争相转载。② 由此可见，这一时期的领事宣传形式更为多样，受众面也越来越广，而且领事官员在宣传上也是非常积极、主动和有耐心的。

此外，驻外使、领馆开始积极建立和推动海外中国公民登记制度的发展，搜集、了解和掌握中国公民在国外的情况并与之建立直接联系，以便及时、快捷地提供领事保护、协助与服务。

2. 预警机制

预警的主要职能，就是对危机的可能发生及其后果作出预报和警告。联合国就较为积极地倡导预防文化。中华传统文化就很重视预防，不过主要是体现在中医文化中。《黄帝内经》中就指出，"圣人治未病"。"治未病"一直被国际上评为最先进、最超前的预防医学理念。唐代名医孙思邈则进一步发展为"上工治未病，中工治欲病，下工治已病"。

由于缺乏人权因素等的推动，中国传统文化中的预防理念很长时期内都未转化到中国的公共服务以及领事保护机制上。而美国、英国、日本等国对领事保护的预防与预警机制都是非常重视的。如美国国务院领事事务局就制订了专门的领事信息计划，为公民提供海外安全信息并发布旅行警告。该计划由领事信息手册、旅行警告和公告三部分组成。这些领事信息不仅内容非常丰富，几乎涉及国外公民的每一个细小问题，而且基本包含了世界上的主要国家，分类也很细致。美国国务院领事事务局还通过网络、电话等提供动态信息。在信息提供渠道上，美国还与海外美国商会或俱乐部以及个人等密切合作。此外，美国国务院外交安全局还专门设立了海外安全顾问委员会。1997 年，海外安全顾问委员会建立了研究和信息支持中心，主要就美国公司及其雇员的安全问题与美国公司、外交部

---

① 中华人民共和国外交政策研究司编：《中国外交》，世界知识出版社 2005 年版，第 360 页。
② 《驻新使馆开辟领事信箱引导侨胞加强自我保护》，http：//www.china.com.cn/chinese/Chinese Community/1010699.htm，2009 年 2 月 15 日。

门以及其他联邦机构保持密切联系，通过网络随时为在海外运营的美国公司提供最新的安全信息服务。①

"凡事预则立，不预则废。"对待海外风险和危机，中国政府只有加强预防和预警，才不至于陷入信息阻隔和手足无措的困境，才能在海外危机和突发性事件发生之前或发生时把握主动权。而中国以往的领事保护工作较为被动，因此，必须"从观念上根本扭转重事后处理、轻事前预防的局面，可充分利用现代媒体，完善安全信息公告网络，更加及时地向民众发布领事预警信息，同时加强对公民进行规避风险的教育和防范危机的培训，提高海外公民和企业的防范能力，尽量减少涉中国领事保护案件"②。

2004 年之前，中国开始逐步建立领事保护的预防保障。这一时期开始注意境外安全信息通报，通过大众媒体及时发布一些可能危害中国海外公民权益的信息。不过，形式较为单一。③ 2004 年之后，中国的领事保护预警机制的主要内容包括：利用网站和其他媒体渠道及时发布各国的安全状况、旅游、经商、劳务等信息；跟踪、分析和研判有关涉及国外中国公民和企业安全的信息；对不同国家和地区的安全状况进行动态评估，通过搜集、整理、分析与海外安全有关的各种信息或数据，随时监测危机发生的概率和趋势，分析危机的可能性，视具体情况由外交部，驻外使、领馆和媒体及时向社会发布预警信息。④ 如外交部网站上的"领事新闻"、"出国特别提醒"和"前往某国或城市注意事项"等栏目，也都及时地向大众发布一些相关信息。仅 2006 年一年，外交部网站共发布各类领事信息就有 400 多条。⑤ 国家旅游局、教育部以及商务部等还分别针对出境旅游人员、留学人员以及经商、务工人员等，发布专门性的预警信息。

此外，为了更好地提供信息，加强共享与合作，有效地保护海外中国公民，中央各部委、各国家机关还通力合作，建立了联合预警机制。如 2005 年，由商务部合作司、农业部渔业局、外交部领事司和交通部海事局共同组成的远洋渔业合作管理协调小组启动联合预警机制，发布远洋渔业方面的预警通报。⑥

---

① 夏莉萍：《美英领事保护预警机制的特点及对我国的启示》，《外交评论》2006 年第 1 期，第 71 ~ 73 页。

② 沈国放：《坚持以人为本，加强领事保护》，《求是》2004 年第 22 期，第 59 页。

③ 中华人民共和国外交部政策研究司编：《中国外交》，世界知识出版社 2005 年版，第 368 页。

④ 石洪涛：《中国将建立五项机制保护海外公民安全——专访外交部领事司副司长魏苇》，《中国青年报》，2005 年 12 月 28 日。

⑤ 夏莉萍：《中国政府在保护海外公民安全方面的制度化变革及原因初探》，《国际论坛》2009 年第 1 期，第 35 页。

⑥ 夏莉萍：《中国政府在保护海外公民安全方面的制度化变革及原因初探》，《国际论坛》2009 年第 1 期，第 35 页。

很显然，这一时期的预警机制更为多元化和联合化。

宣传预防原则，可以说是当今世界各国领事保护机制的一个首要原则。中国在领事保护中，也越来越重视预防机制的建设和实践。

3. 协调机制

领事保护案件往往涉及国内外许多部门，协调难度很大。而协调的效率和质量又事关领事保护工作的成效。

如澳大利亚的协调机制包括三部分：中央各部门建立了紧急状况部际协调会议机制，由内阁总理及外交、国防、移民、交通、联邦警察、海关和民航等部门组成，遇有重大突发事件，由外交贸易部秘书长签署命令启动部际协调会；由外交贸易部牵头，成员包括国防、警察、情报和医疗等部门的人员组成紧急反应小组，由外交贸易部副秘书长或主管司长带队在 13 小时内到国外事发地点处理紧急事件；负责领事咨询和日常领事保护工作的堪培拉危机处理中心，设有电话应急中心，24 小时接听和处理来自全球的求助和救援电话。[①]

在新中国成立初期，领事司仅仅是外交部礼宾司下设的一个处，发展到现在，它已成为具有 150 多名干部、90 多位雇员的外交部第一大司。[②] 其主要职能是"主管同外国谈判签订领事条约、设领协议和其他有关领事方面的协议等；指导地方外办管理外国在华领馆有关事务；指导我驻外领事机构的领事侨务工作；协助有关部门处理重大涉外案件；颁发护照和签证；办理公证、认证及通过外交途径送达法律文书等"[③]。

2004 年 7 月 19 日，主管公安和外交工作的周永康和唐家璇两位国务委员主持召开了国务院研究部署加强境外人员和机构安全保护工作的会议。

2004 年 11 月 10 日，由外交部牵头的"境外中国公民和机构安全保护工作部级联席会议"在北京成立。该制度由有关国家部委和军方在内的 26 家成员单位组成，统一协调和指挥国外涉及中国公民和企业的重大领事保护工作。在具体的实际工作中，外交部还常常与一些不是部际联席会议成员的部门，如国务院侨办、全国工商联等保持密切联系。[④] 以"境外中国公民和机构安全保护工作部级联席会议"为依托，作为国内具体负责领事保护的"总后方"，领事保护中心的重要工作之一就是负责具体协调，协调中央与地方、国内和国外相关部门和企业

---

① 夏莉萍：《20 世纪 90 年代以来主要发达国家领事保护机制变化研究——兼论对中国的启示》，外交学院博士学位论文，2008 年，第 88 页。

② 夏莉萍：《试析近年来中国领事保护机制的新发展》，《国际论坛》2005 年第 3 期，第 28 页。

③ http://www.fmprc.gov.cn/chn/wjb/zzjg/lss/default.htm，2009 年 2 月 12 日。

④ 夏莉萍：《中国政府在保护海外公民安全方面的制度化变革及原因初探》，《国际论坛》2009 年第 1 期，第 34 页。

之间的分工和协作，整合各方资源和力量，力争最高效率、最大限度地确保和维护海外中国公民和企业的安全和权益。

2006 年 5 月 29 日，外交部在领事司设立领事保护处，专门协调处理涉及海外中国公民和法人合法权益保障的工作。

2007 年 8 月 23 日，中国外交部在原领事保护处的基础上组建了领事保护中心。这就表明中国政府再次加大了对海外中国公民的保护力度。

从驻外领事机关来看，驻外使、领馆也成立了以使馆或领馆牵头的协调机制，为海外中国公民和企业提供安全保护和救助。

从地方机关来看，2005 年，广东省人民政府设立"广东省在境外人员和机构安全保护工作联席会议制度"。这一会议制度的召集人是省外办主任。

4. 应急机制

应急机制主要是在应对突发公共事件的危机管理中逐步建立的。1979 年，美国就成立了危机应对机构。1992 年，美国又进行了改革，形成了较为完善的危机管理体系。[①] 危机管理研究表明，没有应变计划的危机，比有应变计划的危机，其持续时间要长 2.5 倍。[②] 领事保护的应急机制也从政府的危机管理中吸取了许多经验。如在 2000 年，为了将危机管理制度化和标准化，加拿大政府制定了"应对国际灾难的标准操作程序"。该程序就政府应对灾难的准备、灾难监控、灾难评估、灾情汇报、主要机构之间的联络以及相应任务等方面都做了规定。为此，加拿大的驻外使、领馆也都相应地制订了自己的应急计划，作为应对紧急事件的指南。

领事保护应急机制的主要内容包括：组成应急小组，制订工作计划，确定联络方案，保障信息畅通，收集各方资讯，开展应急交涉，实施领事保护。

应急机制的目标是反应及时、联络畅通、处理果断，力争最大限度地保障海外公民和法人权益。[③]

中国注重"内""外"同时建立突发事件应急协调机制。[④] 每逢发生重大突发领事保护案件，驻外使、领馆立即调查和收集信息，上报外交部。外交部则要迅速地将案情上报中央，中央协调机制就会在第一时间启动。在此制度下，外交部内部，各驻外使、领馆及相关地方还分别从不同层面建立了涉及海外中国公民

---

① 王强：《美国危机管理对我国的启示》，《武警学院学报》2005 年第 8 期，第 88 页。

② 逯惠艳：《试论公共危机预防》，《行政与法》2006 年第 12 期，第 45 页。

③ 万霞：《海外公民保护的困境与出路——领事保护在国际法领域的新动向》，《世界经济与政治》2007 年第 5 期，第 42 页。

④ 《中国领事保护"三板斧"应对涉外危机》，http：//www.china.com.cn/chinese/ChineseCommunity/723949.htm，2009 年 2 月 16 日。

与企业安全的突发事件应急机制，并制订了相应的应急预案。另外，外交部还通过双边磋商（包括定期磋商和应急磋商，这里主要是应急磋商）、紧急交涉、派出特别代表或政府工作组等形式，敦促有关国家采取措施，切实维护海外中国公民和法人的合法权益。

从地方机关来看，广东省除了建立协调机制外，还制订了《广东省涉外突发事件应急预案》。在重大涉外突发事件发生后，广东省人民政府根据工作需要，成立广东省涉外突发事件应急指挥部。广东省指挥部下又专设办公室，与省境外人员和机构安全保护联席会议办公室（设在省外办）合署办公，负责省指挥部的日常工作。①

浙江省也建立了协调应急机制，并在2006年颁布了《浙江省涉外突发事件应急预案》。其编制目的是："建立健全我省处置涉外突发事件应急机制，维护国家利益，保障境外我省公民和机构、外国驻浙机构和人员、外国其他在浙人员的生命财产安全和合法权益，维护良好的对外开放环境。"②

其他的一些城市甚至包括市里的园区和县等也都开始探索建立涉外应急机制，如《天津新技术产业园区处置涉外突发事件应急预案》③、《明溪县涉外突发事件应急预案》④。

除了内外协调建立应急预案外，2006年，国家旅游局与中国外交部联合发布了《中国公民出境旅游突发事件应急预案》，将中国公民出境旅游突发事件分为特别重大（Ⅰ级）、重大（Ⅱ级）、较大（Ⅲ级）和一般（Ⅳ级）四级，制订了相应的分级预案。⑤

正是由于协调和应急机制的建立，使得中国的领事保护大大提高了工作效率。如2006年5月，东帝汶出现了大规模的骚乱，严重威胁了当地中国公民的安全。5月26日，中国外交部迅速牵头召开了部际联席会议，共有公安部、安全部、民政部、财政部、交通部、民航总局等13个部门参加。5月29日，243名在东帝汶骚乱中受困的华侨华人分乘两架飞机回国。从5月27日做出撤侨决

---

① 《广东省涉外突发事件应急预案》，http：//www.gdemo.gov.cn/yasz/yjya/zxya/shaqlya/200808/P020081204563854721133.doc，2009年2月21日。

② 《浙江省涉外突发事件应急预案》，http：//www.zj.xinhuanet.com/zjgov/2006 - 06/16/content_7281938.htm，2009年2月25日。

③ 《天津新技术产业园区处置涉外突发事件应急预案》，http：//www.tj.gov.cn/zwgk/wjgz/wbjwj/200811/t20081110_ 75882.htm，2009年3月3日。

④ 《明溪县涉外突发事件应急预案》，http：//fjmx.gov.cn/UploadFiles/200651883523163.doc，2009年3月6日。

⑤ 《应对突发事件，中国建立公民出境游安全预警机制》，http：//news.xinhuanet.com/overseas/2006 - 04/26/content_ 4476016.htm，2009年3月5日。

定到 5 月 29 日成功撤侨，在不到两天的时间里，中国外交部领事司与十几个单位合作，非常成功、高效地完成了这项高难度的工作。从中可见，协调和应急机制在领事保护中占有相当重要的地位。

5. 使、领馆领事业务负责制

"领事处的首要工作，也是日常最重要的工作，自然是领事保护。"① 这里的领事处，就是指驻外领事机关。领事工作，不仅是各级领馆工作的核心，也是大使馆工作的一个重要组成部分。由于在欧美和东南亚国家的中国华侨、留学生、旅游者和商人等较多，申请中国签证的外国人也较多，大使馆和总领事馆一般都设有领事部或领侨部、签证组等。亚非等欠发达国家的中国公民虽然也很多，但大多数是经商、工程承包和劳务人员，一般由经商处（室）负责，大使馆就没有必要再建立领事部。尽管如此，也一定会有专人负责领事业务，处理非劳务人员的事务，兼管外国人的签证等。②

使、领馆领事业务负责制反映了外交部对领事工作的高度重视。外交部要求驻外使、领馆的主要官员，甚至是大使，都要亲自负责领事业务，并且将领事保护工作作为对大使工作考核的一个重要指标。对于驻外使、领馆的工作人员，外交部甚至还要求他们向海外的中国公民提供微笑服务。③

使、领馆的日常业务是非常琐碎而繁重的，主要包括以下几个方面：④

（1）当您的合法权益在所在国受到侵犯，当您与他人发生经济、劳资等民事纠纷或涉入刑事案件，并已通过法律途径维护自己的权益时，您可向中国驻外使、领馆反映有关情况，请求使、领馆提供必要的协助。

（2）如您被拘留、逮捕或正在服刑时，使、领馆可根据您的要求，对您进行探视。

（3）如您遭遇意外，使、领馆将事故或损伤情况通知您的亲属，也可对您或家属通过调解或法律途径争取赔偿提供必要的协助。

（4）当驻在国发生诸如地震等重大自然灾害时，当驻在国发生政治动乱、战乱或突发事件等紧急情况时，使、领馆将在必要时协助您撤离危险地区。

（5）当您遇到困难以致生计出现问题时，使、领馆应您本人要求，与您的亲属联系，以便及时解决所需费用。

（6）如您的亲友在国外失踪或久无音讯，您可向中国驻外使、领馆反映有

---

① 科兰：《大使馆和外交官》，世界知识出版社 1998 年版，第 30 页。
② 笔者对刘功宜领事的请教。
③ 夏莉萍：《试析近年来中国领事保护机制的新发展》，《国际论坛》2005 年第 3 期，第 30 页。
④ 《中国境外领事保护和服务指南》（2003 年版），http://www.chinanews.com.cn/n/2003 - 05 - 12/26/302236.html，2008 年 12 月 10 日。

关情况，请求使、领馆协助您寻亲。您须向使、领馆提供被寻者的详细信息（包括姓名、年龄等身份信息、样貌特征及在国外工作、学习、居住或逗留期间的相关线索），以利寻找。

（7）使、领馆根据中华人民共和国有关法律和法规为在国外合法居留的中国公民颁发、换发、补发、延期旅行证件及对旅行证件上的个人资料等项办理加注。

（8）使、领馆根据中华人民共和国有关法律和法规为中国公民办理公证、认证，在与所在国的法律规章不相抵触的情况下办理中国公民间的婚姻登记手续，但不能直接认证中国国内公证机关出具的公证书。

除了上述规定的一些领事职能外，使、领馆的日常业务还在不断拓展。而且，随着出国人数的越来越多和海外安全形势的日益严峻，这也将极大地加重使、领馆的日常业务。

6. 社会配合机制

"调动社会力量，利用社会资源是政府危机处理的一个不可避免的趋势。"[1]领事保护的社会配合机制既包括处于外国境内的侨社、法人、个人等与领事机关的配合，也包括境内的法人、个人以及其他机关的配合。"保护华侨权益的方法多种多样，应从实际出发，讲究实效。"除了驻外使、领馆积极交涉外，有些可根据当地情况和案情，通过社团、宗亲会、侨领、友好人士协商妥善解决。[2]

此外，刘功宜领事在其著作《出国人员如何求助——浅说"领事保护"》中，特意论述了与领事保护相配合的"自我保护"问题。[3]《中国境外领事保护和服务指南》中对此也有些介绍。尤其是专门规定了中国公民在寻求领事保护时的注意事项。主要有以下几点：

（1）提供的相关情况必须是真实、详细的。

（2）不能干扰外交部或驻外使、领馆的正常办公，应尊重办案的外交、领事官员。

（3）应交纳相关费用，如办理各种证件的费用等。

（4）应严格遵守当地的法律法规。

如果公民本人不能或拒绝承担上述义务，领事官员将可能无法协助公民维护其正当权益，而且公民本人还可能因此承担相应的法律责任。[4]

---

[1] 逯惠艳：《试论公共危机预防》，《行政与法》2006 年第 12 期，第 47 页。

[2] "新中国领事实践"编写组：《新中国领事实践》，世界知识出版社 1991 年版，第 136 页。

[3] 刘功宜编著：《出国人员如何求助——浅说"领事保护"》，中国经济出版社 2005 年版，第 30 页。

[4] 《中国境外领事保护和服务指南》（2007 年版），http://www.fmprc.gov.cn/chn/lsfw/lszl/t353596.htm，2008 年 12 月 28 日。

中国在领事保护上，对此作出规定是很有必要的。如信息的真实性，就直接影响到领事保护的效果。还有在对驻外使、领馆正常办公的配合上，以前曾有很多违法案件占据和耗费了领事人员大量的时间和精力。

总的来看，中国的领事保护机制在最近几年内，取得了较大的进步，而且也获得了国内人民和国际社会的广泛认可与赞扬。

中国领事保护预防和应急机制的建设和运行，以及中央其他部门与地方政府的多元参与和配合等，体现出与西方主要发达国家相一致的发展趋势。"导致这种一致的变化趋势的原因部分是由于在领事保护工作压力下作出的趋同反应，部分也是中国政府主动学习和借鉴西方发达国家做法的结果。"① 这就表明了中国的领事保护机制是内外合力推动的结果。从内部因素来看，除了客观上出国人数的剧增以及领事保护案件随之增长外，更主要的则是主观上的推动，其根本因素还在于中国人权因素的推动。从外部因素来看，国际领事法规的义务限定以及发达国家的领事实践借鉴，无疑对中国的领事保护起到了较直接的推动作用。

（二）案例分析：2008 年中国撤离滞留泰国游客（新中国成立以来最大规模的海外游客撤离行动）

1. 事件与过程

2008 年 11 月 25 日晚，因反政府的人民民主联盟举行大规模示威活动，泰国当局被迫关闭曼谷素万那普国际机场。上万名外国游客被挡在归途之外，其中包括数千名中国大陆公民和港澳台同胞。

11 月 26 日凌晨 4 点多，中国驻泰国大使馆接到泰国方面的电话通知，得知素万那普国际机场被关闭。② 中国驻泰国大使馆立即于 11 月 26 日发出旅行警告，建议中国公民推迟旅泰行程，并提醒在泰中国公民注意安全，远离集会和游行示威场所。如需离泰，请关注机场及航空公司恢复正常业务的有关信息。中国公民在泰国如遇困难需要协助，可随时与大使馆联系。为方便中国公民及时掌握情况，中国驻泰国大使馆将泰国相关机构和国内航空公司的联系电话都一一公布出来。

外交部也是第一时间通过官方网站的《出国特别提醒》和《领事新闻》栏目，连续发布预警信息。

中国驻泰国使馆在张九桓大使的领导下全体总动员，做了大量艰苦细致的工作，开通了 20 多条热线电话，登记并逐一联系我国滞留公民，接听求助电话上

① 夏莉萍：《20 世纪 90 年代以来主要发达国家领事保护机制变化研究——兼论对中国的启示》，外交学院博士学位论文，2008 年，第 188 页。

② 张兵、梁宝山主编：《紧急护侨——中国外交官领事保护纪实》，新华出版社 2010 年版，第 11 页。

万个，接收公民登记材料 2 000 余份，接待来访公民 80 余批近 800 人。[①]

据中国驻泰使馆领事部高振廷参赞介绍，连日来，使馆领事保护官员都是加班加点工作，24 小时值班。[②]

泰国民航局 28 日宣布，将距离曼谷约 180 公里的乌塔保军用机场作为临时国际机场，接受各国接送本国公民的飞机起降。

28 日上午，中国驻泰国大使馆上报外交部，请示国内派飞机去接回中国公民。针对中国驻泰使馆报回的有关情况和建议，国务院要求外交部会同有关部门，急事急办。

28 日下午 4 时半，外交部紧急召开由中国民航局、国家旅游局和财政部等有关负责人参加的部际协调会，决定立即派商业航班赴泰接回中国滞留公民。

当晚 7 点，《新闻联播》就播报了相关信息。这一消息的播报等于是给广大滞留泰国的中国公民及其家属吃了一颗定心丸[③]，有利于社会配合机制的开展。

作为承担具体工作的领事保护中心，立即成立了紧急工作小组，24 小时值班，组织和协调泰国撤侨工作。

首批来自国航、南航、东航和上航的 5 架飞机准备 29 日飞赴泰国。由于需要飞越老挝、越南领空，所以必须办理上述国家过境飞行许可及泰国的落地许可。领事保护中心迅速指示有关使馆做驻在国政府的工作，提前办妥了飞行许可。

飞机许可问题刚刚解决，新的问题又摆在面前。我国滞泰公民人数众多，先期派出的 5 架飞机运力远远不够，而滞留的游客又情况各异：既有团组，又有散客，有的持国内航空公司机票，有的持外航机票，有的根本没有机票。在外交部的统一协调下，中国民航局、国家旅游局及驻泰国使馆积极通过各自渠道了解滞泰公民人数、所持机票及回国目的地情况。在汇总各方面情况之后，外交部马上会同中国民航局等部门制订出一套科学的派机计划，并指导有关航空公司制定灵活、优惠的机票政策，确保中国公民以最快的速度完成机票的转签和预定手续。

此外，外交部还就如何撤离港、澳、台同胞制订了工作预案，并对驻泰国使馆提出了明确而具体的工作要求。

因此，当我国的飞机快速地降临泰国机场进行撤侨时，有一些欧美游客还正

---

①　《危难时刻手足情深，为了同胞早回祖国怀抱》，http：//news. xinhuanet. com/world/2008－12/03/content_10447333. htm，2009 年 2 月 26 日。

②　《中国驻泰使馆官员看望滞留泰国的中国公民》，http：//news. sina. com. cn/c/2008－11－28/210016746452. shtml，2009 年 2 月 26 日。

③　张兵、梁宝山主编：《紧急护侨——中国外交官领事保护纪实》，新华出版社 2010 年版，第 13 页。

在无奈地等着机会的降临。①

从 11 月 29 日至 12 月 2 日，中国政府先后派出 12 架飞机，接回包括港澳台同胞在内的共 3 400 多名滞泰游客，这是新中国成立以来最大规模的海外游客撤离行动。

2. 中国领事保护的运作机制分析

（1）预警机制（融合有服务机制）。

在确认泰国这一事件和中国有关后，中国驻泰国大使馆 26 日发出针对中国本地公民和已在泰公民预警。外交部也是第一时间通过官方网站的《出国特别提醒》和《领事新闻》栏目，连续发布预警信息。其中也融合有服务机制，如使馆公布相关联系电话，开通了 20 多条热线电话，登记并逐一联系我国滞留公民。

（2）协调机制（融合有宣传机制）。

在驻外使馆将情况上报后，协调机制立即启动。28 日下午 4 时半，外交部紧急召开由中国民航局、国家旅游局和财政部等有关负责人参加的部际协调会，决定立即派商业航班赴泰接回中国滞留公民。其中又融合有宣传机制，如当晚 7 点，《新闻联播》就播报了相关信息。

（3）应急机制（融合有协调机制）。

在部际协调会确定总的方案后，作为承担具体工作的领事保护中心，立即成立了紧急工作小组。与航空公司制订应急方案，然后再由有关使馆做驻在国政府的工作，办妥了飞行许可。随着新情况和问题的出现——滞泰公民人数众多，先期派出的 5 架飞机运力远远不够，而滞留的游客又情况各异，外交部会同协调民航局等单位制订出一套应急派机计划。

在总的应急预案中，还有两个次级预案：

其一是外交部就如何撤离港、澳、台同胞制订了工作预案；

其二是领事保护中心就湖北省一家旅行社的紧急求助而制订了应急预案。

"撤侨"成功及高效的一个关键因素就是外部协调机制的良性运行。机场关闭后，泰国局势不容乐观。中国驻泰使馆及时与泰国移民总局以及机场当局等进行交涉，商请各方采取措施尽量将机场内滞留的中国公民疏散和安排到形势较为稳定的市区。在启动国内协调应急机制后，中国外交部与航空公司制订好应急方案，再由有关使馆做驻在国政府的工作，办妥相应的飞行许可。

（4）使、领馆领事业务机制。

在整个过程中，如调查和了解事件、上报事件、发布预警、公布联系方式、

① 《滞留泰国首批游客平安返回，游客高呼"感谢祖国"》，http：//www. china. com. cn/news/txt/ 2008 - 12/01/content_16878217. htm，2009 年 2 月 26 日。

统计人数、联系游客、探望慰问、与机场协调、撤离游客等，使、领馆领事官员甚至包括大使都直接参与其中。使、领馆在领事保护中始终处于第一线，而且贯穿始终。

（5）社会配合机制。

在这次撤侨过程中，除了航空公司等的配合外，还有滞留游客的积极配合，如电话联系、登记、互相照顾、遵守秩序等。正是有了社会配合机制的良好运行，才能使得领事保护有序、高效地进行。

这次撤离滞泰游客的领事保护事件体现出了几个方面的特征，即反应快捷、凸显预防性、人本色彩非常浓。

从整个撤离过程的时间上来看，反应非常快捷。2008 年 11 月 26 日中国驻泰领事得知中国游客滞泰事件后，中国驻泰国大使馆当日就发出旅行警告，28 日下午 4 时半，外交部紧急召开由中国民航局、国家旅游局和财政部等有关负责人参加的部际协调会，确定撤离游客的方案。中国政府在 113 小时之内组织 4 家航空公司派出 12 架次飞机快速而高效地完成了这一包括港澳台同胞在内的共 3 400 多名滞泰游客的撤离任务。这次撤离游客活动反应的快捷性还体现在与其他国家的横向比较上，如中国游客乘坐飞机走时，还有许多欧美游客正在无奈地等着机会降临，也就是等待其国籍国派出飞机去救助他们。

这次领事保护活动凸显了预防性。以往的一些撤侨活动，往往都是在事件已经发生，甚至已造成一定的伤害时才进行的领事保护。而这次撤离则是担心泰国局势进一步恶化会危及滞留中国游客安全的情况下，对风险进行了预测和评估，从而提前进行的撤离游客行动。

从上述的几个特点中也可反映出这次领事保护突出的人本特点。此外，还可从使馆人员和领事保护中心人员废寝忘食、加班加点、不辞辛劳的工作中体现出来。最为突出的是，11 月 30 日晚，领事保护中心还接到湖北省一家旅行社的紧急求助，该社 40 余人赴泰旅行团中，一半是老年人，而且有的游客患有心脏病、高血压。于是，领事保护中心立即协调有关航空公司尽快安排他们乘坐航班回国，并在出发前和飞机途中给予必要的照顾。随后，外交部领事保护中心还向湖北省外办跟踪了解，这批老年游客是否平安到家。在这次领事保护中，领事保护中心和驻外使、领馆的工作人员无不牺牲小家为大家，放弃了周末，废寝忘食，连夜奋战。① 这次撤离活动让人们感受到的是党和政府"以人为本、执政为民"

---

① 《危难时刻手足情深，为了同胞早回祖国怀抱》，http：//news. xinhuanet. com/world/2008 - 12/03/content_10447333. htm，2009 年 2 月 26 日。

的宗旨，看到的是一个坚持"群众利益无小事"的政府。①

2006 年，外交部称之为"中国撤侨年"。这一年的主要撤侨事件有所罗门撤侨、东帝汶撤侨、黎巴嫩撤侨和汤加撤侨。撤侨，无疑构成了中国领事保护的一种典型方式。而且，撤侨也融合和凸显了预防和应急机制的效用。2008 年，经过撤离滞留泰国游客的实践后，外交部与国家旅游局和民航局等部门在协调机制上进一步完善成熟，中国形成了一套较为成熟的"撤侨"方案。撤侨的逐步升级一方面体现了中国政府对人的安全以及海外中国公民权益的重视，另一方面，单纯地倚重撤侨这种应急方式，难以兼顾海外中国公民权益与海外商业利益。

三、领事保护的对象

无论是外交保护还是领事保护，其国际法基础都是属人管辖权。属人管辖权的适用主要是针对具有其国籍的人或其他获得其国籍的特定物。② 在国际法上，国籍是个人与国家联系的纽带。"因为只有国籍才是连接国家和个人的真正纽带，所以当某人要求外交使节或领事给予保护时，应确认他具有外交或领事代表派遣国的国籍。"③ 在国内法上，"个人的国籍就是他作为某一国家的国民的资格"④。一个人只有具有某个国家的国籍，他才是这个国家的公民。

领事保护在国籍条件上，并不像行使外交保护那样严格要求国籍标准。领事保护的对象也是随着历史的发展而有所变化的。"一开始领事保护的对象是本国商人。当航海发达以后，海员大量出现，领事保护的对象就扩展到海员，有的国家在航船上派遣了领事。后来，领事保护的对象扩大到所有本国公民。"⑤

中国一向以国籍联系或归属作为实施领事保护的条件。⑥ 1980 年《中华人民共和国国籍法》规定，中国不承认中国国民具有双重国籍。定居国外的中国公民，如果自愿加入或已取得外国国籍者，将会自动丧失中国国籍，因此也就不再享有中国驻外使、领馆提供的领事保护。不过，在具体的领事保护实践中，中国

---

① 《危难时刻手足情深，为了同胞早回祖国怀抱》，http：//news. xinhuanet. com/world/2008 - 12/03/content_10447333. htm，2009 年 2 月 26 日。

② 饶戈平主编：《国际法》，北京大学出版社 1999 年版，第 107 页。

③ ［印度］B. 森著，周晓林等译：《外交人员国际法与实践指南》，中国对外翻译出版公司 1987 年版，第 248 页。

④ ［英］詹宁斯、瓦茨修订，王铁崖等译：《奥本海国际法》（第一卷第二分册），中国大百科全书出版社 1998 年版，第 294 页。

⑤ 《领事因保护本国人而产生》，http：//www. china. com. cn/international/txt/2007 - 07/16/content_8530494. htm，2009 年 2 月 23 日。

⑥ 中华人民共和国外交部政策研究司编：《中国外交》，世界知识出版社 2006 年版，第 354 ~ 355 页。

领事保护的对象也经历了一个发展演变的过程。在改革开放初期一直到 20 世纪 90 年代，中国领事保护的对象主要为华侨。如"新中国领事实践"编写组编撰的《新中国领事实践》一书中，把在国外的中国公民分为两类：一是定居国外的中国公民，即华侨；二是临时出国在国外学习或工作的中国公民。书中第十章是关于保护中国公民在外国的正当权益的，还特意指出"本章主要论述保护在境外定居的中国公民的正当权益"①，可见其保护的对象主要是华侨。

中国的宪法中关于保护华侨的规定是这样的："中华人民共和国保护国外华侨的正当的权利和利益。"这也反映出了当时领事保护的特征是侧重于华侨，所以这一时期的领事保护通常也可采用历史上的"护侨"这一称呼。

随着改革开放的逐步深入，中国公民和企业不断地向外拓展与交流，特别是在 2001 年中国加入 WTO 之后，中国公民在国外的人数越来越多，而且其中临时出国公民的比重也越来越大。当今临时出国公民已成为海外中国公民的主要部分。与此相应的是海外中国公民遭遇袭击和不法侵害的事件频频发生。在这种情况下，中国领事保护的对象不断扩大，更多地倾向于临时出国公民，这也可从领事保护指南的规定中得以体现。而且，随着国际人权保护的发展，中国的领事保护也越来越具有人道主义色彩，中国领事保护的对象既包括了华侨，也包括了临时出国的中国公民；既包括了大陆公民，也包括了港、澳、台同胞；既包括了合法的中国移民，也包括了非法移民以及一些在外国犯罪的中国公民，甚至还包括了华人和一些外籍人士。

（一）对港、澳、台同胞的领事保护

自香港和澳门回归后，中国政府以"一国两制"的原则，处理这两个特别行政区的中国公民的领事保护问题。中国政府允许原被称为"英国属土公民"的香港中国公民，使用由英国政府签发的旅行证件去其他国家和地区旅行，不过这类公民在香港和中国其他地区居留或旅行，不得因其持有英国旅行证件，而享受英国领事保护的权利。中国政府也允许原持有葡萄牙旅行证件的澳门中国公民，继续使用该证件去其他国家和地区旅行，但这类公民在澳门和中国其他地区，不得享受葡萄牙的领事保护。另外，持有上述英国或葡萄牙旅行证件的两个特区的中国公民，经请求有权在第三国获得英国或葡萄牙的领事服务和保护。②

在《中国境外领事保护和服务指南》（2007 年版）中，对此也有专门而详细的规定。关于领事保护的国籍问题，指南规定："凡是依照《中华人民共和国国

---

① "新中国领事实践"编写组：《新中国领事实践》，世界知识出版社 1991 年版，第 130 页。

② 许育红：《领事保护法律制度与中国的实践》，外交学院硕士学位论文，2003 年，第 22～23 页。

籍法》具有中国国籍者，都可以得到中国政府的领事保护。也就是说，只要您是中国公民，无论是定居国外的华侨，还是临时出国的旅行者；无论是大陆居民，还是香港、澳门和台湾同胞，都是我们提供领事保护的对象"。对于中国香港公民的领事保护，指南引用了《全国人民代表大会常务委员会关于〈中华人民共和国国籍法〉在香港特别行政区实施的几个问题的解释》的有关内容来对此作出详细的规定。

对于中国澳门公民的领事保护，指南引用了《全国人民代表大会常务委员会关于〈中华人民共和国国籍法〉在澳门特别行政区实施的几个问题的解释》的有关内容来对此作出了详细规定。

在实践中，中国政府对于港、澳、台同胞的领事保护是相当重视的。如2004年12月26日，印度尼西亚附近海域发生强烈地震并引发海啸，给在该地区旅游的中国公民造成重大伤亡，其中共有32名中国公民（包括26名香港居民）遇难，4人（包括1名香港居民）失去联系。灾情发生后，胡锦涛主席和温家宝总理多次指示外交部及中国驻外使、领馆全力救助受困的大陆居民以及香港、澳门和台湾同胞。后来，中国驻外使、领馆的领事工作受到了社会各界的高度赞扬，包括香港居民在内的中国公民纷纷来信、来电表示感谢。[1] 2006年，中国外交部领事司副司长魏苇甚至还强调，即使在没有建立外交关系的国家生活的中国公民，包括港、澳、台同胞，依然是中国外交部提供领事保护的对象。[2] 中国驻纽约副总领事崔爱民也表示，无论是来自大陆，还是港、澳、台的侨胞，一旦有事，均可以拨打总领馆24小时服务专线寻求协助。[3]

据外交部最新统计数据显示，仅在2007年，外交部驻港公署就为港人提供各类协助400余宗。[4] 可见，政府对于香港同胞的领事保护力度还是较大的。

（二）对在外国犯罪的中国公民的保护——以陈久霖案为例

与物质资源相比，作为人力资源的国际移民，也包括临时出国公民，是以"走出去"的方式建构和传播着国家形象。本地媒体在报道移民社会生活的方方面面时，定会涉及其迁出国，在有意和无意间将移民个体的正面（或负面）印

---

① 《外交部领事司负责人：积极维护港胞在海外的权益》，http://www.china.com.cn/overseas/txt/2007-07/01/content_8462418.htm，2009年2月25日。

② 《中国对港澳台同胞提供领事保护，包括在未建交国》，http://news.qq.com/a/20060428/001917.htm，2009年2月25日。

③ 《中国驻纽约副总领事：去年领事保护案件明显增多》，http://www.china.com.cn/chinese/ChineseCommunity/751854.htm，2009年2月25日。

④ 《港人海外安危，牵动中南海》，http://paper.wenweipo.com/2008/03/13/CH0803130011.htm，2009年3月10日。

象扩展至整个迁出国的正面（或负面）国家形象。①

对于在外的中国公民，也有一些人不遵守当地法律，从事违法犯罪活动，从而严重损害了中国人和中国在外国的整体声誉和形象。对于这一问题，以往中国较为注重号召在外的中国人共同反对违法犯罪行为，树立华侨华人和中国的正面形象，较为忽视或不考虑对他们的领事保护。2004 年人权入宪，这就使得中国人权的主体进一步扩大，其中也包括了在外国犯罪的中国公民。因此，对于在外国犯罪的中国公民的领事保护问题，中国也逐步重视起来。

陈久霖，中国航油（新加坡）股份有限公司前执行董事兼总裁，2004 年 11 月因从事油品期权交易导致巨额亏损，并涉嫌发布虚假消息和内部交易等行为而被新加坡警方拘捕。2005 年 6 月 9 日，陈久霖等 5 名中航油（新加坡）公司的高官被正式提起控告，2006 年 3 月 15 日，陈久霖在新加坡法院就六条罪名认罪，包括 2004 年串谋欺诈德意志银行，并伪造财务文件、发表虚假或误导性的声明、从事内线交易、没有及时向新加坡交易所披露公司蒙受巨额亏损等。3 月 21 日，新加坡初等法院对陈久霖作出判决，陈久霖必须服刑四年零三个月，同时被处以罚款 335 000 新元。对于陈久霖一案中的领事保护问题，纪硕鸣对此提出了批评："依西方的法治观念，在法庭审判结果尚未下达前，陈久霖等人都是无罪的，他们应该受到公平的待遇，中国政府应该尽力作出营救，尽力保护中国公民，使其受到公平对待。但中国政府非但没有重要领导出面向新加坡政府提出要求，国资委发言人在调查尚未开始就信誓旦旦称，有关国司法审理后，回到国内还要严肃处理相关人员。给外国人的感觉是，中国政府已先自行定罪了。陈久霖作为一个国家的厅局级干部，在尚未定罪前，已在新加坡监狱与毒犯、抢劫犯同处一室三天三夜，因家人都在国内，每次上庭都无人陪伴，陈久霖孤身单影地站在他国的法庭上"②。

不过，在 2009 年 1 月 20 日，陈久霖结束了在新加坡的监狱生活。这时候，中国已经开始转变人权观念并将之落实为实际行动，中国领事专门陪护他登上了回国的班机。通过前后对比，可见人权观念在其中起到了重要的推动作用。

（三）　对非法移民的保护——以江针星遣返案为例

非法移民与上文在外犯罪公民一样，也涉及国家形象问题。长期以来，中国政府一贯要求中国公民遵守所在国法律法规，反对非法移民活动，支持和配合国际社会打击偷渡行为。

---

① 强晓云：《试论国际移民与国家形象的关联性》，《社会科学》2008 年第 7 期，第 63～64 页。

② 纪硕鸣：《中国领事保护大改观》，http://blog.ifeng.com/article/74233.html，2009 年 4 月 22 日。

江针星，来自中国福建省，于 1996 年通过非正常渠道进入美国。十年来，她默默地生活在费城，帮助丈夫经营一家中餐馆。2006 年 2 月 7 日，怀有双胞胎达 13 周的江针星如期到移民局办公室进行常规面谈。但没想到，移民当局却将她抓住，并推入一辆面包车中，直奔纽约的肯尼迪国际机场，准备立即将其遣返。从费城押解至纽约的过程中，一路奔波，让她身心俱疲、突然腹痛。当江针星被送到医院检查时，两个胎儿已夭折腹中。医生于次日经手术取出了死胎。躺在病床上的江针星对记者说，她曾告诉移民官她有孕在身，但移民官却回答道："正是知道你怀孕了才要把你立即送回去！"①

2 月 8 日下午，中国驻纽约总领馆得知这一消息，副总领事崔爱民，在打听到江针星所在医院后立即赶往探视。他代表刘碧伟总领事看望和慰问了当事人，并对相关情况进行了详细了解。崔爱民表示，中领馆对此事十分关注。虽然江针星在美国并没有合法居留身份，但她作为一个中国公民，如果受到伤害，中领馆有责任对其实施积极有效的领事保护。美国政府在执法过程中应充分尊重当事人的合法权益，如果有违人道主义原则，伤害当事人的基本人权和人格尊严，中国驻纽约总领馆将就此事进行调查，并且通过相关途径进行严正交涉。② 由此也可鲜明地体现出中国领事官员对于非法移民的人权保护意识。因此，对于非法移民，除了要打击防止之外，对其基本人权也应该加以维护。

（四）对华人的领事保护

最为突出的是，中国领事保护在其对象上甚至开始向华人发展。如 2006 年 4 月 18 日，因对斯奈德·里尼当选总理不满，南太平洋岛国所罗门群岛首都霍尼亚拉数百名示威者举行抗议活动。随后，抗议活动转变为针对当地华侨华人的骚乱。许多华侨华人店铺遭到了纵火、洗劫和破坏。4 月 19 日凌晨，中国外交部立即启动协调和应急机制。4 月 22 日，中国驻巴布亚新几内亚使馆租用的飞机飞往霍尼亚拉，当晚，第一批华侨华人共 90 人乘坐飞机到了巴布亚新几内亚首都莫尔兹比港。

这次撤侨模式由于其对象包括了华人，被誉为"所罗门模式"。"所罗门模式拓展了中国领事保护的空间。只要是侨胞，不管是大陆公民还是台胞，或者持

---

① 《美强行遣返中国非法移民致使两胎儿夭折腹中》，http：//news. sina. com. cn/c/2006 - 02 - 10/12138172618s. shtml，2009 年 4 月 22 日。

② 《江针星案，中领馆与美交涉》，http：//paper. wenweipo. com/2006/02/11/CH0602110007. htm，2009 年 4 月 23 日。

所罗门护照的华人，他们都可以登上飞往祖国的航班。"①

上文也论及了外交保护对象的扩大问题。《外交保护条款草案》中规定，外交保护的对象既包括自然人，也包括法人。同时还包括难民、无国籍人、双重国籍或多重国籍的人。《外交保护条款草案》甚至还规定，只要符合主要国籍和持续国籍的条件，一国可以对兼具他国国籍的人针对另一国行使外交保护。

外交保护中国籍问题的人本化，必然会推动领事保护在其对象上的扩大。而且民间对此也有着较强的要求和促动。如关于中国的双重国籍问题就是一例。

历史上，为了缓和与东南亚国家的紧张关系，消除华侨问题所带来的猜疑和误会，中国和印尼于 1955 年 4 月，在万隆正式签订了《中华人民共和国同印度尼西亚共和国关于双重国籍问题的条约》，中国采取了不承认双重国籍的政策。"事实上，作为涉及民族感情和对外关系的华侨问题，中国政府十分理解华侨华人的传统感情，并给予及时保护；而对于东南亚各独立的民族国家在构建民族认同时所急于解决的问题和忧虑，则予以充分理解。为此，中国政府一再规劝、导引华侨加速归化当地。内中的深意和用心直到多年以后才为东南亚国家的华族所了解和认同。"② 当今，随着经济全球化的发展，中国的双重国籍问题又被提到议事日程。2000 年 5～6 月期间，加拿大中国商会与《中华导报》联合举办的关于"大陆移民能否恢复双重国籍"的问卷调查，引发了华人社会要不要承认双重国籍的热烈讨论。2003 年 12 月，中国国务院侨办主任陈玉杰在多伦多听取了加拿大华人联合会关于双重国籍民意调查情况的报告。调查结果显示，92.6% 参与调查的大陆移民认为，中国政府应对等承认双重国籍。关于双重国籍问题，中国依然持谨慎态度。

（五）对一些外籍人士的保护

在 2006 年，随着黎巴嫩和以色列之间的军事冲突不断升级，局势日益恶化，一些国家纷纷开始从黎巴嫩等相关地区撤离本国侨民。许多持有香港永久居留证的外籍人士也来向中国大使馆求助，希望使馆协助他们撤离。刘向华大使表示："只要他们信任我们，信任中国政府，我们愿意为他们提供一切必要的帮助。"③
在这样广义的领事保护中，中国在具体实践中还是可以帮助一些陷入困境的外国人的。

---

① 商汉：《中国领事保护出现"所罗门模式"》，http：//news. ifeng. com/phoenixtv/83934540116000768/20060429/788094. shtml，2009 年 2 月 25 日。

② 吴前进：《国家关系中的华侨华人和华族》，新华出版社 2003 年版，第 372 页。

③ 《黎以冲突继续升级，第二批华人坐着军舰撤离》，http：//news. sina. com. cn/c/2006 - 07 - 20/122610484990. shtml，2009 年 4 月 22 日。

由于国际人权的影响以及国内人权的推动，中国政府在今后的领事保护中，其对象无疑会进一步扩大。在2011年的利比亚撤侨行动中，中国不仅撤出在利的35 860名华侨，同时也积极履行国际人道主义义务，在力所能及的情况下帮助12个国家的2 100多名外籍人士撤出了利比亚。[①] 中国的海外侨民，在遇到危急情形下，也可请求其他国家或组织给予类似的人道主义协助。不过，在狭义的领事保护中，中国政府还是会很谨慎的，仍会坚持中国国籍原则，这已从2007年版的领事保护指南中得以体现。

四、领事保护的形式（主体）

近年来，在领事保护形式上出现了一些变化，其一是民间积极参与领事保护事务；其二是出现了国际组织领事保护形式。实际上，《维也纳领事关系公约》在关于领事职务的规定中，尤其是其中第八条代表第三国执行领事职务的规定，本身就给领事保护的主体形式留下了发展的空间。结合中国的领事保护实践而言，在其形式上出现了三种变化。

（一）民间参与领事保护

由于在现代国家中，民间方式不可能再如历史上那样完全成为领事保护的主体，只能是参与其中。领事制度起源于中世纪后期，是伴随着商业活动的开展和航海业的开展而逐步形成的。[②] 476年，西罗马帝国灭亡后，欧洲国家进入中世纪。这一时期，商业城镇开始形成。在意大利、西班牙和法国的一些商业城镇中，外国商人通常在他们的同行中推选出解决商事纷争的仲裁者。这些仲裁者一般称为"仲裁领事"或"商人领事"。[③] 16世纪，西欧各国日趋中央集权化，领事机构改由各国中央政府直接控制。领事代表也不再由当地侨商推选产生，而是改由政府委派，称为"委托领事"或"派任领事"。[④] 这是职业领事的起源。领事制度也因此得到进一步的发展。因此，笔者将民间参与领事保护事务的形式称为社会配合机制，既包括处于外国境内的侨社、法人、个人等与领事机关的配合，也包括境内的法人、个人以及其他机关的配合。

---

① 《杨洁篪谈利比亚撤侨：同时助12个国家2 100人撤出》，http://www.china.com.cn/policy/txt/2011 - 03/07/content_ 22075340. htm，2011年12月30日。

② ［英］劳特派特修订，王铁崖等译：《奥本海国际法》（上卷第二分册），商务印书馆1989年版，第276页。

③ 梁宝山：《实用领事知识》，世界知识出版社2001年版，第46页。

④ 许育红：《领事保护法律制度与中国的实践》，外交学院硕士学位论文，2003年，第2页。

中国很早就较为注重这种形式，不过，侧重于社会教育和联系方式，较为注重从自身的角度来避免外来侵害行为，如对侨民的守法教育和加强侨民联系等，较为忽视民间因素对领事保护的直接参与。现在，中国的领事保护已开始积极支持和促动民间力量的参与。

如在南非的约翰内斯堡西罗町唐人街，当地华侨成立了南非华人警民合作中心。中国政府"对南非侨界积极投身于保护侨民安全的事业的做法表示支持和鼓励。同时，也对警民合作中心这种全球华人侨界中首创的服务于侨民安全的机构表示赞赏，并希望有关经验能得到其他国家华人侨界的借鉴"①。

另外，中国在私人保安公司方面也开始出现了保护海外华侨华人的迹象。宁波一家保镖公司的老板胡祥云表示，"中国公民要加强自身安全意识，我们可以为在海外的中国公民提供安全保护服务"②。

2006 年 2 月，在粤港澳华侨社团主席吴少康和其他华人社团的积极推动下，首家南非华人保安公司注册成立。南非华人保安公司对保安人员要求很严，都要经过精挑细选。他们当中既有当地黑人和白人，也有经验丰富的退役军人和职业保镖。这家保安公司从最初的几十人已发展壮大到现在的 140 多人。保安公司装备有霰弹枪、长枪、短枪等。保安人员头戴的贝雷帽上的帽徽，是按照中国警徽修改而成的一种保安标志。南非华人保安公司的保安人员，手持武器，驾驶保安警车，为华侨华人商城、工厂和餐厅提供保安服务，对维护华侨华人社区的安全以及威慑犯罪分子起到了积极的作用。③

（二）中国多个或跨国驻外使、领馆协作进行领事保护

除了民间力量参与外，中国在领事保护的参与合作形式上，也有了一些新的拓展。如在 2006 年的所罗门撤侨行动中，由于当时所罗门群岛并未与中国建交，所以所罗门群岛的侨民事务由最近的中国驻巴布亚新几内亚大使馆代管。不过，中国驻巴布亚新几内亚大使馆却是一个仅有 10 人规模的小使馆，难以承受所罗门群岛领事保护的繁重工作。于是，中国驻澳大利亚使馆 3 人、悉尼总领馆 2 人及新西兰使馆 1 人共 6 人，抵达中国驻巴布亚新几内亚大使馆，这就组成了由中国驻三国的 4 个使、领馆组成的领事队伍，他们一起合作来完成这项撤侨工作。④

---

① 《重视华人安全，外交部领事代表团与南非侨胞座谈》，http：//www.chinaqw.com.cn/hqhr/hrdt/200703/13/64812.shtml，2009 年 2 月 24 日。

② 《宁波商人开"镖局"，欲为海外中国人提供保护》，http：//news.163.com/41015/3/12O4EVFK0001124T.html，2009 年 2 月 23 日。

③ 《走近南非华人社会》，http：//www.fjql.org/cgzn/jyzt/y93.htm，2009 年 2 月 24 日。

④ 李莎等：《三国四馆，16 名外交官助力撤侨》，http：//bjyouth.ynet.com/article.jsp？oid = 8644678&pageno = 2，2009 年 4 月 22 日。

由此可见，只要能够保护海外中国公民的安全，中国的领事保护形式可以灵活多样，不断拓展。

（三）中国开始加强领事保护的双边或多边合作

国际组织领事保护形式，对于中国的启发意义，就是加强领事保护的双边或多边合作，如签订双边领事条约、加强领事磋商、加强警务合作、加强领事保护合作、参加国际公约共同保护等。

在签订双边领事条约上，从1978年至2006年8月，中国已先后与41个国家签订了了双边领事条约。[①]

在领事磋商上，2007年底，中国与37个国家的领事部门建立了领事磋商机制。[②] 如针对2008年奥运期间的领事保护与合作问题，中国就与多个国家开展了磋商。

在警务合作上，2004年9月1日，外交部派出领事司司长罗田广与南非外交部、警察局等的高层官员进行磋商，就加强双方的警务合作，互派警务联络官等问题达成共识。[③] 此外，2011年10月5日湄公河案件的发生，导致13名中国船员遇害，中国与老挝、缅甸、泰国就这一事件进行了多方交涉，倡议尽快建立中老缅泰四国维护湄公河国际航运执法安全合作机制，切实维护湄公河的航运安全。10月31日，中老缅泰湄公河流域执法安全合作会议在北京举行，四国代表针对湄公河流域的安全形势，同意建立中老缅泰四国在该流域的执法合作机制，并发表了《湄公河流域执法安全合作会议联合声明》。12月10日，中国、老挝、缅甸和泰国湄公河联合巡逻执法首航仪式在云南西双版纳关累港举行，这标志着四国联合巡逻执法机制的正式启动。[④] 此次代表中国参加联合巡逻执法的是云南省公安边防总队水上支队。这支支队是在公安部和国家有关部委以及云南省等的共同努力下，经过一个多月的时间紧急筹备而成的，拥有执法警员200余人，执行船艇11艘。他们将与老挝、缅甸和泰国执法部门共同开展联合巡逻执法。

中国与其他国家的领事协作在2006年的所罗门撤侨行动中表现得非常突出。所罗门危机发生后，中国驻巴布亚新几内亚大使馆立即与所罗门群岛警察总监交涉，要求对方采取有力措施，保护华侨华人的人身和财产安全；另外还与澳大利

---

① http://www.fmprc.gov.cn/chn/lsfw/lszl/P020060814506604228489.pdf, 2009年2月18日。

② 夏莉萍：《中国政府在保护海外公民安全方面的制度化变革及原因初探》，《国际论坛》2009年第1期，第36页。

③ 袁晔：《外长首次派遣特使，中南开展警务合作》，《参考消息》，2004年9月9日。

④ 《四国湄公河联合巡逻执法启动，船员遇害案已查明》，http://www.chinanews.com/gn/2011/12-10/3522657.shtml, 2011年12月12日。

亚驻所罗门群岛高专署联系，请其采取可能的措施保护中国公民的生命财产安全；此外，还请红十字会和红新月会国际联合会驻所罗门机构为华侨华人提供一些生活必需品等。中国驻澳大利亚大使傅莹、驻新西兰大使张援远，分别紧急约见澳大利亚和新西兰外交贸易部官员，商请两国并通过"南太地区驻扎所罗门群岛援助团"敦促所罗门采取有效措施，保护中国公民的人身和财产安全，必要时为中国公民的撤离提供协助。① 这些灵活的交涉与合作方式都鲜明地体现了中国领事保护的人本关怀。

在参加国际公约的共同保护上，中国先后加入了《维也纳外交关系公约》、《维也纳领事关系公约》、《联合国打击跨国有组织犯罪公约》、《关于防止和惩处侵害受国际保护人员包括外交代表的罪行的公约》、《1974 年国际海上人命安全公约》、《1989 年国际救助公约》、《禁止酷刑和其他残忍、不人道或有辱人格的待遇或处罚公约》、《联合国人员和有关人员安全公约》和《联合国海洋法公约》等。

五、领事保护的方式

晚清政府对侨民的领事保护方式主要可以概括为：使、领馆的调查与交涉方式、社会方式以及军事方式等。在上述几种方式中，由于中国国力的衰弱，使、领馆在交涉中往往收效甚微，通常倾向于采取社会方式，虽然也曾采取过军事方式，如派出军舰前往新加坡等地巡航"护侨"等，但次数非常少，而且其规模也很小。在当时的领事保护中只能算是非常偶然的事例和方式。

军事方式在外交保护的历史上是很常见的。不过，当今国际社会中，外交保护只能通过合法、和平的方式进行。《外交保护条款草案》在第一条指出，外交保护是以国家名义通过外交行动或其他和平解决手段援引另一国的责任。② 根据草案的评注，"外交行动"是指一国为了向另一国通报其意见和表示其关注而使用的所有合法程序，包括抗议、要求进行调查或谈判。"其他和平解决手段"则包括了解决争端的所有合法形式，如谈判、斡旋、调解、仲裁和司法解决手段。具体归结起来，外交保护的主要方式和基本程序包括表达关切、进行交涉、提出抗议、国际求偿。③

在 2001 年前，中国政府认为，对广大华侨来说，最重要最长远的根本利益

---

① 李晗：《所罗门撤侨行动纪实》，《世界知识》2006 年第 10 期，第 42 页。
② 《外交保护条款草案》，A/CN. 4/567。
③ 杨培栋：《外交保护制度研究》，外交学院硕士学位论文，2007 年，第 43～44 页。

是能在侨居国安居乐业、长期生存。因此，中国政府一般侧重于社会方式，教育华侨克服保守思想，与当地人民融合相处。① 在具体的领事保护上，侧重强调国家利益和国际关系，保护方式显得有些软弱，倚重主和文化，缺乏合法性尚武精神。② "中国传统的战略思考和束缚较多，比如说'不向外派一兵一卒'等"③，所以有学者结合"在南海欺负中国渔民的都是周边小国"的现象等，批判中国的国民性和外交哲学，认为"中国人谁都不招不惹，连欺负自己、虐待自己的恶人都不敢招不敢惹，结果就招来天下人都来欺负中国人"④。

而西方国家的领事保护，除了使、领馆提供保护外，西方国家的军队在特定情况下，也参与领事保护行动，这无疑会极大地加强他们保护其海外公民的力度。如在 2006 年的黎巴嫩撤侨过程中，法国派遣了一艘可载 2 500 人的军舰前往撤侨；英国派遣两艘军舰、"卓越"号航空母舰及"堡垒"号两栖攻击舰前往撤侨；意大利也派遣了一艘海军军舰以及两架 C‑130 运输机前往这一地区撤侨；⑤美国国务院宣布，美国政府已向中国租用"东方皇后"号邮轮，准备从黎巴嫩撤侨，五角大楼随后下令调拨一艘军舰护航；⑥ 中国在撤侨过程中，一般都是派出民用航班或轮船等去执行领事保护任务。在这次撤侨过程中，在中国政府的交涉和中国驻黎巴嫩大使馆的努力下，一批中国公民得以搭乘希腊军舰安全离开黎巴嫩。⑦

当然，对于其中采取的一些非法的、干涉他国主权的军事保护行动，必须进行批判和抵制。

在 2008 年，中国针对领事保护也开始出现了合法的军事保护方式。"海盗行为是一种国际罪行；海盗被视为一切国家的敌人，可以被'落入其管辖权的任何国家'加以法办。"⑧

2008 年 1 月至 11 月，航经亚丁湾、索马里海域的中国船舶共计 1 265 艘，

① 许育红：《领事保护法律制度与中国的实践》，外交学院硕士学位论文，2003 年，第 38 页。

② 王小东：《敢于使用力量才是和平崛起的基本保障》，http：//www. yannan. cn/data/detail. php？id = 4905，2007 年 10 月 26 日。

③ 《2008 中国人海外安全报告：军舰护航属重大壮举》，http：//news. ifeng. com/mil/2/200901/0108_340_ 959083. shtml，2009 年 3 月 2 日。

④ 张睿壮：《从"对日新思维"看中国的国民性和外交哲学》，《世界经济与政治》2003 年第 12 期，第 27 页。

⑤ 《黎巴嫩撤侨"进行时"》，http：//news. sohu. com/20060718/n244315065. shtml，2009 年 4 月 22 日。

⑥ 《美国在黎巴嫩侨民登上中国邮轮东方皇后号撤离》，http：//news. sohu. com/20060719/ n244343766. shtml，2009 年 4 月 22 日。

⑦ 《黎以冲突继续升级，第二批华人坐着军舰撤离》，http：//news. sina. com. cn/c/2006 ‑ 07 ‑ 20/ 122610484990. shtml，2009 年 4 月 21 日。

⑧ 王军敏：《关于制止、惩治海盗罪的国际法规则》，《中国党政干部论坛》2009 年第 4 期，第 56 页。

其中就有 1 艘遭受劫持，数十艘受到过海盗不同程度的袭击和袭扰。而从 11 月 1 日至 21 日，在这短短的 21 天之内，中国远洋集团所属的船舶就有 20 艘遭到海盗的袭扰，船员的人身安全也受到极大的威胁。①

　　面对日益猖獗的索马里海盗，联合国安理会通过决议，授权有关国家和国际组织采取措施，制止索马里海域的海盗行为和海上武装抢劫行为。继美国、法国、德国和印度等国海军先后进入索马里海域打击海盗并取得明显成效后，2008 年 12 月 20 日，中国国防部新闻发言人胡昌明也宣布，中国人民解放军海军舰艇将于 12 月 26 日从三亚起航前往亚丁湾、索马里海域实施护航。联合国秘书长潘基文以及索马里官员与民众都对中国政府派军舰前往索马里海域实施护航表示欢迎。

　　中国军舰赴索马里海域参加护航活动，是根据《海洋法》的规定以及联合国的相关决议，经索马里政府同意后才进行的。中国在这种合法形式之下，承担起了打击国际罪行的义务，同时，这无疑也成为中国领事保护工作在非传统安全领域的一个亮点。② 中国外交部发言人秦刚也指出，"中国政府派遣军舰正是以人为本、外交为民的外交政策的体现"③。

　　由此可见，出于人本考虑，中国已开始采用合法的军事方式来为海外中国公民和企业服务。在未来的一些危急情况下，中国会进一步采用合法的军事方式来维护其海外国民的权益。而 2011 年利比亚的中国公民撤离行动正好验证了这一点。

　　2011 年 2 月 16 日，利比亚发生政治动乱后，当地局势日益严峻，在利比亚的中国公民面临着严重的安全威胁。党中央及国务院在第一时间做出重要指示和批示，把海外员工的生命安全放在第一位，要求成立应急指挥部，启动撤离中国公民及有关安全保障工作的应急机制。从 2 月 26 日至 3 月 5 日，中国海、陆、空三方联动，国内、国际通力合作，动用 91 架次民航包机、12 架次军机，5 艘货轮、1 艘护卫舰（派遣了 4 000 吨级导弹护卫舰"徐州"号赶赴利比亚附近海域，为撤离的船舶提供保障和护航），租用 35 架次外国包机、11 艘次外籍邮轮和 100 余班次客车，④ 迅速将在石油、建筑和铁路等行业工作的 35 860 名中国公民撤离利比亚，从而完成了这一新中国成立以来规模最大、难度最大、情况最为

---

①　田源：《索马里海盗严重威胁中国航运权益》，《解放军报》，2008 年 12 月 26 日。

②　《2008 中国人海外安全报告：军舰护航属重大壮举》，http：//news. ifeng. com/mil/2/200901/0108_340_ 959083. shtml，2009 年 3 月 2 日。

③　《外交部：中国派军舰出海索马里体现了以人为本的外交政策》，http：//www. chinadaily. com. cn/hqgj/2008－12/23/content_7333753. htm，2009 年 3 月 1 日。

④　《中国撤离在利比亚人员行动圆满结束，撤出 35 860 人已全部回国》，http：//world. people. com. cn/GB/119475/14069591. html，2011 年 12 月 30 日。

复杂的海外中国公民撤离行动。

由于军队的机动能力强，"由军队特别是海军组织实施或者配合实施撤侨是国家众多撤侨方式中的一种"①。中国军队（还有警察）参与国家领事保护机制的方式今后还将成为常态。

六、领事保护的经费

（一）领事保护的资金保障

经费不足一直是中国政府在保护海外公民安全方面所面临的一个重要难题。它将在很大程度上制约中国领事保护的可持续发展。

多年来一直负责领事业务的领事司司长罗田广也坦承，机制的运行离不开一个最根本的保障——"钱"。在过去，经费问题并不突出，因为以前发生的领事保护案件相对较少。但现在形势发展得太快，出国人员太多，而且涉及中国境外人员和机构的恶性、突发性案件也空前增多，外交部和驻外使、领馆向遭遇困难的海外中国公民提供协助时，无疑就会遇到经费短缺的困难和瓶颈。②

中国驻约翰内斯堡总领事唐庆恒也指出，他在工作中遇到的一个主要难题就是资金问题。由于中国并没有法律规定的领事保护专门经费，动辄几十人的遣返费用、高昂的手术医疗费都要由使、领馆出面筹措。面对这种情况，总领馆只能与当地华人组织、商会、侨民家属联系，筹措经费，总领馆垫钱的事也不在少数。③

2004 年，外交部领事司司长罗田广针对这一问题曾强调指出："为了切实做好保护工作，并结合国际惯例，中国政府有必要设立领事保护专项经费"④。

2005 年 12 月，财政部为外交部设立了"领事保护专项经费"，这是新中国成立以来首次为保护海外公民而设立的专门经费。一些省市的地方政府，特别是出国人员较多的省市，如广东、福建等省，也在积极摸索经费保障的新思路，采取省财政预支补助、高危行业强制保险和渔业部门行业互助等方式，多方筹措资

---

① 闫雪昆：《海军撤侨行动》，《江苏科技报》，2010 年 7 月 5 日。

② 《中国领事保护"三板斧"应对涉外危机》，http://www.china.com.cn/chinese/ChineseCommunity/723949.htm，2009 年 2 月 25 日。

③ 《境外"领事保护"存在尴尬》，http://news.sohu.com/20041025/n222673668.shtml，2008 年 11 月 25 日。

④ 《中国领事保护"三板斧"应对涉外危机》，http://www.china.com.cn/chinese/ChineseCommunity/723949.htm，2009 年 2 月 25 日。

金，以此来保证相关突发事件处理的及时、顺畅。①

此外，中国还可以积极吸收民间资金，如慈善捐款、华侨华人捐款等，建立一个领事保护基金。这样，更利于领事保护的可持续发展。

（二）领事保护对象的费用承担问题——韩国对其国民索赔的思考与比较

除了领事保护的资金保障外，还有一个重要问题就是领事保护对象的费用承担问题。

2007 年 7 月 19 日下午，23 名韩国人乘坐一辆包租的公共汽车，从阿富汗首都喀布尔前往阿富汗南部重镇坎大哈，在乘车途经阿富汗中部加兹尼省时，他们被塔利班武装绑架。这 23 名韩国人包括京畿道城南市盆唐区泉水教会的 20 名信徒，以及带队的基督教非政府组织——亚洲合作组织的 3 名相关负责人。塔利班随后要求韩国政府立即撤出驻阿富汗的 200 多名韩国士兵，否则他们将杀死这些人质。其间，塔利班先后杀害了 2 名男人质，释放了 2 名女人质。② 在韩国政府的积极努力下，2007 年 8 月 28 日，韩国花费了 2 000 万美元换回 19 名被绑架的韩国人质。8 月 29 日，联合国秘书长潘基文对塔利班与韩国政府就释放被扣押的韩国人质达成协议表示欢迎，并对促成人质被释的人道主义努力表示感谢。③据韩联社报道，韩国政府计划在阿富汗遭绑架的 19 名人质安全回到韩国后，向人质及教会方面索赔这次领事保护事件过程中所花费的全部费用。④ 9 月 1 日，当一些媒体记者问及韩国政府是否会要求获释人质支付部分营救费用时，韩国外交通商部长官宋旻淳指出，这一问题尚在讨论中。⑤ 而韩国政府最近正式提出要求，让京畿道城南市盆唐区泉水教会偿还在发生阿富汗韩国人质事件时为营救被绑架者所支付的 6 000 多万韩元的经费。⑥ 韩国政府对其保护国民所花费用的索赔是否合理，引起了极大的争议。中国社会科学院法学研究所副研究员柳华文认为，这是"非常滑稽"的，作为公民，他们有权要求得到国家的保护，而国家

---

① 夏莉萍：《中国政府在保护海外公民安全方面的制度化变革及原因初探》，《国际论坛》2009 年第 1 期，第 36 页。

② 新浪网综合报道，http：//news. sina. com. cn/w/2007 – 07 – 21/082612245018s. shtml，2009 年 4 月 22 日。

③ 《潘基文对塔利班武装释放韩国人质表示欢迎》，http：//news. sina. com. cn/w/2007 – 08 – 30/073513775528. shtml，2009 年 4 月 22 日。

④ 《韩政府计划就人质事件索赔》，http：//news. wenweipo. com/2007/08/30/IN0708300068. htm，2009 年 4 月 16 日。

⑤ 《韩国政府要向教会和人质索赔》，http：//news. sina. com. cn/w/2007 – 09 – 02/041012491660s. shtml，2009 年 4 月 16 日。

⑥ 《韩国政府要求教会偿还人质事件经费》，http：//news. sina. com. cn/w/2007 – 10 – 15/124712730050s. shtml，2009 年 4 月 22 日。

也有义务保护公民在海外的权益。他还认为韩国政府向其国民的索赔要求与东方文化价值观念有很大关系，即强调集体和国家利益，强调人人为社会和国家服务，忽视个人权益。[1] 按照罪刑法定主义的原则，韩国被绑架公民只是受到了政府的警告：不要前去这些威胁地带，但这并不代表法律上的禁止，因此他们的行为并不构成犯罪，也没构成对韩国政府的侵权。实际上，即使是在西方国家中，也存在收费撤侨的事例。如美国在 2006 年黎巴嫩撤侨过程中，美国政府准备对乘坐飞机和轮船撤离的美国人收取紧急撤离费。不过，这一做法也遭到了猛烈抨击。尤其是民主党，强烈要求政府必须承担撤侨费用。民主党议员佩罗西在新闻发布会上指出，"一个能向伊拉克战争提供 3 000 多亿美元的国家，就能向那些逃出黎巴嫩的美国人提供费用"[2]。中国政府在《中国领事保护指南》2000 年版中就规定："大使馆或领事馆提供领事服务的部分项目要收取一定费用"，在 2006 年黎巴嫩撤侨过程中，中国驻黎巴嫩使馆的工作人员，都是冒着炮火，身着防弹衣四处奔走，付出高额费用才联系到愿意运送中国侨胞前往叙利亚的车辆。按照国际的通行做法，撤侨至第三国后所发生的交通、住宿费用均由个人承担，然而中国驻叙利亚使馆在协助侨胞撤离过程中未收取任何费用。[3] 因此，无论是与东方文明中的韩国相比，还是与西方文明中的美国相比，中国在撤侨费用上，更多地是以维护侨民权益为中心的。

第二节　发展方向

除了要进一步完善领事保护预防和应急机制外，还应从以下几个方面来推动中国领事保护的进一步发展。

一、缔结领事条约，推动双边或多边合作

中国既然已经加入了《维也纳领事关系公约》，为何还要同外国缔结双边领事条约呢？对于其原因或者功效，可以总结为三点：其一，世界上仍有一些国家

---

① 《韩政府向被解救国民索赔引发国家个人责任讨论》，http://news. china. com/zh_ cn/international/1000/20070906/14323957. html，2009 年 3 月 16 日。

② 吴建友：《美派遣军舰从黎巴嫩大批撤侨》，http://www. gmw. cn/content/2006 - 07/20/content_452497. htm，2009 年 4 月 22 日。

③ 《外交部领事司负责人就中国自黎巴嫩撤侨接受采访》，http://www. gov. cn/gzdt/2006 - 07/26/content_346017. htm，2009 年 4 月 22 日。

没有加入《维也纳领事关系公约》，因此必须与这些国家签订领事条约才能进行领事保护规范；其二，《维也纳领事关系公约》虽然对领事职务在原则上做了规定，但还不能适应中国同一些国家处理领事事务的实际需要；其三，当今现实的变化，使得关于领事法规的一些具体规定又有了新的发展。①

实际上，双边领事条约对于签订的双方来说，都是更为直接和具体的规范与指南。尽管与中国建交的国家已有 100 多个，但在目前，中国只与其中的 40 多个国家签署了双边领事条约。② 由此可见，中国在缔结领事条约方面还较为落后于外交实践，这就会制约双边领事合作的发展。

由于领事关系不同于外交关系，即使与那些没有建交的国家，也可尝试先建立领事关系，签订相关的领事条约，进行一些双边或多边合作。

二、完善领事通知的程序与时效机制——以"阿维纳和其他墨西哥国民案"为例

领事保护的成效，往往与领事通知或消息的获取密切相关。领事通知的不可行或滞后，必然会影响领事保护的效果。在领事通知权问题上，国际社会对此也是非常重视的，甚至可以为此发起外交保护。

从 1998 年至 2003 年，国际法院审理了三个涉及《维也纳领事关系公约》通知权的案件，即布里尔德案（也有译为布雷亚尔德）（Breard case，巴拉圭诉美国，1998）、拉格朗案（也有译为拉格兰德）（LaGrand case，德国诉美国，1999）、阿维纳和其他墨西哥国民案（the Case concerning Avena and Other Mexican Nationals，墨西哥诉美国，2003）。这都是由于美国在其国内司法程序中，没有履行《维也纳领事关系公约》中规定的领事通知义务。

国际法院在布里尔德案和拉格朗案中，都发布了要求美国暂缓执行死刑的临时措施命令，但并未起到实际作用，只有在阿维纳和其他墨西哥国民案中起到了实际作用。

2003 年 1 月 9 日，墨西哥政府代表阿维纳等 51 个在美国被判处死刑而正等待执行的墨西哥国民，向国际法院提起对美国的诉讼，认为美国没有履行领事通知的国际义务，这些墨西哥国民没有被告知其依据《维也纳领事关系公约》第三十六条规定所应享有的领事通知和协助权利。《维也纳领事关系公约》第三十

---

① "新中国领事实践"编写组：《新中国领事实践》，世界知识出版社 1991 年版，第 33 页。
② 夏莉萍：《中国政府在保护海外公民安全方面的制度化变革及原因初探》，《国际论坛》2009 年第 1 期，第 38 页。

六条规定："与派遣国国民通讯及联络，一、为便于领馆执行其对派遣国国民之职务计：（一）领事官员得自由与派遣国国民通讯及会见。派遣国国民与派遣国领事官员通讯及会见应有同样自由。（二）遇有领馆辖区内有派遣国国民受逮捕或监禁或羁押候审，或受任何其他方式之拘禁之情事，经其本人请求时，接受国主管当局应迅即通知派遣国领馆。受逮捕、监禁、羁押或拘禁之人致领馆之信件亦应由该当局迅予递交。该当局应将本款规定之权利迅即告知当事人。（三）领事官员有权探访受监禁、羁押或拘禁之派遣国国民，与之交谈或通讯，并代聘其法律代表。领事官员并有权探访其辖区内依判决而受监禁、羁押或拘禁之派遣国国民。但如受监禁、羁押或拘禁之国民明示反对为其采取行动时，领事官员应避免采取此种行动。二、本条第一项所称各项权利应遵照接受国法律规章行使之，但此项法律规章务须使本条所规定之权利之目的得以充分实现。"①

在这一案件中，应墨西哥政府的要求，2003 年 2 月 5 日，国际法院发布了临时措施命令，要求美国对被其宣判并即将处以死刑的几名墨西哥国民延迟执行死刑。因此，在国际法院审理该案期间，美国没有对这些墨西哥国民执行死刑。由此可以看出，人权对国际领事法的融入，使得国际法院的临时保全措施具有了更高的效力。2004 年 3 月 31 日，国际法院对该案作出判决，认定美国违反了《维也纳领事关系公约》，侵犯了 51 个墨西哥国民的领事通知权利，而《维也纳领事关系公约》第三十六条赋予了个人这样一项权利。尽管国际法院并不是一个人权法庭，但是在这些涉及领事通知权的审判中，国际法院一再宣称这是一项个人权利。② 早在拉格朗案中，国际法院就对这一条款进行了解释和审判，"确认了领事关系公约创设了个人权利，确认了违反公约义务不仅是侵犯公约缔约国的权利，同时也是对个人权利的侵犯，强调了领事职能的重要性，增强了对在一国境内外国人的保护"③。基于此，国际法院要求美国重新审查和考虑其对这些墨西哥国民的定罪及量刑。④ 尽管这一案件让美国面对如何在其国内执行国际法院的判决这一问题，但美国还是应该对国际法院就领事关系公约或惯例作出的解释保持一定的尊重。⑤

---

① 《维也纳领事关系公约》，http：//capetown. china - consulate. org/chn/lsbh/xgfg/t213674. htm，2008 年 8 月 23 日。

② Martin Scheinin，"The ICJ and the Individual"，*International Community Law Review*，2007，No. 9，p. 128.

③ 邵沙平主编：《国际法院新近案例研究》，商务印书馆 2006 年版，第 444 页。

④ *Avena and Other Mexican Nationals*（*Mexico v. United States of America*），2004 I. C. J（Judgment Mar. 31）.

⑤ Curtis A. Bradley，"Enforcinc the Avena Decision in U. S. Ccurts"，*Harvard Journal of Law & Public Policy*，2006，Vol. 30，No. 1，p. 123.

由此可见，国际法院对于这项领事通知程序权是非常重视的，认为它不仅是一项国家权利，更主要的也是一项个人权利。

中国政府在《维也纳领事关系公约》、双边领事条约及其他双边协议中，对进行领事通知都明确承担了义务。不过，在实际主管部门的具体操作中，主要是依靠由政府机关签发的文件来保障外国公民所应享有的领事通知权。[1] 而具体执行的相关机构对此往往重视不够。再加上中国的法律传统较为轻视程序权利，这也影响到其领事工作。如 1992 年，一名菲律宾公民因涉嫌走私毒品被中国公安机关逮捕，1994 年一审判处死刑。在该案办理过程中，中国一直没有履行领事通知的义务，这就侵害了菲律宾的领事通知的合法程序权利。菲律宾在得知这一情况后，其总统与中国进行了外交交涉。最后，中国被迫作出让步，二审时将其改判为死缓。[2] 因此，不仅在国内，而且在国外，在处理涉及公民的领事通知事宜时，我们必须对于这项国家所享有的程序权利并融合了个人人权的领事通知权加以重视，切实按照相关法规来履行义务和要求权利。

在明确了这一程序权利和义务之后，对于领事通知的时效问题，可以采取磋商或签订条约的形式使之完善。如 2008 年 9 月 11 日，中国驻约翰内斯堡总领事房利会见了南非豪登省警察总监奈度，就领事保护与合作问题进行磋商，奈度最后表示，将会尽一切努力防止犯罪案件的发生。如有涉华案件发生，可立即通知本人，并会竭尽所能提供帮助。[3]

三、完善领事保护的预防机制与重建机制

在预防性方面，许多西方国家都走在前列。如墨西哥毒枭猖獗时，一些欧美国家的使、领馆很早就提醒本国公民注意旅行安全；而一旦危险事件发生，这些使、领馆也会及时公布详细的危险程度预测和判断，供本国公民参考，如此次菲律宾人质事件爆发后，法国和英国的使馆都在网站上及时发布了风险评估报告。[4]

2008 年撤离滞泰游客的领事保护事件凸显了预防性。以往的一些撤侨行动，往往都是在事件已经发生，甚至已造成一定的伤害时才进行领事保护。而这次撤离则是因为担心泰国局势进一步恶化会危及滞留中国游客的安全，对风险进行了

---

① 张琳：《从布雷亚尔德案看领事通知权》，北京大学硕士学位论文，2001 年，第 68 页。

② 张琳：《从布雷亚尔德案看领事通知权》，北京大学硕士学位论文，2001 年，第 68 页。

③ 《中领事向南非警方通报涉侨案件，呼加强侨民保护》，http://news.sina.com.cn/c/2008-09-12/095214440662s.shtml，2009 年 12 月 12 日。

④ 陶短房：《海外领事保护可以做得更好》，http://news.sina.com.cn/c/sd/2010-09-21/123721147885.shtml，2010 年 9 月 28 日。

预测和评估，从而提前进行的撤离游客行动。

不过，这一事件也具有一定的单一性。它只是单纯的游客撤离事件，并不涉及海外商业利益，也不涉及事后重建问题。2011年的利比亚撤侨事件则要复杂一些，也更具典型性。夏莉萍教授对此进行了深刻分析，认为利比亚撤侨事件折射出中国领事保护机制呈现出重应急、轻预防的特点。她将预防机制的欠缺归结为三个方面：风险认识差异阻碍了安全防范工作的有效开展；安全信息流通不畅影响了预警信息的及时发布；海外企业信息登记制度不够细化，影响到安全预防工作的有效实施。① 如果涉及海外商业利益，其中最为核心的还是长期预防机制的建立，而并非是短期预警和应急机制的建立。此外，在领事保护的预防和应急协调机制之外，也应考虑建立重建机制。这样才有利于"走出去"战略的可持续发展。

四、进行领事保护立法

晚清政府在外交上的多头管辖使得总理衙门、督抚和海外使馆在处理外交事务时几乎处于平行的地位。"在1876年至1893年这段时间里，清朝中央政府对保护海外华人没有一个连贯一致的政策。保侨事务主要掌握在清朝外交官手中。"② 1893年后，清政府在保护海外华人上出现了新气象。总理衙门开始协调保护华侨的新措施。1901年，清政府将总理衙门改为外务部。外务部的职责为"外交政务，暨侨居各国之本国臣民及通商事务，监督驻扎各国之出使大臣及领事，并稽查直省外务司"③。

由此可见，外务部开始集中其外交权力，加强对驻外使领的管制。如1907年，胡惟德出使日本时，敕谕为"凡遇交涉事件，按照条约详慎办理，并应秉承外务部，酌度机宜，随时请旨遵行"④。

而现代国家的政治活动和经济活动，更需要一个规范系统的中介来进行管理，其中法律系统是最为重要的规范性中介体系。⑤ "宪法是国家的根本大法，规定了包括外交活动在内的国家一切活动的根本原则和基本方面。"⑥

中国宪法对华侨的保护也是有着明确规定的。如《宪法》第五十条就明确

---

① 夏莉萍：《从利比亚事件透析中国领事保护机制建设》，《西亚非洲》2011年第9期，第114页。

② ［澳］颜清湟著，粟明鲜等译：《出国华工与清朝官员》，中国友谊出版公司1990年版，第223~224页。

③ 《东方杂志》（第5卷），官制草案，第11页。

④ 《清光绪朝中日交涉史料》（第73卷），故宫博物院文献馆，1932年，第12页。

⑤ 季金华：《挑战与回应：全球化视野下的国家主权》，《河北法学》2008年第2期，第145页。

⑥ 齐建华：《中国外交的宪法原则》，《外交评论》2005年第5期，第38页。

规定："中华人民共和国保护华侨的正当的权利和利益，保护归侨和侨眷的合法的权利和利益"，第八十九条也明确规定国务院要履行"保护华侨的正当的权利和利益，保护归侨和侨眷的合法的权利和利益"的职责。[1]"保护华侨的正当的权利和利益"这一条是历史的产物，今天随着大量临时出国公民人数的剧增，必须加以修改。

尽管宪法确定了这一原则，但在领事保护方面，中国还没有专门的领事立法。外交部公布的领事保护指南，从2000年版开始，先后发展了2003年版、2007年版和2008年版等。不过，领事保护指南"只是一种没有强制约束力的文件，只能起到指导作用。如果使、领馆不提供领事保护或者提供的领事保护不符合该指南的规定，公民将不能依照该指南提起行政诉讼，而只能以其他的行政法律规定提起诉讼。这样，在缺乏具体规定标准的情况下，行为的性质将会因为标准模糊而难以确定。所以，使、领馆的行为很难通过司法途径进行监督"[2]。

因此，进行专门的领事立法，既是规范领事人员行为的需要，也是指导海外公民寻求领事保护的需要，更是加强群众监督的需要。"有了群众的监督，工作上就不会偏失正确的方向。有关领事保护案件，不要害怕曝光。"[3]

对于使、领馆的行为进行司法监督，《中国境外领事保护和服务指南》2003年版中规定："驻外使、领馆实施领事保护时所进行的外交交涉是外交行为，既可能成功，也可能不成功。公民不能因外交交涉不成功而起诉外交行为，这是世界各国普遍的法律规定。我国《行政诉讼法》第十二条规定，法院不受理公民、法人或者其他组织对'国防、外交等国家行为'提起的诉讼。《行政复议法》也不适用外交行为。"

中国也曾发生过因领事保护效果未能达到自我预期而准备起诉的案例。如在1998年，中国公民杨某与某国的一个电脑软件公司签订了劳务合同。但后来公司单方面违约，没有给他安排工作，也不给他经济补偿。于是杨某就向当地法院提起诉讼，法院判决杨某胜诉。但被告公司为逃避赔偿，早在诉讼阶段就转移了财产。而杨某当时正在国内，由于缺少法律知识，没有委托律师申请对被告财产采取保全措施。结果判决生效后，该国法院因找不到被告的财产而无法强制执行，杨某因此未获得赔偿。这样，杨某就请中国驻该国使馆协助，使馆曾多次向该国提出交涉，还为杨某介绍了友好律师，并对杨某在该国的食宿提供了热情帮助。但由于始终找不到被告的财产，该国法院表示无能为力。于是，杨某开始不

---

① 吴文梅：《华侨国内权益保护法律制度研究》，外交学院硕士学位论文，2006年，第8页。

② 李娟娟：《领事保护制度研究》，外交学院硕士学位论文，2008年，第36页。

③ 颜志雄：《日本领事保护制度研究——兼论中日领事保护制度的差异》，外交学院硕士学位论文，2006年，第44页。

断纠缠使馆，武断地认为他得不到赔偿是由于使馆工作不力，要求中国政府促请该国政府代赔，否则就将回国起诉外交部和中国驻该国使馆。① "本国政府未能提供外交保护而在本国法院诉本国政府的情况，这也是一个新的发展。"②

虽然公民不能依据领事保护的效果来提起行政诉讼，尤其是对于狭义的领事保护而言更是如此，但如果使、领馆不提供领事保护或者提供的领事保护不符合领事法规的规定，公民可以依照规定行使其监督、反映或投诉的权利。如日本海外国民的自由和生命如果受到损害，"日本政府有义务保护本国公民，让国民的这些权利得到恢复。虽然营救不力不算违反宪法，但要负政治责任"③。中国目前也意识到了这一问题，不仅开始与国外交流和学习领事保护立法经验，如中国与西班牙就西班牙在领事保护立法和应急处置机制等方面的经验以及其他各自关切的问题广泛、深入地交换了看法④，而且国内也开始推动领事立法。"领事立法事关人民群众切身利益，体现了以人为本和依法行政的有机统一，对于落实依法治国方略和执政为民理念、促进领事工作的深入发展有着长远和重要的意义。"⑤ 为了统一规范和切实保障我驻外领事机构依法履行职责，维护海外中国公民和法人的合法权益，我国外交部在国务院主管部门指导下，积极推行依法行政，在总结以往领事工作经验的基础上，结合现实情况，组织起草了《中华人民共和国领事保护和服务条例（送审稿）》。国务院法制办听取了全国人大外事委员会、全国人大常委会法制工作委员会、最高人民法院、公安部、司法部和商务部等有关部门、省级地方人民政府和专家学者的意见，会同外交部对送审稿进行了研究、修改，形成了《中华人民共和国领事工作条例（征求意见稿）》。为了进一步增强立法的透明度，提高立法质量，扩大政府立法的公众参与程度，2009年11月9日，国务院法制办公室将《中华人民共和国领事工作条例（征求意见稿）》全文公布，广泛征求社会各界意见。⑥ 这一征求意见稿虽然是中国领事保护立法的初步尝试，但其内容还有一些需要加以修改与完善的地方。

首先对于领事官员的责任问题，应"具体列明违反领事工作职责的各种情况

---

① 葛军：《你享受哪些领事保护与服务》，《世界知识》2003年第13期，第54页。

② ［印度］B. 森著，周晓林等译：《外交人员国际法与实践指南》，中国对外翻译出版公司1987年版，第421页。

③ 何德功：《日本：保护海外国民重在预防》，http：//news. sina. com. cn/w/2004 - 06 - 03/09412704875s. shtml，2009年1月8日。

④ 《中西外交部举行磋商，就侨民领事保护问题达共识》，http：//www. gqb. gov. cn/news/2007/0604/1/5260. shtml，2009年2月23日。

⑤ 《领事立法专家研讨论证会在京举办》，http：//www. sz - qb. com/newscontent/14360525/2008 - 01 - 30 - 14 - 33 - 56. asp，2009年2月23日。

⑥ 《国务院法制办公室就〈中华人民共和国领事工作条例（征求意见稿）〉公开征求意见的通知》，http：//www. chinalaw. gov. cn/article/cazjgg/200911/20091100143561. shtml，2011年12月30日。

及具体处罚措施，督促领事官员恪尽职守，权利义务相一致。同时，规范领事官员提供领事服务的方式、方法，促使领事官员采取长远策略，工作中体现人文主义关怀"①。尤其是对于广义的领事保护，即领事协助，更应规定明确的处罚措施，用以督促领事官员的积极作为。

其次，对于非法移民、海外犯罪公民等的领事保护也应有明确的规定，使得他们能够享有合法的领事保护。

再次，对于公民个人的领事保护权利与义务也应有明确的规定，避免公民或企业因自身行为不当占用大量领事资源或非法要求领事保护越法行事等。

五、建立开放的、多元的、学习型的领事人员机制

在领事保护中，领事人员的数量、结构与素质直接影响到领事业务执行的效果。

从数量上来讲，处理领事业务的工作量是巨大的。以美国驻罗马领事馆为例，它在一年内就处理了 155 名美国人死亡、3 000 例美国人遭遇偷盗抢劫的案子、7 500 次公证和 5 000 起其他要求，可以说，从美国人被捕入狱、生病住院到国内电话咨询等无所不包。② 而中国的大使馆和领事馆的领事处所负担的与驻在国的华人华侨进行联系的工作，其任务之重是中国所特有的。主要原因是：其一，移居海外的华侨华人人数相当多；其二，中华文化传统使得华侨华人热衷于与祖国保持密切的联系。③ 实际上，领事保护的任务也是非常繁重的。其一是近年来中国出国公民的人数迅速增加；其二是领事案件的数量也随之不断增加；其三是中华文化的特性使得海外中国公民倾向于找"父母官"主持公道，而不善于寻求当地司法救济。而中国从事领事保护工作的专业人才非常匮乏。据统计，中国驻外使、领馆中担任领事工作的人员只有 600 多名，他们每年都要承担着颁发签证 400 多万、公证认证 86 万、领事保护案件数千起的繁重任务。④ 据外交部领事司司长黄屏介绍，中国领事工作人员每人平均服务对象达到 10 ~ 12 万人。

中国的领事保护的预防与应急机制，是在 2004 年才开始系统建立起来的。领事保护所涉及的知识非常多，如国际法知识、国内法知识、领事法知识、国际关系知识、外交知识、各国的历史民俗以及具体国情知识等，因此，领事保护对领事人员的要求很高。而日常领事业务的繁重如大量的签证、联系等工作也制约

---

① 邢爱芬：《海外中国公民领事保护立法初探》，《国际论坛》2011 年第 4 期，第 48 页。
② 刘功宜编著：《出国人员如何求助——浅说"领事保护"》，中国经济出版社 2005 年版，第 28 页。
③ 科兰：《大使馆和外交官》，世界知识出版社 1998 年版，第 226 页。
④ 夏莉萍：《试析近年来中国领事保护机制的新发展》，《国际论坛》2005 年第 3 期，第 31 页。

了他们在领事保护上的学习与研究。领事任务太过繁重，不利于保护工作的有效进行，应当加大对领事保护的人力投入与培训。

在选拔机制上，有学者认为，高级外交官特别是大使一级的外交官的选拔，应该通过开放方式和机制在全国范围内公开地、不拘一格地选拔人才。中国最丰富的就是人才资源，只要选拔办法开放、透明、科学、公正，就一定能够选拔出杰出的高级外交官和大使。① 对于领事人员的选拔，这也具有启发意义，同样可以建立这样一种开放的选拔机制。中国的领事官员对此已有一定的认识，认为要"加紧培训领事专业人才和增聘当地外籍雇员"②。笔者认为，除了多从国内社会选拔外，还可以考虑实行名誉领事制，从侨民居留国中选拔一些合适的本地人为名誉领事。因为本地人无论是对当地的法律制度和文化习俗的了解，还是在人际关系上，都比外地人更具优势。

此外，领事保护涉及面非常广，需要多方面人才的配合才能更好地完成。中国在领事保护的多元协调上才刚开始迈出步伐，"中国现有的医疗、救灾部门的专业人员缺乏应急应变方面的训练，没有专门培训这种人员的教育培训机构，缺乏对应急应变事件的研究。这一点也和发达国家的日本有很大差别"③。

所以，除了注意吸收更多的领事专业人才外，领事队伍还应扩展到包括警务、医疗、救灾等方面的专业人员投入上。而多元领事人才对于领事保护又是具有很大促进效果的。如在派驻警务联络官方面，2005 年底，中国向南非派出警务联络官杨慧、张茂盛，以协助南非警方调查涉及中国公民的案件以及协助中国使、领馆进行领事保护，其效果较为明显，中国在向南非派出警务联络官之前的2004 年，南非共有 22 位华人遇害，而在派出后的 2005 年一度下降到了 8 人。④

由于领事业务在不断拓展，领事理念和机制也在不断创新，因此，必须加强对领事人员的培训，除了专业技能培训外，还有职业道德方面的教育，从而"努力构建一支'民为本、国为重、懂大局、讲协作、淡名利、守清廉'的专业化领事队伍，使领事服务更有实效、更具亲和力"⑤。如日本就非常重视对领事人员的培训和继续教育，不断加强领事队伍的知识化建设，以提高他们的基础能

---

① 肖刚：《克服"外交缺陷"：体现中国外交先进性的几点思考》，《广东外语外贸大学学报》2006年第 2 期，第 59 页。

② 《外交部领事司长：05 年中国领事保护重在制度建设》，http：//news. xinhuanet. com/world/2004 - 12/17/content_ 2349812. htm，2009 年 2 月 23 日。

③ 颜志雄：《日本领事保护制度研究——兼论中日领事保护制度的差异》，外交学院硕士学位论文，2006 年，第 42 页。

④ 《中国试行领事保护新政》，《凤凰周刊》2006 年第 6 期。

⑤ 《外交部领事司长：05 年中国领事保护重在制度建设》，http：//news. xinhuanet. com/world/2004 - 12/17/content_ 2349812. htm，2009 年 2 月 23 日。

力、专门能力、管理能力为目标，进一步扩充与窗口服务相关的当地职员的研修事业。此外，还注重发挥中期研修制度的效果，进一步加强与大学等其他研究机构之间的合作，积极灵活地利用各种外部资源。[①] 而加拿大外交部还专门设置了"训练官"这一职位，负责各种领事危机处理的培训活动。[②]

六、领事保护与国际关系的融合

"国际关系有两种意义：一种是国家之间的正式关系——这是严格意义的国际关系；另一种是人和团体跨越国界的交流关系——这是扩大意义的国际关系。""但是，尽管人和团体跨越国界的交往关系很重要，近代国际社会是以国家为主角的，因而，一般来说，特别是在国际关系与国际法上，国际关系指的是国家之间的关系。"[③] 不过，随着国际社会的不断发展，国家这个唯一主体也不断受到冲击和拓展。"国际关系本质上不仅仅是各国政府间的关系（它当然是主体），而且也是各国民众间的关系、本国民众与本国政府的关系、本国政府与他国民众的关系。"[④] 而领事保护不仅涉及本国政府与本国民众的关系，也涉及本国政府与他国政府、本国政府与他国民众、本国民众与他国政府、本国民众与他国民众的关系。其中的关系还很复杂。因此，单纯地强调哪一方面，都可能会造成另一方面的失衡。

领事保护是中国总体外交的组成部分。结合中美关系史，我们可以看到，当中美关系顺利发展时，美籍华侨华人往往更愿意承担起推动两国关系良性互动的角色，也能取得多赢的局面。许多著名的华人更是担当起沟通中介和民间大使的角色。如美籍华人余江月桂，1978年后多次到中国，受到中国领导人的亲切接见。她还促进了中美一些友好城市的缔结。她认为："身为华裔美国人，我们应该同时敬爱中美两个国家，在牵涉中美双方的利益与权利时，要以公平的态度处理事件。"[⑤] 而且，美籍华人的穿梭外交，还为避免亨廷顿所预言的文明冲突提供了一种可行途径。[⑥] 不过，如果中美关系出现波动和不好的迹象时，则会较大

---

① 颜志雄：《日本领事保护制度研究——兼论中日领事保护制度的差异》，外交学院硕士学位论文，2006年，第31页。

② 夏莉萍：《20世纪90年代以来主要发达国家领事保护机制变化研究——兼论对中国的启示》，外交学院博士学位论文，2008年，第86页。

③ 王铁崖：《国际法引论》，北京大学出版社1998年版，第1页。

④ 叶自成：《从贾谊的民众主义看国际关系主体的重新定位》，《外交评论》2008年第1期，第45页。

⑤ 崔以闻：《余江月桂勇往直前80高龄再出发》，《世界日报》，2002年3月10日。

⑥ ［美］孔秉德、尹晓煌主编，余宁平等译：《美籍华人与中美关系》，新华出版社2004年版，第135页。

地影响美籍华人的参政活动和沟通中美关系的热情。如在"李文和间谍案"之前，一些华裔科学家积极地来华访问，举行学术会议，并与中国的科学研究机构建立交换和交流项目。在他们的推动下，中国的许多学生和学者得以赴美留学和访问。李文和间谍案发生后，中美关系一度紧张，使得美国的许多华裔科学家处境艰难，他们更倾向于明哲保身。在中美双边关系良性发展时期，美籍华人既能推动中美关系的良性发展，又能使他们自己受惠于中美两种文明。从这一事件可以看出，位于两国政府之间的侨民或外国人，其长期的、根本性的发展还是最终得益于两国关系的顺利发展。

结合领事保护所涉及的多重关系，其中，除了要注重传统的政府间关系外，还要注重本国政府与他国民众、本国民众与他国民众之间的关系。因此，除了发展传统的政治外交和经济外交外，还必须拓展公共外交与民间外交，并融入中国的人权理念与价值观，特别是针对发展中国家以及民主法治不完善的国家更是如此，如南非，就存在政府亲中国而部分民间社会反中国的迹象，从而导致了许多领事案件的发生。巴基斯坦也是如此。政府间关系的发展与社会间关系的发展出现了脱节和失衡。

领事保护中本国政府对他国民众、本国民众与他国民众的交涉与保护方式，可以归结为一种"社会性"领事保护。结合晚清护侨的历史来看，晚清政府迫于国力等因素，对海外华侨的安全保护往往更倚重于社会方式。然而在中国日益崛起的今天，从其国力基础而言，完全可以直接发动"政府"层面的领事保护。不过，中巴政府关系发展良好，巴基斯坦中国公民安全事件的发生，与巴基斯坦政府并无关联。可是这种良好的政府关系并未带来中巴社会关系的同步发展。对于巴基斯坦中国公民的安全保护，显然单独从政府层面着手已无法解决深层问题，必须综合考虑中巴关系中的社会因素。中国政府应改变以往过分倚重政府外交的倾向，注重加强对巴基斯坦公众、非政府组织等的外交，尤其要注重对巴基斯坦的国际传播和交流，加强公共外交，改变巴基斯坦人对中国或中国公民的某些偏执印象。

此外，公民和法人也应注重自身跨国行为的国际影响。"不管怎样，跨国公司和个人虽然不是国际法的主体，但只要其行为与国际性事务有关，就需要由国际法来加以规制和调整，因而客观上推动了国际法的丰富和完善。"[①] 如在国际投资法领域，就开始强调跨国公司的社会责任，在个人领域，尽管个人还不是完全的国际法主体，但个人的国际法地位在日益提升。因此，至少可以在国内法层面加强对个人国际义务的强调与规定。然而，"在目前我国的领事保护机制中，

---

① 张潇剑：《全球化与国际法》，《中国青年政治学院学报》2008年第1期，第78页。

个人、法人和国家之间的责任分工不够明确"，"出了安全事件后，由政府包办来解决一切"。① 实际上，很多领事保护只能体现出暂时的功效，如果没有海外中国公民个人的努力，就难以收到长久的成效。所以，很多时候，"撤侨"是一剂应急的带有副作用的止痛剂，从长远的观点看，我们应该研究的不仅仅是撤侨的应急方案，更要研究防止出现撤侨的可以长治久安的方案。② 这就要与个人责任结合起来，要求海外中国公民把握好自我的曲张之道。在"张"的方面，对于违法案件，海外中国公民，特别是华侨要转变中华传统文化中那种"贱讼"、"轻讼"、"忍让"、"私了"的观念，积极利用当地司法救济。黄克锵就指出，"华人胆小，遇事不报警，报警后又不指认。正是这种纵容，把自己变成了犯罪分子下手的目标"③。除了个人的"张"之外，还要强调集体的"张"，对此，黄克锵也指出，"最早，外裔抢劫的对象是韩国城。但是韩国人很团结，一家被抢，其他人马上就会去帮忙，或报警，或一起打跑抢劫者。几次下来，抢劫者就怕了，再也不去骚扰他们。但是到了中国城后呢？餐馆被打劫，相邻的店铺不仅不帮助、不报警，反而暗暗高兴，因为邻家店铺被抢，就总会关门歇业几天，这样自己不就可以多抢点生意了吗？正是这种意识，让外裔犯罪者变本加厉、有恃无恐。华人不够团结，这就是华埠抢劫案频发的症结所在"④。在"曲"上，个人则有很多方面可做，如在外国不要太张扬、漏财，加强自我保护意识等。最主要的是要遵守当地法律，尊重他人人权和异地习俗，尤其是一些海外中国商人，自己不要变成"经济动物"，还要尽力避免被当地人误读为"经济动物"。日本在领事保护的个人责任方面，"每个家族成员和公司职员都要求接受安全培训，每时每刻保持警惕，不论是开车、休闲还是购物；在通信方面必须保证随时能够与公司和使馆联络"⑤。美国对于到国外去的个人，也是非常注重提醒他们各种注意事项：如不要穿得太花哨，不要显得太富有；不要轻易显示自己是旅游者；不要让行李箱上的标签泄露自己的身份；不要到人多的地方；不要晚上独自行走，也不要抄小路；不要在旅馆房间里会见客人，不要将个人资料放在房间里；开车

① 夏莉萍：《中国领事保护机制在实践中日臻完善》，http：//legaldaily. com. cn/misc/2007 - 01/12/content_ 513613. htm，2009 年 2 月 28 日。

② 吕伟雄、郑建民：《"怨侨"事件是谁惹的祸》，http：//qwgzyj. gqb. gov. cn/135/865. shtml，2008 年 11 月 25 日。

③ 《你在纽约安全吗？数字背后的华人安全状况调查》，http：//news. sina. com. cn/o/2007 - 06 - 18/111112044104s. shtml，2009 年 2 月 26 日。

④ 《你在纽约安全吗？数字背后的华人安全状况调查》，http：//news. sina. com. cn/o/2007 - 06 - 18/111112044104s. shtml，2009 年 2 月 26 日。

⑤ 何德功：《日本：保护海外国民重在预防》，http：//news. sina. com. cn/w/2004 - 06 - 03/09412704875s. shtml，2009 年 1 月 8 日。

时要关上窗户，不要搭载陌生人；不要乘坐没有标记的出租车；要知道如何在当地打电话，并随时准备好打电话的零钱等。①

总之，我们"应该用'世界和谐'这样一种大的眼光来考虑侨务工作"②，也应该用世界和谐这样一种宏大而长远的眼光来考虑领事保护工作，将它与国际关系融合起来。

七、领事保护的升级：在发生重大损害和受害人强烈要求时的外交保护——以中国民间对日索赔为例

（一）在民间对日索赔上，中国实施外交保护的法理基础

2006 年，国际法委员会二读通过的《外交保护条款草案》第十九条中就特别规定："按照本条款草案有权行使外交保护的国家，应充分考虑行使外交保护的可能性，特别是当发生了重大损害时；对于诉诸外交保护和寻求赔偿之事，尽可能考虑受害人的意见。"③ 由此可见，基于人权的推动，传统外交保护的国家自由裁量特征开始发生转变，事件的损害程度和受害人的意见都成为外交保护裁量的考虑因素。

中国民间对日索赔，是指中国民间战争受害者因日本在"二战"期间所实施的违反国际法和人道原则的行为而遭受的人身、财产以及精神方面的侵害和损失，对日本政府、企业、组织或个人所提起的索赔。

中国民间战争受害者对日索赔是一个有待解决的战后遗留问题。20 世纪 90 年代以来，中国民间战争受害者，出于维护自身权益的需要，开始打破以往的忍让和沉默，要求日本道歉和赔偿。1995 年 6 月 28 日，中国受害者在日本提起第一例诉讼。2007 年 4 月 27 日，日本东京最高法院对日本侵华战争中中国受害者所提起的两起诉讼——"西松建设强制劳工案"和"山西省慰安妇案"作出终审判决，以中日两国政府在 1972 年《中日联合声明》中放弃战争索赔权为由，认为中国原告不再具有法律上的索赔权。

至 2007 年 9 月，中国民间战争受害者共向日本法院提起诉讼 28 件，这些诉讼可以分为以下三类：一是抗日战争时期被日军掳往日本做苦役的中国劳工及其

---

① 石洪涛：《美国的海外公民安全对策》，http：//news. xinhuanet. com/world/2004－06/23/content_1541106. htm，2009 年 3 月 1 日。

② 吕伟雄、郑建民：《"怨侨"事件是谁惹的祸》，http：//qwgzyj. gqb. gov. cn/135/865. shtml，2008 年 11 月 25 日。

③ 二读通过的《外交保护条款草案》及其评注，A/61/10。

遗属所提起的诉讼；二是中国"慰安妇"及其后代所提起的诉讼；三是战争相关受害者所提起的诉讼，这些受害者包括平顶山大屠杀、南京大屠杀的受害者，日军遗留毒气弹的受害者，"731"部队细菌战的受害者以及无区别轰炸的受害者等。

中国慰安妇诉讼，因施害者为日本军队，被告是日本政府；此外，刘连仁案、南京大屠杀、平顶山大屠杀、重庆大轰炸、日军遗留毒气弹的受害者，以及"731"部队细菌战的受害者等所提起的诉讼，大多也是针对日本政府。

中国劳工诉讼，由于这些劳工大多是受到日本政府与企业的双重伤害，所以绝大多数都是以日本政府以及相关企业为共同被告；还有一类案件是单纯以日本企业为被告，如南京大屠杀幸存者李秀英名誉权案，以及针对鹿岛建设、西松建设提起的劳工诉讼。①

在日本侵华期间，日本军队和企业对中国人民所造成的损害是巨大的，据初步计算，1931—1945 年，日本侵华给中国国家和中国人民造成损失达数千亿美元。1937—1945 年，2 100 余万人被日本侵略军打死打伤，1 000 万余人被残害致死。② 无疑，可以将这一损害归结为"重大损害"事件。那么，针对这一事件，中国政府应该将之上升为外交保护吗？

新中国成立后中国政府的对日政策，更多地是从中日关系的大局出发，强调中日友好和区别对待，认为在战争责任问题上，应当将日本军国主义和日本人民严格区别开来，在中日关系上应更多地维护大局。"正是出于改善中日关系、维护中日友好的需要，中国政府在赔偿问题上实际采取了淡化和搁置的方式和政策，以至对日索赔竟然成为一个禁区，在很长时期内甚至被人们遗忘了。"③

对日民间索赔刚开始时，国内有关部门仍然担心这会引起社会动荡，破坏中日关系的大局，所以对索赔人员的活动多有限制，或采取"不支持、不反对、不干预"的政策，实际上处于一种不作为状态。④ 后来才逐步从维护人民权益的角度，开始公开表明其支持态度。

1992 年 9 月，原国务院副总理吴学谦就公开表示，民间赔偿与政府赔偿不是一回事，遭受战争创伤的中国人民通过正常渠道，提出他们的要求是完全正当的。中国外交部发言人在新闻发布会上也明确表示，抗日战争中的民间受害者可以直接要求日本政府赔偿损失。⑤

① 耿学飞：《中国民间对日索赔的国际法分析》，外交学院硕士学位论文，2008 年，第 3 页。
② 张爱宁编著：《国际法原理与案例解析》，人民法院出版社 1991 年版，第 178~179 页。
③ 赵德芹、高凡夫：《建国后对日索赔长期搁置的原因探析》，《长白学刊》2007 年第 6 期，第 127 页。
④ 王剑华：《论对日索取民间战争赔偿的出路与意义》，《唐都学刊》2006 年第 3 期，第 105 页。
⑤ 《外交部发言人发表评论》，《人民日报》，1992 年 3 月 12 日。

1995 年 3 月，国务委员、副总理钱其琛再次表明，《中日联合声明》并没有放弃中国人民以个人名义行使向日本政府要求赔偿的权利。

在 1999 年 9 月日本东京地方法院对三起侵华战争的受害者提起的索赔诉讼作出驳回判决时，中国外交部发言人章启月严正指出："中国希望日本有关方面，特别是日本政府能够正确认识侵华战争后果，在涉及中国人民身心健康和切身利益的问题上，能够采取认真负责的态度，敦促日本有关方面严肃对待中国公民所提出的要求。"

实际上，中国政府对此的部分行为，也可以归为一种领事保护行为。

对于中国政府可不可以行使外交保护（国际求偿）的法理基础，许多国际法学者已经从法理层面进行了细致而深刻的分析，其中以管建强和张新军为代表。管建强以此为题进行了一系列研究，并亲自参与了对日索赔诉讼案。他认为："在理论上，在一定范围内，如果侵权国违反国际义务（如立法不作为，签署了国际条约，但是在国内不制定相应的法律），保护国就此法律问题不仅可以与侵权国以外交的方法解决，也可以通过国际司法、仲裁的方法来解决。"中国政府有权在本国公民用尽当地司法救济（或被拒绝司法救济）仍然未能得到公正的待遇（如差别歧视待遇、在法律面前不能享有和日本国民同样的待遇）和合理的结果时，就此行使外交保护权。[①] 张新军则认为："中国政府在任何时候都可以向日本政府提起交涉，行使这一权利，并不受日本法院审判的左右。"[②]

因此，在法理上，中国政府对此实行外交保护已经具备了权利基础。笔者在此也就不再多作法理分析，仅结合外交保护的人本化就中国的政策层面提出几点看法。

（二）在民间对日索赔上，中国实施外交保护的政治考量

在民间对日索赔上，中国政府主要是出于两个方面的担心而不愿行使外交保护：其一是对中日关系的担心，害怕将民间索赔上升为国际争端损害中日关系；其二是出于对外交保护历史的担心，由于历史上深受外交保护之害，存在着一定的心理阴影，而且也担心其他国家对中国行使外交保护进行一种历史化解读，即把中国等同于历史上的资本主义列强。这些都可归结为政治因素，当然其中可能还有国内经济建设目标、综合国力限制、担心国际干涉等考量因素。

如果仅仅是出于对中日关系的担心就忌讳外交保护，从根本上说是不利于中日关系的长远发展的。对于这一点，"二战"后德国问题的解决以及中日关系的

---

① 管建强：《论对日民间索偿的法律依据》，《常德师范学院学报》2003 年第 1 期，第 19 页。
② 张新军：《外交保护的实体权利和程序问题》，《中外法学》2008 年第 1 期，第 158 页。

现实已经证明，历史遗留问题如果能得以合法解决，是有利于国际关系的顺利和长远发展的。

管建强也指出："中国和'一衣带水'的日本友邦唯有建立切实友好的关系，才能双方都受益，这对亚洲乃至世界都有非常积极的意义。历史问题、领土问题、台湾问题是中日关系的三大障碍，其中日本能否对'二战'尤其是侵华战争罪行进行真诚忏悔，不要继续在台湾问题上说一套做一套是出现这个和谐关系的关键。"① 可见，对于历史遗留问题，总是想着遮掩和避讳，甚至歪曲，是不利于中日关系健康发展的。

中国之所以担心外交保护会损害中日关系，实际上还是与对外交保护的历史解读有关。日本方面也正是基于此对中国可能行使外交保护进行了批判，"关于外交保护，实际上是在长期的历史进程中欧美各国以外交保护为借口对第三世界进行扩张、殖民和干涉的手段而已，中国本身也深受其害。从人权保护的观点来看，外交保护只是肆意妄为的产物"②。

在国际关系的历史实践中，尤其是从 19 世纪后期至第二次世界大战前，外交保护的滥用时有发生。因此，有人就认为，这一制度在本质上是不平等的，因为个人使其诉求国际化的可能性取决于与其有国籍联系的国家，而且，只有强国才能用它对付较弱小的国家，使其成为干涉某些国家事务的借口。③

国际法院的帕迪拉·内尔沃（Padilla Nervo）法官在巴塞罗那牵引公司案的个人意见中就强调指出，传统上，关于外国人待遇的国家责任的历史，就是滥用外交保护权的历史，非法干涉弱国的国内管辖权，不公正的索赔、威胁，甚至打着行使保护权的旗号进行军事侵略。④

实际上，外交保护在"二战"之后，已经发生了根本性的变化。从国际责任法来看，1963 年，联合国国际法委员会在多年审议国际责任问题的基础上，根据国际法的新发展，决定摆脱传统国家责任法（关于外国人待遇的国际责任）的限制，转而研究和编纂国家由于其国际不法行为而产生的一般责任的规则，这标志着国际责任制度发展的一个重要转折。从《外交保护条款草案》来看，外

---

① 管建强：《中国民间战争受害者对日索偿的法律基础》，华东政法学院博士学位论文，2005 年，第332 页。

② 新美隆：《对于花冈事件的和解研究》，《专修大学社会科学研究所月报》，2001 年 9 月 20 日，第459 号，第51 页。转引自管建强：《中国民间战争受害者对日索偿的法律基础》，华东政法学院博士学位论文，2005 年，第310 页。

③ Mohamed Bennouna, Preliminary Report on Diplomatic Protection, A/CN/4 /484，转引自余劲松：《公司的外交保护》，《政法论坛》2008 年第 1 期，第104 页。

④ Individual Opinion of Judge Padilla Nervo in the Barcelona Traction, Light and Power Company, Limited case, *I. C. J. Reports*, 1970, p. 246.

交保护的程序条件限制很严格，不可能再像历史上那样仅仅成为资本主义国家保护其海外投资利益的借口。而且，外交保护的人本化使政治因素逐步褪去，人权因素凸显。从"二战"后的实践来看，外交保护并不仅仅发生在发达国家与发展中国家之间，发达国家之间也时有发生，如拉格朗案。即使是发达国家与发展中国家之间所发起的外交保护，也并不总是发达国家主导，发展中国家也有发起外交保护的，而且还能胜诉，如布里尔德案、阿维纳和其他墨西哥国民案等。

由此可见，外交保护的国际政治因素正在消退，外交保护也正在以国际法规范行事。当今的外交保护与历史上的外交保护存在着质的差别。因此，从政治因素来看，中国政府害怕实施外交保护会被历史化误读，或者会从根本上损害中日关系，现实中这种担心是多余的。而外交保护法规的人本化，不仅为中国政府进行国家保护设定了义务，同时也为中国保护其海外公民提供了权利。而且，外国一些先进的实践也为中国提供了资源借鉴。

因此，中国政府应该依照《外交保护条款草案》，充分考虑发生这一重大损害时行使外交保护的可能性，对于诉诸外交保护和寻求赔偿之事，尽可能考虑受害人的意见，这既是义务限定，也是权利工具。

综上所述，中国政府在民间对日索赔上，无论是在法理基础上，还是在政治基础上，都具备了外交保护的可行性。

（三）在民间对日索赔上，中国可以尝试国际司法解决方式

至于中国就对日民间索赔行使外交保护的具体方式，建议采取国际司法方式。

在和平解决国际争端中，国际司法和仲裁都是国家的重要选择。《联合国宪章》第三十三条规定了和平解决争端的办法主要包括：谈判、调查、调解、仲裁、司法解决、区域机关或区域办法的利用以及各国自行选择的其他方法。其中，国际仲裁和司法被称为法律的解决方法，其他方法被称为政治的解决方法或外交的解决方法。

政治的解决方法，其解决结果没有拘束力，而国际仲裁和国际司法都是在双方以一定方式同意的前提下进行的，而且其判决对争端当事国具有拘束力。但是国际司法与国际仲裁还是有着较大的不同。

国际仲裁，是指争端当事国根据双方协议，自愿把争端提交给双方共同选定的仲裁员或仲裁法庭进行审理，由他们作出具有法律拘束力的裁决。国际司法，是指争端当事国把争端提交给一个事先成立的、由独立法官组成的国际法院或国际法庭进行审理，由该法院或法庭根据国际法对争端当事国作出具有法律拘束力的判决。国际仲裁法庭通常是由争端当事国根据仲裁协定的规定各自选派仲裁员

组成。而且，国际仲裁所适用的法律，一般由仲裁协定规定。当事国自愿把争端交给自己选任的仲裁人，仲裁人在争端当事国协议规定的权限范围内根据争端当事国选择的法律作出裁决；而国际司法中，法院的法官组成是固定的，不是当事国指派的或选择的，法官适用国际法作出判决，而不是根据当事国选择的规则。由此看来，国际司法比国际仲裁更能独立于当事国与国际政治。

中国在解决国际争端时，倾向于使用外交的解决方法。诚然，外交的解决方法具有一定的优势，如外交谈判可以较为高效地解决一些问题，尤其是对双方来说利益影响较大时，但"外交的解决方法，与法律的解决方法最大的区别在于当事人控制着纠纷的事态，并可以接受或者拒绝建议"①。最为主要的是，它受国际政治力量或者制衡力量的影响较大。"外交谈判是双层博弈，主要参与者既包括双方谈判代表，也包括双方国内的民众。在多数带有强烈民族主义情绪的民众看来，合作性谈判就是软弱、让步、求和的代名词。因此对某些决策者而言，下定决心走向谈判桌，实际上比决心在战场上厮杀更加困难。"② 对于中国民间对日索赔问题，也涉及双层博弈问题。此外，日本方面也正是基于历史上外交保护方式的政治色彩而对中国可能行使外交保护进行了批判，尽管中国政府已经对这一问题表示了关注并发出了严正声明，如中国外交部发言人章启月就严正表明了中国政府对此的态度，敦促日本政府严肃对待中国公民所提出的要求，但是并未收到成效。由此可见，中国要推行外交保护，如果采取外交方式，很显然是难以解决问题的。

近代国际法仅仅是西方世界的国际法。在它传入中国之时正值晚清，由于中国被排除在文明国家之外，所以国际法并不完全适用于中国。晚清政府在实力不济的情况下，一方面委曲求全，另一方面力求运用民族国家主导的国际法则，尽量保全自己的利益。③ 不过，那时的国际法，主要成为西方国家侵略和掠夺中国的工具。所以当国际法被介绍到中国时，当时的法国代办竟然对美国驻中国公使蒲安臣大发雷霆："是谁让中国人看到国际法的？杀死他，勒死他，他将使我们得到无限制的麻烦。"④

从新中国成立到改革开放初期，中国基本上游离于国际法体系之外。这主要是由两方面因素造成的：其一是在近代历史上，中国饱受西方列强的欺凌和侵略，形成浓厚的"受害者心理"；其二是中国人认为传统国际法是西方资产阶级

---

① ［德］沃尔夫刚·格拉夫·魏智通主编，吴越等译：《国际法》，法律出版社 2002 年版，第 750 页。
② 梁晓君：《外交谈判战略浅析》，《国际政治研究》2008 年第 2 期，第 120 页。
③ 杨光斌等：《中国国内政治经济与对外关系》，中国人民大学出版社 2007 年版，第 34 页。
④ 端木正：《国际法》，北京大学出版社 1997 年版，第 16 页。

国家意志的体现。①

全球化时代的中国，与落后挨打的晚清以及改革开放前的中国已有很大的不同，越来越多地参与到国际体系中来，与其他国家的交往也越来越密切，处理的国际事务也日益增加。中国一直在为实现两个尚未完成的转变而努力：从"中国之世界"向"世界之中国"转变，从世界体系的"局外者"向"局内者"转变。② 这就愈发显示了大力研究和运用国际法的必要性。但是中国对于依赖第三方解决争端仍缺乏信任感。迄今为止，中国尚未向国际法院提交任何争端或案件。③ 再加上中国对来之不易的国家主权格外珍视，坚持国家主权是对外交往中的基本原则，而国际争端一般会涉及主权利益，既重大又敏感，所以将争端交付第三方解决会脱离国家主权的控制，这也是中国所不愿意看到的。④

然而，当前的国际社会已经不再是历史上由那些欧洲和北美国家组成的"俱乐部"。在大多数的国际组织中，发展中国家已经成为主要力量。这在很大程度上导致旧的国际法体制发生了巨大的变化，国际司法机构也发生了重要的转变。从实践中可以看到，在整个20世纪80年代的13起案件中，有10起是发展中国家发起的，其中近四分之一的案件是针对发达国家的。而在受案率大增的90年代至今，仅约14%的案件有发达国家参与。这些数据表明，国际司法机构更多地成为为发展中国家解决争端、维护自身权益，从而实现国际正义的机构。⑤ 随着国际法的人本化，越发推动了国际法的规则化，特别是一些经济性、技术性、专门性的国际法律制度正在努力克服国际法的传统缺陷，如世界贸易组织设计了相对完善的法律责任制度和实施机制，世贸组织的争端解决机制也成为目前世界上最富有成效的争端解决机制。⑥ 在外交保护的国际司法中，我们也可看到美国在一系列案件中败诉。"国际法并不完全排斥国家利用国际法为自己的利益服务，只要这种利益和国际上大多数国家的利益一致，而且其'利用'不违反国际法的强行规则和其承担的国际法律义务"⑦，而且"在这种诉诸法院解决争端的过程中，诉诸法律有助于争端当事方澄清各自的立场，促使当事方降低过分夸大的利益要求，并将其转变为更为现实的法律要求。在一些情况下，其结果是政治谈判得以恢复，在国际法院作出判决之前便已获成功。在另外一些情况下，国际法院的裁判为当事方提供了法律结论，他们可以以此为依据进一步谈判解决争端。

---

① 徐崇利：《"体系外国家"心态与中国国际法理论的贫困》，《政法论坛》2006年第5期，第33页。
② 胡鞍钢、门洪华：《入世五年：中国应进一步对外开放》，《开放导报》2007年第1期，总第72页。
③ 高岚君：《中国国际法价值观析论》，《法学评论》2005年第2期，第77～78页。
④ 王林彬：《国际司法程序价值论》，复旦大学博士学位论文，2007年，第162页。
⑤ 王林彬：《国际司法程序价值论》，复旦大学博士学位论文，2007年，第165～166页。
⑥ 曾令良主编：《21世纪初的国际法与中国》，武汉大学出版社2005年版，第83页。
⑦ 曾令良主编：《21世纪初的国际法与中国》，武汉大学出版社2005年版，第87页。

所以，只要当事国相信法院，其一般都能促使争端向好的方向转化，即使是政治性强的争端，也不论另一方是否是一强国或大国。毕竟，任何一方都不想给对方或国际社会留下'法律的不遵守者'这样的恶名"①。尤其是在法律理由上处于优势的小国，更愿意将争端提交给法院裁决，其结果往往对这些国家较为有利。② 因此，国际司法无疑成为一种合法性权力，也即韦伯所指出的，"依靠对法律条款之有效性和客观性'功能'的信任而实行的支配"③。在中国民间对日索赔的问题上，中国政府何不顺应外交保护的人本化趋势，并利用这一国际法权利将之上升为外交保护，从而迈出尝试国际司法的第一步呢？

---

① 邵沙平主编：《国际法院新近案例研究》，商务印书馆 2006 年版，第 562 页。
② 邵沙平主编：《国际法院新近案例研究》，商务印书馆 2006 年版，第 565 页。
③ ［德］马克斯·韦伯著，冯克利译：《学术与政治》，三联书店 1999 年版，第 57 页。

第五章　国际法的人本化与中国的领事保护

第一节　国际法人本化、国内人权与中国的领事保护

尊重和保障人权，是人类进步的重要成果和文明社会的重要标志，也是当今世界各国人民共同追求的理想，任何国家的发展都无法背离这一方向。从某种意义上说，法律的全球化是随着人权观念的发展而逐步发展的。自 1789 年诞生第一个《人权宣言》以来，人权的观念就开始得到充分的发展。尽管在人权问题上，发达国家与发展中国家由于在历史文化传统、经济发展水平、社会政治制度等方面存在着较大的差异，导致了它们在人权问题上存在着相当多的争议，如许多欧美国家较为侧重公民权利和政治权利，认为人权的发展不一定要以生产力的发展和人民经济生活水平的提高为前提，不认同集体人权优先于个人权利等。然而，以"国际人权宪章"为核心的国际人权法，提供了现代国际社会对人权的基本认识、标准和保障。从中国在 1997 年签署了《经济、社会和文化权利国际公约》，在 1998 年又签署了《公民权利和政治权利国际公约》这一行为来说，人权作为人类社会基本的价值准则已经得到世界的普遍认可。[1] 中国愿意接受"约定必须遵守"，愿意借助国际人权法的约束来改善中国的人权状况，这是非常值得肯定的，是中国社会的一大进步。[2]

从人权的综合推动来看，在国际人权法的义务限定下，中国的人权发展经历了一个较长的过程，尤其是个人人权的发展，主要通过了三个发展阶段：强调集体人权的国际交流、执政理念上的人权保障、执政理念与宪法的共同保障。

从国际领事法的压力来看，国际人权法向国际法的渗透推动了领事和外交保护法的人本化，这就一方面为中国政府进行领事保护设定了义务，另一方面也为中国保护其海外公民提供了权利。而且，外国的一些先进的领事实践也为中国提供了资源借鉴。这些因素横向推动了中国领事保护的发展。

---

① 苏晓宏：《变动世界中的国际司法》，华东师范大学博士学位论文，2004 年，第 142 页。

② 杨丽艳：《五十年新中国在国际法领域里的实践与发展》，《社会科学家》1999 年增刊，第 68 页。

　　中国国内的人权因素尤其是个人人权因素，与国际领事法相比，对中国的领事保护更具决定作用。正是基于中国人权标准的国际直接接轨，人本化的领事法规也能更快捷、更全面地为中国所接受，外国先进的领事保护实践也能更快捷、更全面地为中国所学习和借鉴。因此，2004 年成为国际领事和外交保护法对中国更具影响的转折点。所以，我们可以看到，1963 年 4 月 22 日，联合国通过了第一个全面规范领事关系和制度的公约——《维也纳领事关系公约》，该公约于 1967 年 3 月 19 日生效。1979 年 7 月 3 日，中国加入《维也纳领事关系公约》，同年 8 月 1 日起，该公约对中国生效，这标志着中国的领事制度在程序上与国际社会的正式接轨。欧美等发达国家在其国内人权因素的推动下，不断进行领事保护实体上的探索，并在 20 世纪 90 年代进行了领事保护方面的变革，建立了人本性的领事保护预防和应急机制以及多元参与机制。而中国由于在 20 世纪 90 年代以前主要集中于发展集体人权，使得领事保护也主要局限于程序接轨上。由于中国个人人权的发展，特别是在中国人权的国内标准与国际人权标准走向统一时，国际领事保护的一些人本理念也更容易为中国所接受。如"人的安全"概念，最初很少有亚洲的政府和学者对这一概念流露出兴趣。相比这一概念而言，中国的政府官员更偏向于使用"非传统安全"一词。如 2002 年 11 月，中国与东盟共同签署了《中国与东盟关于非传统安全领域合作联合宣言》，表示共同应对非法毒品和人口走私、拐卖妇女儿童、盗版、恐怖主义、军火走私、洗钱、国际经济犯罪和网络犯罪等。不过，保罗·埃文斯引用了楚树龙的观点来说明，中国的领导层将继续维护基本的国家主权，但是同时，来自国际上的压力将使他们在接受新的安全观时变得更加灵活变通，包括人的安全。① 这里所说的国际压力，实际上就是国际人权的压力。而人的安全在本质上与中国所推崇的"以人为本"的思想是不谋而合的。② 在国际人权的推动下，中国转变了自身的人权观，也就能逐步接受"人的安全"这一理念。

　　因此，本书的结论是：从第一个自变量——国际人权法对中国的义务限定和影响来看，国际人权法为中国的人权保障设定了义务，从而通过中国国内人权尤其是个人人权来推动其领事保护的发展；从第二个自变量——国际领事法的人本化来看，它更专门性地为中国的领事保护进行了义务限定，同时也提供了权利工具和资源借鉴，尽管国际领事法与中国的领事保护更具直接关联，但它仍然需要通过中介变量也就是中国的个人人权来产生实体性的影响。其中，中国个人人权

---

　　① ［加］保罗·埃文斯著，汪亮译：《人的安全与东亚：回顾与展望》，《世界经济与政治》2004 年第 6 期，第 45～46 页。

　　② 关信平、郭瑜：《"人类安全"：概念分析、国际发展及其对我国的意义》，《学习与实践》2007 年第 5 期，第 105 页。

的发展与其领事保护构成一种正相关的关系。所以，国际法的人本化与中国的领事保护只是一种中介相关关系，其影响的程度与速度，主要取决于中国个人人权的发展及其与国际人权标准的接轨。由于中国领事保护和人权的后发型特点，再加上二者的制度化程度还较低，与西方发达国家相比，它们就更具被动性和变动性。因此，我们可以看到，在国际人权法的影响下，中国个人人权的发展对其领事保护的推动作用更为明显。中国的领事保护在 2004 年之前，综合性的人权因素更具主导地位，主要是在《维也纳领事关系公约》的框架内，体现为国内人权因素的综合推动。2004 年之后，专门性的横向因素的影响越来越快速和明显。中国当前的领事保护机制，特别是预防与应急机制的建立与完善以及其他领事保护方面的进步，都突出体现在 2004—2011 年。

第二节　国际法的人本化与"领事裁判权的复活"

一、西方人权观与"领事裁判权的复活"

领事裁判权是指一国政府根据条约规定通过其驻外领事等对在另一国领土之内的本国居民按照本国法律行使司法管辖权的制度，也就是说，一国的人民，在他国的领土内，不受那国的法权管辖，而是由驻在那国的本国领事对本国人民行使管辖权。[①] 在这种情况下，国籍国的侨民在居住国一旦发生民、刑事诉讼，其居在国法庭是无权管辖和审理的，而由其国籍国的领事依照本国的法律审理。

结合世界近代历史来看，这种情况主要发生在强国与弱国之间，特别是帝国主义国家、殖民主义国家与其殖民地、半殖民地国家之间。它是帝国主义大国凭借其强大的国力，通过不平等条约在殖民地、半殖民地的弱小国家所攫取的一种单方的法律特权。如泰国、中国、日本和埃及等一些亚非落后国家都曾遭受过殖民帝国主义的领事裁判统治。

根据国际法所确立的国家主权原则，主权国家享有对其领域内的一切人（享有豁免权者除外）、物、事件以及境外的本国人实行管辖的权利，即属地管辖权和属人管辖权。一国的外国人就要同时受居住国属地管辖权和国籍国属人管辖权的双重管辖。但属地管辖处于相对优先的地位，属人管辖须服从和受制于属地管

---

① 　周鲠生：《领事裁判权》，商务印书馆 1926 年版，第 2 页。

辖。① 而领事裁判权则违反了这一原则。这一特权将属人管辖权凌驾于属地管辖权之上，把本国的司法管辖权扩大到自己的领土之外，使侨居国外的本国公民不受居住国法律的约束，这就严重侵犯了别国主权。

"中国是受领事裁判权侵害时间最长，影响最深的国家。"② 鸦片战争之前，中国尚还保持着司法主权的独立完整。鸦片战争后，资本主义列强通过强迫清政府签订的不平等条约，相继在中国取得了领事裁判权。从中英《五口通商章程》开始，各国先后开始在中国享有"领事裁判权"。1843 年的中英《五口通商章程》第十三款"英人华民交涉诉讼一款"中有如下规定："凡英商禀告华民者，必先赴管事官处投禀，候管事官先行查察谁是谁非，勉力劝息，使不成讼。间有华民赴英官处控告英人者，管事官均应听诉，一例劝息，免致小事酿成大案。其英商欲行投禀大宪，均应由管事官投递，禀内倘有不合之语，管事官即驳斥另换，不为代递。倘遇有交涉词讼，管事官不能劝息，又不能将就，即移请华官公同查明其事，既得实情，即为秉公定断，免滋讼端。其英人如何科罪，由英国议定章程、法律发给管事官照办。华民如何科罪，应治以中国之法，均应照前在江南原定善后条款办理。"③

从 1843 年的初步形成到 1947 年形式上的废除，直到 1949 年中华人民共和国的建立，中国人民才彻底摆脱了包括领事裁判权在内的帝国主义的一切特权的羁绊。领事裁判权在中国实施长达一个多世纪。领事裁判权的实质是清政府失去了对在华外国人的管辖权。资本帝国主义列强在随后的条约和司法实践中将其逐步扩大，无论是中外混合诉讼，还是外国人之间的诉讼，中国官员和法律都不能对享有领事裁判权的国家的侨民进行管辖和制裁。后来甚至发展到只要与外国人沾一点边的事件，外国都要插手干涉，它们相继建立了领事法庭、观审制度和会审制度。这样就进一步扩大了领事裁判权，对清朝的统治产生了巨大的危害。

领事裁判权对中国的最直接的影响是使居于中国的外国人如立于无统治之地，可以为所欲为。④

第二次世界大战后，领事裁判权这一与国家主权原则根本冲突的特权制度在全世界得以逐步废除。虽然今天，领事裁判权已与殖民主义一样被埋葬于历史的尘埃之中，但这并不说明现代的人类社会与领事裁判权再也没有任何瓜葛。⑤ 我

---

① 万霞：《海外中国公民安全问题与国籍国的保护》，《外交评论》2006 年第 6 期，第 101 页。

② 陶广峰：《关于列强在华领事裁判权的几个问题》，《比较法研究》1988 年第 3 辑，第 53 页。

③ 王铁崖：《中外旧约章汇编》（第一册），三联书店 1957 年版，第 42 页。

④ 马方方：《关于清末列强在华领事裁判权的再思考》，《吉林师范大学学报》（人文社会科学版）2003 年第 2 期，第 61 页。

⑤ 卢俊松：《简论领事裁判权制度的产生演变与消亡》，《前沿》2011 年第 18 期，第 78 页。

们依然可以在一些领事保护实践中看到领事裁判权的"影子"，尤其是国际法人本化的发展，使得国际法的理念、价值、原则、规则、规章和制度越来越注重单个人和整个人类的法律地位，各种权利和利益的确立、维护和实现，[①] 人权意识和观念大大增强，个人的地位显著提高。

人权意识和观念的增强推动了一国政府领事保护的发展。然而，人权意识和观念对于领事保护而言也是一把双刃剑，容易使得公民对政府领事保护的期望值保持得过高。"西方的人权观念更多强调的是人权的权利内容，而忽视了权利与义务的协调和密切联系。在西方国家看来，人的基本权利与自由是绝对的，在任何条件下都应该予以保证的。""这种人权观在领事保护中最明显的反映莫过于主要发达国家对在国外犯罪的本国公民的保护。"[②] 在西方国家这种人权观念的影响和推动下，政府无疑要花费大量的人力和物力去对那些在国外犯罪的公民进行保护。而实际上，大部分公民在国外犯罪而被逮捕入狱都是由于自身不法原因引起的。政府对他们的过度保护，一方面模糊了个人责任和政府责任的范围，耗费了大量资源；另一方面，国籍国政府的有些做法甚至有侵犯他国主权之嫌。如2001 年英国外交部的一份调查显示，约1/2 的英国公民认为如果他们在国外被逮捕，英国驻外使、领馆能帮助他们获释；约1/5 的英国公民认为如果他们在国外生病住院，英国驻外使、领馆能帮助他们获得比当地人更好的待遇。[③] 由此看来，西方的人权观一方面使得其侨民认为可以超越居住国法律的管辖范围，另一方面也使得其侨民具有一定的超国民待遇的优越感，从中又折射出了领事裁判权时期外国人在其殖民地或半殖民地为所欲为的场景。在当今人权因素对领事保护的影响越来越大的时候，一方面我们应该看到它的积极性，推动政府对其海外公民的合法保护；另一方面也要警惕其消极性，不要让有的国家打着人权的旗号干涉他国主权，这就有恢复领事裁判权之嫌了。

二、案例分析：阿克毛（Akmal Shaikh）案——"领事保护"与司法主权

什肯·阿克毛（Akmal Shaikh），英国人，1956 年出生，巴基斯坦裔。2007年9 月12 日凌晨，英国公民阿克毛从塔吉克斯坦共和国杜尚别市携带价值约25

---

① 曾令良：《现代国际法的人本化发展趋势》，《中国社会科学》2007 年第1 期，第90 页。

② 夏莉萍：《领事保护机制改革研究——主要发达国家的视角》，北京出版社2011 年版，第251～252 页。

③ 夏莉萍：《领事保护机制改革研究——主要发达国家的视角》，北京出版社2011 年版，第249～250 页。

万英镑的 4 030 克海洛因乘坐国际航班抵达新疆乌鲁木齐国际机场入境时，被中国海关安检人员当场查获抓捕。

按照《中华人民共和国刑法》第三百四十七条规定，走私海洛因 50 克以上就可以判处死刑。英国人阿克毛走私海洛因 4 030 克，数量巨大，危害严重，足以令许多人误入歧途，令众多家庭支离破碎。2008 年 10 月，乌鲁木齐市中级人民法院一审判处其死刑。

英国政府就此同中国有关部门进行了多次交涉，最终都未取得他们所期望的实质性成果。

最高法院经复核认为，阿克毛向我国境内走私数量巨大的海洛因，事实清楚，证据确凿，其行为构成走私毒品罪，乌鲁木齐市中级人民法院对阿克毛的死刑判决量刑适当，遂依法裁定核准该死刑判决。①

2009 年 12 月 21 日，英国首相布朗致信中国总理温家宝，恳求中国政府对阿克毛网开一面。阿克毛的家人也通过英国媒体恳求中国政府能免阿克毛一死。阿克毛的两位堂兄还向中国领导人递交了请求书，并向中国人大提交了申请以及申请中国最高法院复审。

2009 年 12 月 24 日，联合国特别报告员菲利普·奥尔斯顿（Philip Alston）发表声明，呼吁中国政府取消对阿克毛执行死刑的判决。

2009 年 12 月 29 日，阿克毛在乌鲁木齐被注射执行死刑，成为"50 年来在中国被处以死刑的第一名欧洲人"。

对于阿克毛被执行死刑，英国首相布朗表示"震惊"和"失望"；欧盟则表示"最强烈谴责"，并对中国没有听从欧盟及其成员国的反复劝告表示"深深的遗憾"；人权组织"大赦国际"则宣称，中国政府的这一行为是"打了国际社会一耳光"。②

英国《每日电讯报》编辑皮策尔甚至主张英国政府必须"对中国野蛮的司法施加影响"，"使用舰炮外交和贸易制裁"。③

由于死刑的处罚手段过于原始，与现代社会中尊重人权的价值理念相冲突，很多国家大多在刑罚方式上废止了死刑。尽管我国的部分刑法学学者也曾建议取消死刑制度，但目前中国的刑法依旧保留有死刑。

---

① 《英国人阿克毛走私毒品案已由最高人民法院复核终结》，http：//news. xinhuanet. com/legal/2009 - 12/29/content_ 12721404. htm，2011 年 12 月 30 日。

② 刘紫荣：《"阿克毛事件"是一个样本》，http：//www. china. com. cn/news/comment/2009 - 12/31/content_ 19162773. htm，2011 年 12 月 30 日。

③ 《中国处死阿克毛，英媒叫嚣对中使用"炮舰外交"》，http：//world. huanqiu. com/roll/2009 - 12/674659. html，2011 年 12 月 30 日。

综观这一事件，首先，基于属地管辖权，阿克毛入境中国，中国政府在这一事件上拥有司法管辖权。英国基于属人管辖权，拥有领事保护权。

其次，对于英国政府和阿克毛的领事保护权，中国政府给予了尊重。在阿克毛被羁押和接受审判的全部过程中，其应当享有的诉讼权利、领事通知权和有关待遇都依法得到了充分保障。[①] 如英国驻华大使的探监、英方的关切也受到中国司法机关的考虑。出于人道主义考虑，中国政府还向阿克毛的两名亲属发放了签证，准许其到中国与阿克毛见面等。

再次，中国法院在审理阿克毛案件时，严格执法，做到了案件事实清楚，证据客观充分，依照我国刑法第四十八条、第三百四十七条的规定，法院对阿克毛的死刑判决量刑适当，判决公正。

司法主权作为国家主权的重要组成部分，是一国在司法领域至高的自主自决权。中国是法治国家，司法主权不容干涉，法治尊严必须维护。英国政府为了"维护阿克毛的人权"所发起的"领事保护"显然是在干涉中国的司法主权。

第三节　国际法人本化背景下的国家与个人

领事保护的目的有三个方面：一是维护海外公民的权益；二是维护国家的权益；三是促进与国际社会的关系。这三者经常处于矛盾之中。

中国当前的一些领事保护，虽然注重建立预防应急机制，但似乎给人留下了一个偏重于"撤侨"的印象，如印尼撤侨、所罗门撤侨等。实际上，撤离海外中国公民，尤其是在他们与其居留国政府或其国民发生冲突时的撤侨，只是一种短期的紧急应对方式。正如林锡星所指出的，"每一次撤侨对两国关系都将产生消极影响，所以每个国家都不会轻易从外国撤侨"。[②] 中国的领事保护，应该在撤侨之外，结合国际法的人本化进行更深层次的对策思考。

"尽管有这样那样的事前培训，但当下的国际风云是恐怖主义盛行，中国经济崛起后，中国企业对外扩张的企业行为，在能源利用和市场竞争中，对一些国家构成心理威胁，发达国家会透过贸易保护和政治战略作出抗衡，欠发达国家的

---

① 《外交部反驳英国对中方处死英籍毒贩指责》，http：//news. sina. com. cn/c/2009 - 12 - 29/173019362325. shtml，2011 年 12 月 30 日。

② 李莎等：《三国四馆，16 名外交官助力撤侨》，http：//bjyouth. ynet. com/article. jsp？oid＝8644678&pageno＝2，2009 年 4 月 22 日。

心理威胁就往往转化为对中国企业及其人员的报复行为。"① 当前频发的海外安全和权益事件使得海外公民的领事保护成为各国外交的一个重要课题,对于日益崛起和"全球化时代无处不在"的中国而言,更是如此。

国际法的人本化使得国际法的理念、价值、原则、规则和制度等越来越关注个人。个人的地位得以提升,个人受到越来越多的重视,个人权利得以发展,但是个人并未完全成为国际法的主体(如果个人完全成为了国际法的主体,传统上个人只能依赖于其国籍国进行保护的状况就将产生巨大的转变)。

个人权利的发展,对于国家而言,使得政府要负起更大的责任,对其国外公民进行更高质量的保护。"国际法赋予个人权利,首先体现在国家承担对于个人予以保护的义务上。"② 不过,与之相应的是,国际法的人本化以及个人权利的发展也使得国家能够更好地利用国际法为保护个人而服务。

个人权利的发展,对于个人而言,既使得个人可以得到越来越多的保护,也使得个人要承担更多的责任。如一些国际组织和国际条约直接规定了个人的义务,还有国际法对于个人追究国际刑事责任的规范和实践等。③ 此外,虽然国际法对个人的一些跨国行为还无法进行直接规范,但可以通过国内法对此作出一定的间接规范。

尤为重要的是,随着人权观念和人权法的发展,公民个人对政府提供服务包括领事保护的期望值也在不断上升,有些期望甚至超越了政府能力和法律的范畴。一方面政府不能为了选票而一味迎合选民;另一方面,公民个人也不能将其"人权"极致化。政府应该让公民明白,领事保护并不是万能的,而其中,公民自身的责任也是非常重要的。

总之,在领事保护中,国家和个人都要把握好善意履行义务和善于利用权利这样一个总体原则。

对于领事保护中的国家而言,针对国际领事法规的义务限定,对于其海外公民,中国政府应遵守国际法,转换观念和职能,执政为民,进行相应的立法和改革,更好地实行领事保护。对于其他国家,中国政府一方面要善意履行国际义务,尤其对于相对弱势的国家,甚至可以运用一些社会教育方式来实施领事保护,以推动社会关系和国际关系的长久发展;另一方面,中国政府也要敢于和善于利用国际领事法所提供的权利工具,针对国际不法行为,更要积极地实行领事保护,必要时还可将之上升为外交保护,采取司法方式来维护自我权利。如果针

---

① 《应立法保护海外华人安全》,http://www.stnn.cc/ed_ china/200708/t20070827_ 605541. html,2009 年 4 月 21 日。

② 何志鹏:《人的回归:个人国际法上地位之审视》,《法学评论》2006 年第 3 期,第 58 页。

③ 何志鹏:《人的回归:个人国际法上地位之审视》,《法学评论》2006 年第 3 期,第 58 页。

对不法行为只是片面地实行自我方面的社会教育方式，就会如晚清政府一样，招致更多的欺辱。

对于领事保护中的海外中国公民而言，一方面，个人也要注重自身的义务和责任，如在外国不要太张扬、漏财、加强自我保护意识等，最主要的是要遵守当地法律，尊重他人人权和异地习俗，尤其是一些海外中国商人，要适度地承担社会责任；另一方面，对于违法案件，个人，特别是华侨要转变中华传统文化中那种"贱讼"、"轻讼"、"忍让"、"私了"的观念，积极利用当地司法救济，同不法行为作斗争，不能一味地忍让。历史也给出了许多类似的教训。如早期在美之华工，最初人们认为中国人"吃苦耐劳，平静无争，和平处人，而且爱好清洁。举凡白种工人不愿作之工作，中国人均乐于为之；白种工人能作之事，中国人亦可胜任愉快；他们真如一个'听用'（gap-filler），能为人所不能或不愿为之之事。而且，如任何一白种工人需要其工作时，中国人立即默然让出，另作他事"①。而后来这些良好的形象在利益的冲突与种族歧视的影响下一下子就转变为了"吸食鸦片、赌博、卖淫、堂斗、犯罪、肮脏、病弱"等形象，华工也就落得个遭受排斥、侮辱和欺凌的下场，因此，单纯地依靠忍让、屈就、改变自身甚至入籍等方式都是无法从根本上改善这种状况的。

国家和个人只有明确好各自的权利、义务与责任（不是法律意义上的责任，而是一种政治责任与社会责任），把握好善意履行义务和善于利用权利这样一个总体原则，才能更有利于个人权益与国家权益的维护，促进海外公民权益与国家权益以及国际社会权益的和谐发展。

---

① 李定一：《中美早期外交史》，北京大学出版社 1997 年版，第 384 页。

附　录

附录一　《中国领事保护指南》（2000 年版）

依据中华人民共和国宪法及有关法律、中国缔结或加入的国际条约的规定及国际惯例，中国驻外国的大使馆和领事馆有责任保护中国公民在国外的合法权利和利益。本指南帮助你了解中国大使馆和领事馆对中国公民的领事保护和服务范围。

中国大使馆或领事馆的领事官员能够提供以下协助

1. 为中国公民颁发、换发、补发、延期旅行证件或对旅行证件上的个人资料等项加注。

2. 为中国公民办理各类公证、认证（包括提供各种证明、证件的翻译公证），在与所在国的法律规章不相抵触的情况下办理婚姻登记、转送司法文书等。

3. 当中国公民依法享有的权利和自由在所在国受到限制或侵犯，本人无法维护自己的权益时，向主管当局提出交涉。

4. 在发生自然灾害、政治动乱、战乱或突发事件等紧急情况下，向中国公民通报有关局势，提供必要的协助。

5. 应要求，尽可能与中国公民在国内的亲属联系。

6. 将有关严重意外事故及伤亡的情况通知当事人亲属，并就有关的程序事宜提供咨询意见。

7. 得知中国公民留有遗产或为遗产继承人或受遗赠人时，将有关情况及时通知当事人及有关亲属，对当事人提供必要的帮助。

8. 应要求，为中国公民提供所掌握的当地律师、翻译或医生的姓名和电话号码。

9. 探视被拘留、逮捕或正在服刑的中国公民。必要时，为其争取合法待遇和提供必要的协助，视情将有关情况转告其国内外亲属。

10. 向无罪或刑满获释的中国公民提供必要的协助，使其能早日离开当地回国。

11. 提供其他有关咨询服务。

领事官员不能提供以下协助

1. 不能干预法庭的审判程序，不能袒护当事人的违法行为，不能超越接受国法律和规定为当事人开脱罪责。

2. 不能协助当事人在住院治疗期间或在拘留、监禁期间获得比当地人更佳的待遇。

3. 不能代当事人支付酒店、律师、医疗及旅行的机/船/车票等费用或任何其他款项。

4. 不能帮助当事人在当地谋职或领取工作许可证。

5. 不能为当事人办理当地的永久居留。

6. 不能随便将当事人留宿在大使馆或领事馆内。

遵守法律

在中国境外的中国公民应当遵守所在国家的法律、法规，尊重当地人民的风俗习惯，同当地人民友好相处，为促进所在国家的经济繁荣，以及祖国和所在国家的合作与交流发挥积极作用。

遇有护照遗失

在国外如果本人护照遗失、被窃，应立即向当地警方报案，索要一份失窃证明，并尽快向中国大使馆或领事馆申请补发旅行证件。申请补发旅行证件须说明护照遗失经过、填写申请表、提供警方证明和本人照片。

倘若被捕

一旦触犯法律，当事人应承担法律后果。如因某种原因被当地警方拘留、逮捕或限制自由，请要求他们通知中国大使馆或领事馆。中国领事官员将与当事人联系，提供尽可能的帮助。

如有人丧生

如亲友或同行者发生严重意外事故，造成人员死亡，请立刻与中国大使馆或领事馆联系，领事官员将尽可能提供协助。

注意事项

1. 领事官员对中国公民提供领事保护和服务时，不能超越其执行领事职务的权限。

2. 根据国家规定，大使馆或领事馆提供领事服务的部分项目要收取一定费用。

附录二 《中国境外领事保护和服务指南》（2003 年版）

亲爱的同胞：

作为中国公民，当您在国外旅行、工作、学习或居住期间遇到困难时，当您的合法权益受到侵害时，您一定渴望得到中国政府的关心和帮助。为了有效地帮助您排忧解难，我们编写了《中国境外领事保护和服务指南》，它将帮助您了解中国驻外使、领馆的领事保护和服务范围。

一、中国公民寻求领事保护和服务的常见问题

1. 什么是领事保护和领事服务？

领事保护是指当本国公民、法人的正当权益在接受国受到侵害时，中国驻外使、领馆依据包括国际公约在内的国际法的各项原则、双边条约或协定以及中国和驻在国的有关法律，通过外交途径，反映有关要求，敦促驻在国有关当局公正、合法、友好、妥善地处理。

领事服务是指中国驻外使、领馆依据本国有关法律和法规为在接受国内的本国公民提供涉及国际旅行证件、公证、认证等事宜的服务。

2. 出国时持中国护照，现已取得居住国国籍，是否还能享有中国驻当地使、领馆的领事保护？

根据《中华人民共和国国籍法》规定，中国不承认双重国籍。定居外国的中国公民，凡自愿加入或取得外国国籍者，即自动丧失中国国籍，因而不再享有中国驻外使、领馆提供的领事保护。

3. 在境外中国护照遗失、被偷或被抢后怎么办？

请您即向所在国当地警察部门报失，必要时还应向所在国申请出境签证。我们提请您注意：买卖、转让、伪/变造、故意损毁中国护照是违法行为，将可能承担有关法律责任。

4. 当持有效签证在目的地国入境、出境或过境受阻时，如何寻求帮助？

您首先应向该国主管部门如实说明有关入出境或过境的事由，同时了解受阻原因。如果您的请求仍然得不到有关部门的许可，也可要求与中国驻该国使、领馆联系，寻求帮助。领事官员将向有关当局了解情况并视情反映请求人的要求，或进行必要的交涉，但不能保证您一定会被放行。如交涉未果，您应接受当地主管部门的决定；如确系受对方不公正对待，要注意收集和保存证据，以便您日后投诉之用或通过法律程序处理。

5. 如在境外发生交通、工伤等事故，如何处理？

如您在境外遇到交通或工伤事故，应立即向当地警方报案或通知雇主，并要求通知您的亲友或中国驻该国使、领馆。您可要求领事官员敦促所在国当局惩办肇事者，或协助您通过法律途径或向保险公司（如您已投保）争取赔偿。

6. 如家人在境外死亡，如何处理？

（1）您可通过领事官员或亲友了解家人死亡原因和遗物（遗嘱）情况，并从当地有关部门获得死亡证明书等证明文件。

（2）如死亡涉及刑事案件并已在当地提起诉讼，您应聘请律师，密切跟踪庭审情况，同时可请领事官员关注案件，旁听庭审。如您对庭审情况或判决结果不满，您可请律师协助上诉，同时也可通过领事官员向当地有关部门转达您的意见。

（3）您可要求前往当地处理有关善后事宜，但一切费用（含国际旅费、食宿及交通费）须自理，赴有关国家的签证须自行办理。

（4）如您不能前往当地处理后事，可委托在当地的亲友代办遗体火化、骨灰和遗物送回等事宜。如当地法律法规允许，亦可委托领事官员代为处理后事，但您应事先提供经国内公证机关公证出具的书面授权书。

7. 如家人在境外失踪或遭绑架，如何求助？

应尽速通知中国驻当地使、领馆有关情况，包括失踪或被绑架者姓名、性别、年龄、职业、相貌特征和在国外住址等。根据您的要求，领事官员将请求驻在国有关当局寻找失踪者或解救被绑架者。

8. 如在居住国受到雇主不公正对待或工资被雇主无故拖欠，如何处理？

您如果是由国内单位派出的，首先应将有关情况报告派出单位，由单位出面协商解决；如系个人受雇的，应依据合同及当地有关法规与雇主协商解决。如得不到解决，可向当地法院提起诉讼。您可同时请求领事官员为您的法律诉讼提供适当的协助。

9. 在居住国被羁押或监禁期间受到歧视和不公正待遇，或处罚、量刑过重，当事人享有哪些权利？

您有权要求会见中国使、领馆领事官员，向其反映情况，并提出进行交涉的请求。

10. 如财产遭盗窃、抢劫或他人强占，如何寻求帮助？

您应立即向当地警方报案，要求警方缉拿罪犯。如有必要也可将有关情况通知中国驻该国使、领馆请求协助。

11. 如何继承境外遗产？

（1）《中华人民共和国继承法》规定，中国公民继承在中国境外的遗产，动产适用被继承人住所地法律，不动产适用不动产所在地法律。您应首先了解遗产所在国的相关法律规定。领事官员可向您提供一般性的法律咨询；如您想获得全面详细的法律信息，应向当地律师了解，领事官员可协助推荐当地律师。

（2）您可亲自到遗产所在地自行办理有关手续，或委托律师、亲友代为办理。

（3）办理继承手续前，您应根据要求在国内办妥有关公证文件，如继承人出生证明书、亲属关系证明书、结婚证明书、收养关系证明书以及授权委托书等。所办各种公证文件均需附上使用国接受的外文译文，并在办理中国外交部领事司或外交部授权的有关省（自治区、直辖市）政府外事办公室的认证及有关国家驻华使、领馆的认证后，将上述资料交给委托人。根据有关法律规定，中国驻外使、领馆不能直接认证中国国内公证机关出具的公证书。

（4）取得遗产后，您通常应向受托人或律师支付一定的费用。

12. 非法进入或滞留他国，无有效证件，也无经济来源，要回国手续如何办理？

您应向中国驻该国使、领馆如实报告本人真实、详细情况，包括姓名、出生日期、出生地、职业、家庭住址、联系电话、非法出境或滞留经过等。待您的原居住地公安机关核实、确认您的身份，且您的家属已垫付您的回国费用后，领事官员方可为您颁发回国旅行证件。

13. 如所在国发生政治动乱、军事冲突或严重自然灾害等紧急情况，应如何寻求领事保护和进行自我保护？

（1）您应立即与就近的中国驻该国使、领馆取得联系，进行注册登记，并获得最新的有关信息。

（2）您应保留好自己的重要证件和记录，包括护照、出境记录、保险和银行记录等，并放在安全可靠的地方。

（3）您应检查护照、签证是否有效，如需更新护照请即到使、领馆办理。

（4）您应将存放在家中或随身携带的主要资料双备份，以防万一。同时要保证汽车安全及行驶正常，并储备必要的食品和药品。

二、中国驻外使、领馆能够提供的领事保护和服务

1. 当您的合法权益在所在国受到侵犯，当您与他人发生经济、劳资等民事纠纷或涉入刑事案件，并已通过法律途径维护自己的权益时，您可向中国驻外使、领馆反映有关情况，请求使、领馆提供必要的协助。

★上述协助包括向您提供初步的法律咨询，对您如何在当地进行法律诉讼予以一般性指导；应您要求，向您推荐当地律师、翻译，以帮助您进行诉讼；视情旁听法庭审理。

2. 如您被拘留、逮捕或正在服刑时，使、领馆可根据您的要求，对您进行

探视。

3. 如您遭遇意外，使、领馆将事故或损伤情况通知您的亲属，也可对您或家属通过调解或法律途径争取赔偿提供必要的协助。

4. 当驻在国发生诸如地震等重大自然灾害时，当驻在国发生政治动乱、战乱或突发事件等紧急情况时，使、领馆将在必要时协助您撤离危险地区。

★上述协助包括为您办妥必要的旅行证件；尽可能为您安排撤离交通工具。

5. 当您遇到困难以致生计出现问题时，使、领馆应您本人要求，与您的亲属联系，以便及时解决所需费用。

6. 如您的亲友在国外失踪或久无音讯，您可向中国驻外使、领馆反映有关情况，请求使、领馆协助您寻亲。您须向使、领馆提供被寻者的详细信息（包括姓名、年龄等身份信息、样貌特征及在国外工作、学习、居住或逗留期间的相关线索），以利寻找。

7. 使、领馆根据中华人民共和国有关法律和法规为在国外合法居留的中国公民颁发、换发、补发、延期旅行证件及对旅行证件上的个人资料等项办理加注，其他任何机构无权代办上述业务。

8. 使、领馆根据中华人民共和国有关法律和法规为中国公民办理公证、认证，在与所在国的法律规章不相抵触的情况下办理中国公民间的婚姻登记手续，但不能直接认证中国国内公证机关出具的公证书。

三、中国驻外使、领馆不能提供的领事保护和服务

1. 不能为您申办所在国签证和当地居留证。

2. 不能为您在当地谋职或申办工作许可证。

3. 不能干预法庭的审判程序，不能超越所在国法律和法规袒护您的违法行为。

4. 不能仲裁您与他人的经济、劳资和其他民事纠纷，不能出具任何带有仲裁性质的函件。

5. 不能替您出面解决您与他人的经济、劳资和其他民事纠纷。

6. 不能帮助您在治疗、拘留或监禁期间获得比当地人更佳的待遇。

7. 不能为您支付酒店、律师、医疗及旅行（机/船/车票）费用或任何其他费用。

8. 不能将您留宿在外交或领事机构内或为您保管行李物品。

9. 不能为您购买免税物品。

四、正确认识领事保护

1. 当您要求领事保护时需承担哪些义务？

当您要求使、领馆实施领事保护时，您所提供的情况必须是真实的。虚假陈

述会给领事官员帮助您维护您的正当权益带来困难，而且将导致您承担相应的法律责任。

2. 公民对领事保护应消除一些认识上的误区。

误区一：中国驻外使、领馆是中国公民理所当然的庇护所。

有一部分人认为，中国人在接受国遇到刑事等案件时，可以去中国驻外使、领馆寻求庇护。这种认识是不正确的。使、领馆对本国国民或第三国国民都无庇护权。中国公民在境外陷入困境可以请求中国驻外使、领馆提供协助，但不允许躲进使、领馆"避难"。这样做不仅无助解决问题，还会使问题复杂化，甚至引起外交争端。

本国公民可以到本国使、领馆寻求帮助，但不能无理取闹，扰乱使、领馆正常秩序，甚至围攻使、领馆，对领事官员进行恐吓，这些行为都触犯了国内和国际有关法律，情节严重的将受到有关法律的制裁。我国《治安管理处罚条例》第十九条规定，扰乱机关、团体、企业、事业单位的秩序，致使工作不能正常进行，"处 15 日以下拘留、200 元以下罚款或者警告"。《维也纳外交关系公约》和《维也纳领事关系公约》也规定，使、领馆馆舍及外交、领事官员人身不得侵犯，接受国负有特殊责任保护使、领馆馆舍免受侵入或损害，并防止一切扰乱使、领馆安宁或有损使、领馆尊严的行为。

误区二：领事保护是万能的。

使、领馆的领事保护是有限度的，受到诸多条件和因素的限制：首先，使、领馆在接受国没有行政权力，更无司法权力，不能使用强制手段。使、领馆对本国国民的保护，无论是探视还是交涉，实际上是依据国际法准则、国际惯例等督促接受国执法机关依法行事，公正公平处理。其次，领事保护涉及国际法、接受国和派遣国法律，情况十分复杂，使、领馆对中国公民提供领事保护时，不能超越其执行领事职务的权限。

误区三：使、领馆提供的领事保护未达到其预期效果，可以起诉有关领事官员。

驻外使、领馆实施领事保护时所进行的外交交涉是外交行为，既可能成功，也可能不成功。公民不能因外交交涉不成功而起诉外交行为，这是世界各国普遍的法律规定。我国《行政诉讼法》第十二条规定，法院不受理公民、法人或者其他组织对"国防、外交等国家行为"提起的诉讼。《行政复议法》也不适用外交行为。

五、帮助您自己

1. 出国前应预作准备，包括申办护照、签证，购买机（车、船）票，办理各类必要的保险，了解目的地国风土人情、气候情况、治安状况、法律法规及我驻该国使、领馆地址和联系电话等，若目的地国与我无外交关系，则应了解我有关代管馆的地址与联系电话。您可向居住地所在的省、市外事办公室、公安部门或目的地国驻华使、领馆咨询该国情况，您还可以登录外交部网站查找相关信息（网址：http：//www.fmprc.gov.cn/）。

2. 严禁携带毒品、国际禁运物品、受保护动植物制品等出入境。如携带大额现金，必须按规定向海关申报。不宜为陌生人携带行李或物品。

3. 抵达目的地国后，如您非属临时访问者，则应及时到中国驻当地使、领馆办理有关登记手续，以便万一发生意外事件时，中国驻当地使、领馆及时与您及家人取得联系。

4. 了解驻在国火、警、急救等应急电话，以便在紧急情况下向当局求助。

5. 注意保管护照、重要文件、钱物及贵重物品等，最好将它们与其他行李分别搁放，以免被偷、被抢或遗失。将您的护照、签证、身份证复印备份，并将复印件连同几张护照相片与证件原件分开携带，以备急需。

6. 事先进行必要的预防接种，随身携带接种证明（黄皮本）。

7. 目前，有些国家在机场加大了对入境旅客携带药物的检查。如您旅行时需携带个人用药，应注意适量，并备齐英文说明书（包括药品成分）、医生处方和购药发票，以免遇到不必要的麻烦。

8. 遵守当地法律规定，尊重当地风俗习惯。

9. 严格遵守交通规则，注意交通安全。

10. 注意防盗、防骗、防诈、防抢、防打。在公共场合要表现平静，不要大声说话，不突出自己；出门随身少带摄像机、录音机等，尤其是夜间出外，以免被劫；不要随身携带大量现金，也不要在居住地存放大量现金；不要参与街上和公共汽车上别人的争吵；自己的汽车上不要在明处放贵重物品，如车胎被扎，下车修车时一定要先锁好车门；不要在黑暗处打车；在家里不要给陌生人开门，不要让小孩告诉陌生人父母不在家；不要让陌生人搭乘您的车，不要和陌生人一起行走；在街上拣到东西要交警察处理，以防被敲诈、陷害；不要在黑市上换汇；文件、钱包、护照要分开放，不要放在易被利器划开的塑料袋中；建议安装防盗门、报警器；如警察检查您的护照等证件，您可先请他出示证件，记下他的警牌号、警车号；交罚款时不要当街交给警察，而要凭罚款单交到银行等指定地点。

注意事项：

1. 驻外使、领馆根据规定对部分领事服务项目收取规费，并如数上缴国库。

2. 本指南由中华人民共和国外交部领事司负责解释。

附录三　《中国境外领事保护和服务指南》（2007 年版）

第一部分　出国前特别提醒

1. 了解您的旅行目的地国。尽可能收集目的地国的风土人情、气候情况、治安状况、艾滋病、流行病疫情、法律法规等信息，并采取相关预防措施。

2. 登录外交部网站（http：//www.mfa.gov.cn），查询中国各驻外使、领馆的联系方式以及相关旅行提醒、警告等海外安全信息。若目的地国与我国无外交关系，则可了解在其周边国家的中国使、领馆的地址与电话，以便就近求助。

3. 检查护照有效期（剩余有效期一般应在一年以上），以免因护照有效期不足影响申请签证，或因在国外期间护照过期影响行程。

4. 办妥目的地国签证。确保自己已取得目的地国的入境签证和经停国家的过境签证，签证种类与出国目的相符，签证的有效期和停留期与出行计划一致。但需要注意的是，根据国际惯例，即使您已取得一国签证，该国也有权拒绝您入境而无须说明理由。

5. 核对机（车、船）票。仔细核对票面上所显示的登机（车、船）时间、地点以及联程票的前后衔接是否正确。

6. 购买必要的人身安全和医疗等方面的保险。您将要面对国外陌生的环境，存在一些安全方面的隐患，而国外医药等费用普遍较高，建议您选择合适的险种，以防万一。

7. 进行必要的预防接种，并随身携带接种证明（俗称"黄皮书"）。有条件的话，最好做一次全面体检。

8. 严禁携带毒品、国际禁运物品、受保护动植物制品及前往国禁止携带的其他物品等出入境。

9. 慎重选择携带个人药品。许多国家对药品入境有严格规定，为减少不必要的麻烦，出国前应了解有关国家的海关规定，在允许的范围内选择所携药品的品种和数量。如因治疗自身疾病必须携带某些药品时，应请医生开具处方，并备齐药品的外文说明书和购药发票。

10. 注意目的地国海关在食品、动植物制品、外汇等方面的入境限制。如携带大额现金，必须按规定向海关申报。切勿为陌生人携带行李或物品。

11. 与家人和朋友保持联系。出国前应给家人或朋友留下一份出行计划日程，约定好联络方式。建议您在护照上详细写明家人或朋友的地址、电话号码，以备紧急情况下有关部门能够及时与他们取得联系。护照、签证、身份证应复印，一份留在家中，一份随身携带，还要准备几张护照相片，以备不时之需。

第二部分　出国后特别提醒

1. 尊重当地风俗习惯，遵守当地法律规定，注意交通安全（在实行靠左行驶的国家应尤其注意）。严格按照签证或居留许可上允许的时间在有关国家停留。

2. 如您需在国外停留较长时间或所在国局势不稳，建议您在中国驻当地使、领馆进行公民登记，以便出现紧急情况时使、领馆能及时与您取得联系。

3. 注意防盗、防骗、防诈、防抢、防打。在住处不要给陌生人开门；不要让小孩告诉陌生人父母不在家；出门时尽量不要随身携带贵重物品或大量现金，也不要在居住地存放大量现金；不要在私车的明处摆放贵重物品，如车胎被扎，修车时务必要先锁好车门；不要将文件、钱包、护照等重要物品放在易被利器划开的塑料袋中；不要在黑暗处招呼出租车；不要轻易让陌生人搭乘您的车；不要和陌生人一起行走；在公共场合要表现平静，不要大声说话，避免突出自己；不要在公共场所参与他人的争吵；不要在街上乱捡东西，以防被敲诈；不要在黑市上换汇；如警察检查您的护照等证件，应先请他出示证件，记下他的警牌号、警车号；交罚款时不要当街交给警察，而要凭罚款单交到银行等指定地点。

4. 如发生被抢、被盗、被骗或被打事件，应立即向当地警方报案，并要求其出具报警证明，以便日后办理保险理赔、证件补发等手续。

5. 留意当地报纸、电视等媒体信息，了解当地政治、经济、社会形势，与邻为善，入乡随俗，尽快适应当地生活，融入当地社会。

6. 您的合法权益受到侵害时，应循正当途径解决，不要采取贿赂等不合法方式，以免问题复杂化。

7. 熟记当地火、警、急救等应急电话。

8. 照顾好自己的身体。注意在外饮食健康，尽量避免吃未煮熟的食物或喝未煮开的水（除正规密封罐装矿泉水）；切勿前往疫区、辐射区、赌博、色情等场所。

9. 通过电话或电子邮件等与家人或朋友保持正常联络，以免亲友担忧。

第三部分　领事官员可以为您做什么

1. 可以为您推荐律师、翻译和医生，以帮助您进行诉讼或寻求医疗救助。

2. 可以在驻在国发生重大突发事件时，为您撤离危险地区提供咨询和必要的协助。

3. 可以在您被拘留、逮捕或服刑时，根据您的请求对您进行探视。

4. 可以在您遭遇意外时协助您将事故或损伤情况通知国内亲属。

5. 可以在您遇到生计困难时协助您与国内亲属联系，以便及时解决所需费用。

6. 可以协助您寻找失踪或久无音讯的亲友。

7. 可以根据中华人民共和国有关法律和法规为在国外合法居留的中国公民颁发、换发、补发旅行证件及对旅行证件上的相关资料办理加注。

8. 可以为遗失旅行证件或无证件的中国公民签发旅行证或回国证明。

9. 可以根据中华人民共和国有关法律、法规和相关国际条约为中国公民办理有关文件的公证、认证；在与所在国的法律规章不相抵触的情况下办理中国公民间的婚姻登记手续。

注：不能直接认证中国国内公证机关出具的公证书，也不能为中国国内有关机关出具的其他证书或文书办理公证。

第四部分　领事官员不可以为您做什么

1. 不可以为您申办签证。

2. 不可以为您在当地谋职或申办居留证、工作许可证。

3. 不可以干预所在国的司法或行政行为。

4. 不可以参与仲裁或解决您与他人的经济、劳资和其他民事纠纷。

5. 不可以替您提出法律诉讼。

6. 不可以帮助您在治疗、拘留或监禁期间获得比当地人更佳的待遇。

7. 不可以为您支付酒店、律师、翻译、医疗及旅行（机/船/车票）费用或任何其他费用。

8. 不可以将您留宿在使、领馆内或为您保管行李物品。

9. 不可以为您购买免税物品。

第五部分　寻求领事保护的常见问题

1. 什么是领事保护？

领事保护，是指派遣国的外交、领事机关或领事官员，在国际法允许的范围内，在接受国保护派遣国的国家利益、本国公民和法人的合法权益的行为。当本国公民、法人的合法权益在驻在国受到不法侵害时，中国驻外使、领馆依据公认的国际法原则、有关国际公约、双边条约或协定以及中国和驻在国的有关法律，反映有关要求，敦促驻在国当局依法公正、友好、妥善地处理。领事保护还包括我驻外使、领馆向中国公民或法人提供帮助或协助的行为，如提供国际旅行安全方面的信息、协助聘请律师和翻译、探视被羁押人员、协助撤离危险地区等。

2. 什么人可以得到中国政府的领事保护？

　　凡是依照《中华人民共和国国籍法》具有中国国籍者，都可以得到中国政府的领事保护。也就是说，只要您是中国公民，无论是定居国外的华侨，还是临时出国的旅行者；无论是大陆居民，还是香港、澳门和台湾同胞，都是我们提供领事保护的对象。

　　注：《全国人民代表大会常务委员会关于〈中华人民共和国国籍法〉在香港特别行政区实施的几个问题的解释》的有关内容：

　　（1）凡具有中国血统的香港居民，本人出生在中国领土（含香港）者，以及其他符合《中华人民共和国国籍法》规定的具有中国国籍的条件者，都是中国公民。

　　（2）所有香港中国同胞，不论其是否持有"英国属土公民护照"或者"英国国民（海外）护照"，都是中国公民。自1997年7月1日起，上述中国公民可继续使用英国政府签发的有效旅行证件去其他国家或地区旅行，但在香港特别行政区和中华人民共和国其他地区不得因持有上述英国旅行证件而享有英国的领事保护的权利。

　　（3）任何在香港的中国公民，因英国政府的"居英权计划"而获得的英国公民身份，根据《中华人民共和国国籍法》不予承认。这类人仍为中国公民，在香港特别行政区和中华人民共和国其他地区不得享有英国的领事保护的权利。

　　（4）在外国有居留权的香港特别行政区的中国公民，可使用外国政府签发的有关证件去其他国家或地区旅行，但在香港特别行政区和中华人民共和国其他地区不得因持有上述证件而享有外国领事保护的权利。

　　（5）香港特别行政区的中国公民的国籍发生变更，可凭有效证件向香港特别行政区受理国籍申请的机关申报。

　　注：《全国人民代表大会常务委员会关于〈中华人民共和国国籍法〉在澳门特别行政区实施的几个问题的解释》的有关内容：

　　（1）凡具有中国血统的澳门居民，本人出生在中国领土（含澳门）者，以及其他符合《中华人民共和国国籍法》规定的具有中国国籍的条件者，不论其是否持有葡萄牙旅行证件或身份证件，都是中国公民。

　　凡具有中国血统但又具有葡萄牙血统的澳门特别行政区居民，可根据本人意愿，选择中华人民共和国国籍或葡萄牙共和国国籍。确定其中一种国籍，即不具有另一种国籍。上述澳门特别行政区居民，在选择国籍之前，享有澳门特别行政区基本法规定的权利，但受国籍限制的权利除外。

　　（2）凡持有葡萄牙旅行证件的澳门中国公民，在澳门特别行政区成立后，可继续使用该证件去其他国家或地区旅行，但在澳门特别行政区和中华人民共和国其他地区不得因持有上述葡萄牙旅行证件而享有葡萄牙的领事保护的权利。

（3）在外国有居留权的澳门特别行政区的中国公民，可使用外国政府签发的有关证件去其他国家或地区旅行，但在澳门特别行政区和中华人民共和国其他地区不得因持有上述证件而享有外国领事保护的权利。

（4）在澳门特别行政区成立以前或以后从海外返回澳门的原澳门居民中的中国公民，若变更国籍，可凭有效证件向澳门特别行政区受理国籍申请的机关申报。

3. 出国时持中国护照，现已取得居住国国籍，是否还能享有中国驻当地使、领馆的领事保护？

根据《中华人民共和国国籍法》规定，中国不承认中国公民具有双重国籍。定居外国的中国公民，凡自愿加入或取得外国国籍者，即自动丧失中国国籍，因而不再享有中国驻外使、领馆的领事保护。

4. 中国公民在何种情况下可以获得领事保护？

根据《维也纳领事关系公约》第五条规定：领事职务包括"于国际法许可之限度内，在接受国内保护派遣国及其国民——个人与法人——之利益"、"帮助及协助派遣国国民——个人与法人"等。也就是说，中国公民在其他国家境内的行为主要受国际法及住在国当地法律约束。一旦中国公民（包括触犯当地法律的中国籍公民）在当地所享有的合法权益受到侵害，中国驻外使、领馆有责任在国际法及当地法律允许的范围内实施领事保护。

5. 中国公民在寻求领事保护时应注意些什么？

（1）您所提供的相关情况必须是真实、详细的。

（2）您不能干扰外交部或驻外使、领馆的正常办公，应尊重办案的外交、领事官员。

（3）您应交纳相关费用，如办理各种证件的费用等。

（4）您应严格遵守当地的法律法规。

如果您不能或拒绝承担上述义务，领事官员将可能无法协助您维护您的正当权益，而且您还可能因此承担相应的法律责任。

6. 当您或您家人所在的国家发生恐怖袭击、严重自然灾害、政治动乱等紧急情况时，应如何寻求领事保护？

（1）您应立即与就近的中国驻该国使、领馆取得联系，以获得最新相关信息并进行注册登记。如您家人与您失去联系，请您立即与中国驻当地使、领馆取得联系，以获得最新相关信息，并提供您家人详细个人信息和联系方式等，以便使、领馆协助查找。使、领馆将在必要及可能时协助中国公民（含死伤人员）撤离危险区域（注意：不一定是回国）。

（2）您应保留好自己的重要证件和记录，包括护照、出入境记录、保险和银行记录等，并放在安全可靠的地方。

（3）您应检查护照、签证是否有效，如需更新护照请即到使、领馆办理。

（4）您应将存放家中或随身携带的重要证件和资料双备份，以防万一。同时要保证自己驾驶的汽车安全及行驶正常，并储备必要的食品和药品。

（5）不要消极等待。如尚有安全方式离开，应立即行动。

7. 当您在境外发生交通、工伤等事故时，如何处理？

如您在境外遇到交通或工伤事故，应立即向当地警方报案或通知雇主，并要求通知您的亲友或中国驻该国使、领馆。您可要求领事官员敦促所在国当局惩办肇事者，或协助您通过法律途径或向保险公司（如您已投保）争取赔偿。

8. 当您在境外受到犯罪分子侵害（包括性侵害）时，该怎么办？

您应立即向当地警方报告，并索要一份警察报告复印件。您还应当与律师或医生（如需就医）联系，也可向中国驻当地使、领馆反映情况。领事官员可以向您提供以下帮助：安排适当人员（如有性别要求）听取您的受害情况并承诺保护您的个人隐私；敦促警方尽快破案；了解案件进展情况；向您提供律师和翻译的名单；推荐合适的医院；补发丢失或受损的旅行证件；协助您与家人、朋友或雇主联系；寻求当地社会救助。但是，领事官员不能调查案件，不能代替您出庭，不能充当翻译，也不能替您支付律师费、医疗费或其他相关费用。

9. 当您在居住国被羁押或监禁时，该怎么办？

您有权要求面见中国使、领馆领事官员。领事官员将根据您的请求前往探视，并保护您的合法权益，如人道待遇、公平待遇等。领事官员还可以帮助您与亲友取得联系，向您提供当地律师名单。但是，领事官员不能干涉当地法律程序，不能出面替您进行诉讼。

10. 当您在居住国受到雇主不公正对待或工资被雇主无故拖欠时，如何处理？

您应当依据合同及当地有关法规与雇主协商解决。如协商未果，您可向当地法院提起诉讼。您可同时请求领事官员为您提供当地律师、翻译名单。领事官员将会向您介绍所在国一般的法律信息。

11. 当您持有效护照及签证在目的地国入境、出境或过境受阻时，如何寻求帮助？

您首先应向该国主管部门如实说明入出境或过境事由，同时了解受阻原因。如您不懂当地语言，有权要求对方提供翻译服务。如果您的请求仍然得不到有关部门的回应，可要求与中国驻该国使、领馆联系，寻求帮助。使、领馆领事官员将向有关当局了解情况，视情反映您的要求，或进行必要交涉，但不能保证您一定会被放行。如交涉未果，您应理智接受当地主管部门的决定；如确系受到对方

不公正对待，要注意收集和保存证据，以便日后诉诸法律解决。

12. 当您非法进入或滞留他国，既无有效证件，也无经济来源时，如何办理回国手续？

您应向中国驻该国使、领馆如实报告本人真实、详细情况，包括姓名、出生日期、出生地、职业、家庭住址、联系电话、非法出境或滞留经过等。待您的原居住地公安机关核实、确认您的身份，且您的家属已垫付您的回国费用后，领事官员可为您颁发回国旅行证件并协助购买回国机（车、船）票。

13. 当您的中国护照在境外遗失、被偷或被抢时，怎么办？

请您即向所在国当地警察部门报案，以便您向所在国移民局申请出境签证时备用，同时持本人有关身份材料及其复印件和照片到就近的中国驻当地使、领馆申请补发护照或旅行证，以供回国使用。我们提请您注意：买卖、转让、伪/变造、故意损毁中国护照是违法行为，涉案人将承担相关法律责任。

14. 当您在境外遇到经济困难时，能寻求使、领馆帮助吗？

中国公民在国外的费用应由自己负责解决。如果您因被盗、被抢等原因出现暂时经济困难，可以与中国驻当地使、领馆联系，让家人通过使、领馆汇钱，或通过外交部转交。

15. 当您家人在境外死亡时，如何处理？

（1）您可通过领事官员或亲友了解家人死亡原因和遗物（遗嘱）情况，并从当地有关部门获得死亡证明书等证明文件。中国驻当地使、领馆可应您请求对上述证明文件办理认证。领事官员不能调查死亡原因。如您对死因有疑问，可聘请当地律师向当地司法部门提出，请其作出合理解释或重新进行调查；亦可请领事官员协助向当地政府有关部门转交您的书面意见，请其对您的意见予以关注或将您的意见转达给当地司法机关。

（2）如死亡涉及刑事案件并已在当地提起诉讼，您应聘请律师，密切跟踪庭审情况，同时可请领事官员协助关注案件，并在法律许可的情况下旁听庭审。如您对庭审情况或判决结果不满，您可请律师协助上诉，同时也可通过领事官员协助向当地有关部门转达您的意见。但是，领事官员不能调查案件，也不能代替您出庭。

（3）您可要求前往当地处理有关善后事宜，但一切费用（含国际旅费、食宿及市内交通费）须自理；赴有关国家的签证、宾馆预订、接送等手续须自行办理，亦可请有资质的旅行社协助；在国外如需翻译，使、领馆可推荐，但费用须自理。

（4）如果您因故（如被拒签、无足够旅费等）不能前往当地处理后事，可委托在当地的亲友代办遗体火化、骨灰和遗物送回等事宜；如当地主管部门要求，您应提供经国内公证机关公证并经外交部（或其授权的地方外办）以及有关国家驻华使、领馆认证的授权委托书。如当地法律法规允许，亦可委托领事官员代为处理上述事宜（费用需自理），但您应事先提供经国内公证机关公证并经外交部或其授权的地方外办认证的授权委托书。

（5）如果您希望将遗体运回国，中国驻当地使、领馆可向您提供办理运送遗体事务的公司名单。运送遗体的费用很高，需要自行筹集。

（6）由于国外法律环境不同，如家属长期不处理遗体，不仅无助于问题解决，当地有关部门还可能根据当地法律规定，在一定期限内将遗体进行埋葬或火化。

（7）死亡案件的处理时间可能很长，在这种情况下，您应聘请当地律师跟踪处理。中国驻外当地使、领馆只能在职权范围内向您转告当地主管部门所提供的案件处理情况。

16. 当您家人在国外失踪或遭绑架时，如何求助？

应尽快向当地警方报案。您也可向中国驻当地使、领馆报告有关情况，包括失踪或被绑架者姓名、性别、年龄、职业、相貌特征和在国外住址等并寻求协助。领事官员将根据您的要求请驻在国有关当局寻找失踪者或解救被绑架者。

17. 当您或您家人在国外突发重病或精神病，如何求助？

当您或您家人在国外突发重病或精神病，应迅速拨打当地急救电话，前往当地精神病医院治疗。中国驻当地使、领馆可以协助提供当地医院名单；可协助通知国内家属或单位。如您或您家人要回国治疗，经当地医院及有关航空公司同意，使、领馆可协助联系航空公司和陪护人员予以关照。您应承担机票及陪护等相关费用。

18. 当您与在国外的家人长期失去联系时，可以请中国驻当地使、领馆协助寻找他们的下落吗？

如果您已通过各种途径长期无法联系上您在国外的家人，中国驻当地的使、领馆可以在力所能及的情况下提供协助。目前中国政府没有强制要求所有海外公民到中国驻外使、领馆进行公民登记，再加上他们的工作、住址和电话常有变动，因此，中国驻外使、领馆协助寻亲工作十分费时费力，常常无功而返。有时，即使找到您家人，他（她）本人却不愿与您联系。在这种情况下，领事官员可以为您传递一些信息，或在征得您亲友同意的情况下将其联络方式转告给您。

19. 中国驻外使、领馆是否可以解决境外中国公民遇到的一切困难？

中国驻外使、领馆依法履行保护中国公民在海外合法权益的职责，为在国外的中国公民提供领事保护和服务是应尽的义务。但是，领事保护不能违反国际法

和所在国法律。中国驻外使、领馆是国家的外交代表机构，使、领馆在接受国没有行政权力和强制手段，只能通过外交途径向接受国提出交涉，既可能成功，也可能不成功。在很多情况下，使、领馆的工作主要是协助当事人维护自己的合法权益，而不是代替个人主张其权利。

附录一　外交部领事司联系方式（略）

附录二　国家有关部委局的官方网站（略）

附录三　中国部分驻外使、领馆联系方式（略）

（电话号码如有变更，以外交部网站最新公布为准）

本指南由中华人民共和国外交部领事司负责解释。

附录四　《中国领事保护和协助指南》（2010 年版）

第一部分　出国前特别提醒

1. 了解您的旅行目的地国。尽可能收集目的地国的风土人情、气候情况、治安状况、艾滋病、流行病疫情、法律法规等信息，并采取相关预防措施。

2. 登录外交部网站（http：//www.mfa.gov.cn），查询中国各驻外使、领馆的联系方式以及相关旅行提醒、警告等海外安全信息。若目的地国与我国无外交关系，则可了解其周边国家的中国使、领馆的地址与电话，以便就近求助。

3. 检查护照有效期（剩余有效期一般应在一年以上），以免因护照有效期不足影响申请签证，或因在国外期间护照过期影响行程。

4. 办妥目的地国签证。确保自己已取得目的地国的入境签证和经停国家的过境签证，签证种类与出国目的相符，签证的有效期和停留期与出行计划一致。但需要注意的是，根据国际惯例，即使您已取得一国签证，该国也有权拒绝您入境而无须说明理由。

5. 核对机（车、船）票。仔细核对票面上所显示的登机（车、船）时间、地点以及联程票的前后衔接是否正确。

6. 购买必要的人身安全和医疗等方面保险。您将要面对国外陌生的环境，存在一些安全方面的隐患，而国外医药等费用普遍较高，建议您选择合适的险种，以防万一。

7. 进行必要的预防接种，并随身携带接种证明（俗称"黄皮书"）。有条件的话，最好做一次全面体检。

8. 严禁携带毒品、国际禁运物品、受保护动植物制品及前往国禁止携带的其他物品等出入境。

9. 慎重选择携带个人药品。许多国家对药品入境有严格规定，为减少不必要的麻烦，出国前应了解有关国家的海关规定，在允许的范围内选择所携药品的品种和数量。如因治疗自身疾病必须携带某些药品时，应请医生开具处方，并备齐药品的外文说明书和购药发票。

10. 注意目的地国海关在食品、动植物制品、外汇等方面的入境限制。如携带大额现金，必须按规定向海关申报。切勿为陌生人携带行李或物品。

11. 与家人和朋友保持联系。出国前应给家人或朋友留下一份出行计划日程，约定好联络方式。建议您在护照上详细写明家人或朋友的地址、电话号码，以备紧急情况下有关部门能够及时与他们取得联系。护照、签证、身份证应复印，一份留在家中，一份随身携带，还要准备几张护照相片，以备不时之需。

第二部分　出国后特别提醒

1. 尊重当地风俗习惯，遵守当地法律规定，注意交通安全（在实行靠左行驶的国家应尤其注意）。严格按照签证或居留许可上允许的时间在有关国家停留。

2. 如您需在国外停留较长时间或所在国局势不稳，建议您在中国驻当地使、领馆进行公民登记，以便出现紧急情况时，使、领馆能及时与您取得联系。

3. 注意防盗、防骗、防诈、防抢、防打。在住处不要给陌生人开门；不要让小孩告诉陌生人父母不在家；出门时尽量不要随身携带贵重物品或大量现金，也不要在居住地存放大量现金；不要在私车的明处摆放贵重物品，如车胎被扎，修车时务必要先锁好车门；不要将文件、钱包、护照等重要物品放在易被利器划开的塑料袋中；不要在黑暗处招呼出租车；不要轻易让陌生人搭乘您的车；不要和陌生人一起行走；在公共场合要表现平静，不要大声说话，避免突出自己；不要在公共场所参与他人的争吵；不要在街上乱捡东西，以防被敲诈；不要在黑市上换汇；如警察检查您的护照等证件，应先请他出示证件，记下他的警牌号、警车号；交罚款时不要当街交给警察，而要凭罚款单交到银行等指定地点。

4. 如发生被抢、被盗、被骗或被打事件，应立即向当地警方报案，并要求其出具报警证明，以便日后办理保险理赔、证件补发等手续。

5. 留意当地报纸、电视等媒体信息，了解当地政治、经济、社会形势，与邻为善，入乡随俗，尽快适应当地生活，融入当地社会。

6. 您的合法权益受到侵害时，应循正当途径解决，不要采取贿赂等不合法方式，以免问题复杂化。

7. 熟记当地火、警、急救等应急电话。

8. 照顾好自己的身体。注意在外饮食健康，尽量避免吃未煮熟的食物或喝未煮开的水（除正规密封矿泉水）；切勿前往疫区、辐射区、赌博、色情等场所。

9. 通过电话或电子邮件等与家人或朋友保持正常联络，以免亲友担忧。

第三部分　领事官员可以为您做什么

1. 可以为您推荐律师、翻译和医生，以帮助您进行诉讼或寻求医疗救助。

2. 可以在所在国发生重大突发事件时，为您撤离危险地区提供咨询和必要的协助。

3. 可以在您被拘留、逮捕或服刑时，根据您的请求对您进行探视。

4. 可以在您遭遇意外时协助您将事故或损伤情况通知国内亲属。

5. 可以在您遇到生计困难时协助您与国内亲属联系，以便及时解决所需费用。

6. 可以协助您寻找失踪或久无音讯的亲友。

7. 可以根据中华人民共和国有关法律和法规为在国外合法居留的中国公民颁发、换发、补发旅行证件及对旅行证件上的相关资料办理加注。

8. 可以为遗失旅行证件或无证件的中国公民签发旅行证或回国证明。

9. 可以根据中华人民共和国有关法律、法规和相关国际条约为中国公民办理有关文件的公证、认证；在与所在国的法律规章不相抵触的情况下办理中国公民间的婚姻登记手续。

注：不能直接认证中国国内公证机关出具的公证书，也不能为中国国内有关机关出具的其他证书或文书办理公证。

第四部分　领事官员不可以为您做什么

1. 不可以为您申办签证。

2. 不可以为您在当地谋职或申办居留证、工作许可证。

3. 不可以干预所在国的司法或行政行为。

4. 不可以参与仲裁或解决您与他人的经济、劳资和其他民事纠纷。

5. 不可以替您提出法律诉讼。

6. 不可以帮助您在治疗、拘留或监禁期间获得比当地人更佳的待遇。

7. 不可以为您支付酒店、律师、翻译、医疗及旅行（机、船、车票）费用或任何其他费用。

8. 不可以将您留宿在使、领馆内或为您保管行李物品。

9. 不可以为您购买免税物品。

第五部分　寻求领事保护的常见问题

1. 什么是领事保护?

领事保护，是指派遣国的外交、领事机关或领事官员，在国际法允许的范围内，在接受国保护派遣国的国家利益、本国公民和法人的合法权益的行为。当本国公民、法人的合法权益在驻在国受到不法侵害时，中国驻外使、领馆依据公认的国际法原则、有关国际公约、双边条约或协定以及中国和驻在国的有关法律，反映有关要求，敦促驻在国当局依法公正、友好、妥善地处理。领事保护还包括我驻外使、领馆向中国公民或法人提供帮助或协助的行为，如提供国际旅行安全方面的信息、协助聘请律师和翻译、探视被羁押人员、协助撤离危险地区等。

2. 什么人可以得到中国政府的领事保护？

凡是依照《中华人民共和国国籍法》具有中国国籍者，都可以得到中国政府的领事保护。也就是说，只要您是中国公民，无论是定居国外的华侨，还是临时出国的旅行者；无论是大陆居民，还是香港、澳门和台湾同胞，都是我们提供领事保护的对象。

注1：《全国人民代表大会常务委员会关于〈中华人民共和国国籍法〉在香港特别行政区实施的几个问题的解释》的有关内容：

（1）凡具有中国血统的香港居民，本人出生在中国领土（含香港）者，以及其他符合《中华人民共和国国籍法》规定的具有中国国籍的条件者，都是中国公民。

（2）所有香港中国同胞，不论其是否持有"英国属土公民护照"或者"英国国民（海外）护照"，都是中国公民。自1997年7月1日起，上述中国公民可继续使用英国政府签发的有效旅行证件去其他国家或地区旅行，但在香港特别行政区和中华人民共和国其他地区不得因持有上述英国旅行证件而享有英国的领事保护的权利。

（3）任何在香港的中国公民，因英国政府的"居英权计划"而获得的英国公身份，根据《中华人民共和国国籍法》不予承认。这类人仍为中国公民，在香港特别行政区和中华人民共和国其他地区不得享有英国的领事保护的权利。

（4）在外国有居留权的香港特别行政区的中国公民，可使用外国政府签发的有关证件去其他国家或地区旅行，但在香港特别行政区和中华人民共和国其他地区不得因持有上述证件而享有外国领事保护的权利。

（5）香港特别行政区的中国公民的国籍发生变更，可凭有效证件向香港特别行政区受理国籍申请的机关申报。

注2：《全国人民代表大会常务委员会关于〈中华人民共和国国籍法〉在澳门特别行政区实施的几个问题的解释》的有关内容：

（1）凡具有中国血统的澳门居民，本人出生在中国领土（含澳门）者，以及其他符合《中华人民共和国国籍法》规定的具有中国国籍的条件者，不论其是否持有葡萄牙旅行证件或身份证件，都是中国公民。凡具有中国血统但又具有葡萄牙血统的澳门特别行政区居民，可根据本人意愿，选择中华人民共和国国籍或葡萄牙共和国国籍。确定其中一种国籍，即不具有另一种国籍。上述澳门特别行政区居民，在选择国籍之前，享有澳门特别行政区基本法规定的权利，但受国籍限制的权利除外。

（2）凡持有葡萄牙旅行证件的澳门中国公民，在澳门特别行政区成立后，可继续使用该证件去其他国家或地区旅行，但在澳门特别行政区和中华人民共和国其他地区不得因持有上述葡萄牙旅行证件而享有葡萄牙的领事保护的权利。

（3）在外国有居留权的澳门特别行政区的中国公民，可使用外国政府签发的有关证件去其他国家或地区旅行，但在澳门特别行政区和中华人民共和国其他地区不得因持有上述证件而享有外国领事保护的权利。

（4）在澳门特别行政区成立以前或以后从海外返回澳门的原澳门居民中的中国公民，若变更国籍，可凭有效证件向澳门特别行政区受理国籍申请的机关申报。

3. 出国时持中国护照，现已取得居住国国籍，是否还能享有中国驻当地使、领馆的领事保护？

根据《中华人民共和国国籍法》规定，中国不承认中国公民具有双重国籍。定居外国的中国公民，凡自愿加入或取得外国国籍者，即自动丧失中国国籍，因而不再享有中国驻外使、领馆的领事保护。

4. 中国公民在何种情况下可以获得领事保护？

根据《维也纳领事关系公约》第五条规定：领事职务包括"于国际法许可之限度内，在接受国内保护派遣国及其国民——个人与法人——之利益"、"帮助及协助派遣国国民——个人与法人"等。也就是说，中国公民在其他国家境内的行为主要受国际法及所在国当地法律约束。一旦中国公民（包括触犯当地法律的中国籍公民）在当地所享有的合法权益受到侵害，中国驻外使、领馆有责任在国际法及当地法律允许的范围内实施领事保护。

5. 中国公民在寻求领事保护时应注意些什么？

（1）您所提供的相关情况必须是真实、详细的。

（2）您不能干扰外交部或驻外使、领馆的正常办公，应尊重办案的外交、领事官员。

（3）您应交纳相关费用，如办理各种证件的费用等。

（4）您应严格遵守当地的法律法规。

如果您不能或拒绝承担上述义务，领事官员将可能无法协助您维护您的正当权益，而且您还可能因此承担相应的法律责任。

6. 当您或您家人所在国家发生恐怖袭击、严重自然灾害、政治动乱等紧急情况时，应如何寻求领事保护？

（1）您应立即与就近的中国驻该国使、领馆取得联系，以获得最新相关信息并进行注册登记。如您家人与您失去联系，请您立即与中国驻当地使、领馆取得联系，以获得最新相关信息，并提供您家人详细的个人信息和联系方式等，以便使、领馆协助查找。使、领馆将在必要及可能时协助中国公民（含死伤人员）撤离危险区域（不一定是回国）。

（2）您应保留好自己的重要证件和记录，包括护照、出入境记录、保险和银行记录等，并放在安全可靠的地方。

（3）您应检查护照、签证是否有效，如需更新护照请即到使、领馆办理。

（4）您应将存放家中或随身携带的重要证件和资料双备份，以防万一。同时要保证自己驾驶的汽车安全及行驶正常，并储备必要的食品和药品。

（5）不要消极等待。如尚有安全方式离开，应立即行动。

7. 当您在境外发生交通、工伤等事故时，如何处理？

如您在境外遇到交通或工伤事故，应立即向当地警方报案或通知雇主，并要求通知您的亲友或中国驻该国使、领馆。您可要求领事官员敦促所在国当局惩办肇事者，或协助您通过法律途径或向保险公司（如您已投保）争取赔偿。

8. 当您在境外受到犯罪分子侵害（包括性侵害）时，该怎么办？

您应立即向当地警方报告，并索要一份警察报告复印件。您还应当与律师或医生（如需就医）联系，也可向中国驻当地使、领馆反映情况。领事官员可以向您提供以下帮助：安排适当人员（如有性别要求）听取您的受害情况并承诺保护您的个人隐私；敦促警方尽快破案；了解案件进展情况；向您提供律师和翻译的名单；推荐合适的医院；补发丢失或受损的旅行证件；协助您与家人、朋友或雇主联系；寻求当地社会救助。但是，领事官员不能调查案件，不能代替您出庭，不能充当翻译，也不能替您支付律师费、医疗费或其他相关费用。

9. 当您在居住国被羁押或监禁时，该怎么办？

您有权要求面见中国使、领馆领事官员。领事官员将根据您的请求前往探视，并保护您的合法权益，如人道待遇、公平待遇等。领事官员还可以帮助您与亲友取得联系，向您提供当地律师名单。但是，领事官员不能干涉当地法律程序，不能出面替您进行诉讼。

10. 当您在居住国受到雇主不公正对待或工资被雇主无故拖欠时，如何处理？

您应当依据合同及当地有关法规与雇主协商解决。如协商未果，您可向当地法院提起诉讼。您可同时请求领事官员为您提供当地律师、翻译名单。领事官员将会向您介绍所在国一般的法律信息。

11. 当您持有效护照及签证在目的地国入境、出境或过境受阻时，如何寻求帮助？

您首先应向当地主管部门如实说明入出境或过境事由，同时了解受阻原因。如您不懂当地语言，有权要求对方提供翻译服务。如果您的请求仍然得不到有关部门的回应，可要求与中国驻当地使、领馆联系，寻求帮助。使、领馆领事官员将向有关当局了解情况，视情反映您的要求，或进行必要交涉，但不能保证您一定会被放行。如交涉未果，您应理智接受当地主管部门的决定；如确系受到对方不公正对待，要注意收集和保存证据，以便日后诉诸法律解决。

12. 当您非法进入或滞留他国，既无有效证件，也无经济来源时，如何办理回国手续？

您应向中国驻当地使、领馆如实报告本人真实、详细情况，包括姓名、出生日期、出生地、职业、家庭住址、联系电话、非法出境或滞留经过等。待您的原居住地公安机关核实、确认您的身份，且您的家属已垫付您的回国费用后，领事官员可为您颁发回国旅行证件并协助购买回国机（车、船）票。

13. 当您的中国护照在境外遗失、被偷或被抢时，怎么办？

请您即向当地警察部门报案，以便您向当地移民局申请出境签证时备用，同时持本人有关身份材料及其复印件和照片到就近的中国驻当地使、领馆申请补发护照或旅行证，以供回国使用。我们提请您注意：买卖、转让、伪/变造、故意损毁中国护照是违法行为，涉案人将承担相关法律责任。

14. 当您在境外遇到经济困难时，能寻求使、领馆帮助吗？

中国公民在国外的费用应由自己负责解决。如果您因被盗、被抢等原因出现暂时经济困难，可以与中国驻当地使、领馆联系，让家人通过使、领馆汇钱，或通过外交部转交。

15. 当您家人在境外死亡时，如何处理？

（1）您可通过领事官员或亲友了解家人死亡原因和遗物（遗嘱）情况，并从当地有关部门获得死亡证明书等证明文件。中国驻当地使、领馆可应您请求对上述证明文件办理认证。领事官员不能调查死亡原因。如您对死因有疑问，可聘请当地律师向当地司法部门提出，请其作出合理解释或重新进行调查；亦可请领事官员协助向当地政府有关部门转交您的书面意见，请其对您的意见予以关注或将您的意见转达给当地司法机关。

（2）如死亡涉及刑事案件并已在当地提起诉讼，您应聘请律师，密切跟踪庭审情况，同时可请领事官员协助关注案件，并在法律许可的情况下旁听庭审。如您对庭审情况或判决结果不满，您可请律师协助上诉，同时也可通过领事官员协助向当地有关部门转达您的意见。但是，领事官员不能调查案件，也不能代替您出庭。

（3）您可要求前往当地处理有关善后事宜，但一切费用（含国际旅费、食宿及市内交通费）须自理；赴有关国家的签证、宾馆预订、接送等手续须自行办理，亦可请有资质的旅行社协助；在国外如需翻译，使、领馆可推荐，但费用须自理。

（4）如果您因故（如被拒签、无足够旅费等）不能前往当地处理后事，可委托在当地的亲友代办遗体火化、骨灰和遗物送回等事宜；如当地主管部门要求，您应提供经国内公证机关公证并经外交部（或其授权的地方外办）以及有关国家驻华使、领馆认证的授权委托书。如当地法律法规允许，亦可委托领事官员代为处理上述事宜（费用需自理），但您应事先提供经国内公证机关公证并经外交部或其授权的地方外办认证的授权委托书。

（5）如果您希望将遗体运回国，中国驻当地使、领馆可向您提供办理运送遗体事务的公司名单。运送遗体的费用很高，需要自行筹集。

（6）由于国外法律环境不同，如家属长期不处理遗体，不仅无助于问题解决，当地有关部门还可能根据当地法律规定，在一定期限内将遗体进行埋葬或火化。

（7）死亡案件的处理时间可能很长，在这种情况下，您应聘请当地律师跟踪处理。中国驻当地使、领馆只能在职权范围内向您转告当地主管部门所提供的案件处理情况。

16. 当您家人在国外失踪或遭绑架时，如何求助？

应尽快向当地警方报案。您也可向中国驻当地使、领馆报告有关情况，包括失踪或被绑架者姓名、性别、年龄、职业、相貌特征和在国外住址等并寻求协助。领事官员将根据您的要求请驻在国有关当局寻找失踪者或解救被绑架者。

17. 当您或您家人在国外突发重病或精神病，如何求助？

当您或您家人在国外突发重病或精神病，应迅速拨打当地急救电话，前往当地医院治疗。中国驻当地使、领馆可以协助提供当地医院名单；可协助通知国内家属或单位。如您或您家人要回国治疗，经当地医院及有关航空公司同意，使、领馆可协助联系航空公司和陪护人员予以关照。您应承担机票及陪护等相关费用。

18. 当您与在国外的家人长期失去联系时，可以请中国驻当地使、领馆协助寻找他们的下落吗？

如果您已通过各种途径长期无法联系上您在国外的家人，中国驻当地的使、领馆可以在力所能及的情况下提供协助。目前中国政府没有强制要求所有海外公

民到中国驻外使、领馆进行公民登记，再加上他们的工作、住址和电话常有变动，因此，中国驻外使、领馆协助寻亲工作十分费时费力，常常无功而返。有时，即使找到您家人，他（她）本人却不愿与您联系。在这种情况下，领事官员可以为您传递一些信息，或在征得您亲友同意的情况下将其联络方式转告给您。

19. 中国驻外使、领馆是否可以解决境外中国公民遇到的一切困难？

中国驻外使、领馆依法履行保护中国公民在海外合法权益的职责，为在国外的中国公民提供领事保护和服务是应尽的义务。但是，领事保护不能违反国际法和所在国法律。中国驻外使、领馆是国家的外交代表机构，使、领馆在接受国没有行政权力和强制手段，只能通过外交途径向接受国提出交涉，既可能成功，也可能不成功。在很多情况下，使、领馆的工作主要是协助当事人维护自己的合法权益，而不是代替个人主张其权利。

附录五　《中国领事保护和协助指南》（新）附少数民族文字版

第一部分　出国前特别提醒

1. 登录外交部网站和中国领事服务网，查询中国各驻外使、领馆的联系方式以及相关旅行提醒、警告等海外安全信息。若目的地国与我国无外交关系，则可了解其周边国家的中国使、领馆的地址与电话，以便就近求助。

2. 检查护照有效期（剩余有效期一般应在一年以上），以免因护照有效期不足影响申请签证，或在国外期间因护照过期影响行程。

3. 办妥目的地国签证。确保自己已取得目的地国的入境签证和经停国家的过境签证，签证种类与出国目的相符，签证的有效期和停留期与出行计划一致。但需要注意的是，根据国际惯例，即使您已取得一国签证，该国也有权拒绝您入境而无须说明理由。

4. 核对机（车、船）票。仔细核对票面上所显示的登机（车、船）时间、地点以及联程票的前后衔接是否正确。

5. 了解您的旅行目的地国。尽可能收集目的地国的风土人情、气候情况、治安状况、艾滋病、流行病疫情、法律法规等信息，并采取相关预防措施。

6. 购买必要的人身安全和医疗等方面保险。您将要面对国外陌生的环境，存在一些安全方面的隐患，而国外医药等费用普遍较高，建议您选择合适的险种，以防万一。

7. 进行必要的预防接种，并随身携带接种证明（俗称"黄皮书"）。

8. 有条件的话，最好做一次全面体检。

9. 严禁携带毒品、国际禁运物品、受保护动植物制品及前往国禁止携带的其他物品等出入境。

10. 慎重选择携带个人药品。许多国家对药品入境有严格规定，为减少不必要的麻烦，出国前应了解有关国家的海关规定，在允许的范围内选择所携药品的品种和数量。

11. 如因治疗自身疾病必须携带某些药品时，应请医生开具处方，并备齐药品的外文说明书和购药发票。

12. 注意目的地国海关在食品、动植物制品、外汇等方面的入境限制。如携带大额现金，必须按规定向海关申报。切勿为陌生人携带行李或物品。

13. 与家人和朋友保持联系。出国前应给家人或朋友留下一份出行计划日程，约定好联络方式。建议您在护照上详细写明家人或朋友的地址、电话号码，以备紧急情况下有关部门能够及时与他们取得联系。护照、签证、身份证应复印，一份留在家中，一份随身携带，还要准备几张护照相片，以备不时之需。

14. 尊重当地风俗习惯，遵守当地法律规定，注意交通安全（在实行靠左行驶的国家应尤其注意）。

15. 严格按照签证或居留许可上允许的时间在有关国家停留。

第二部分　出国后特别提醒

1. 如您需在国外停留较长时间或所在国局势不稳，建议您在中国驻当地使、领馆进行公民登记，以便出现紧急情况时，使、领馆能及时与您取得联系。

2. 注意防盗、防骗、防诈、防抢、防打。在住处不要给陌生人开门；不要让小孩告诉陌生人父母不在家；出门时尽量不要随身携带贵重物品或大量现金，也不要在居住地存放大量现金；不要在私车的明处摆放贵重物品，如车胎被扎，修车时务必要先锁好车门；不要将文件、钱包、护照等重要物品放在易被利器划开的塑料袋中；不要在黑暗处招呼出租车；不要轻易让陌生人搭乘您的车；不要和陌生人一起行走；在公共场合要表现平静，不要大声说话，避免突出自己；不要在公共场所参与他人的争吵；不要在街上乱捡东西，以防被敲诈；不要在黑市上换汇；如警察检查您的护照等证件，应先请他出示证件，记下他的警牌号、警车号；交罚款时不要当街交给警察，而要凭罚款单交到银行等指定地点。

3. 如发生被抢、被盗、被骗或被打事件，应立即向当地警方报案，并要求其出具报警证明，以便日后办理保险理赔、证件补发等手续。

4. 留意当地报纸、电视等媒体信息，了解当地政治、经济、社会形势，与邻为善，入乡随俗，尽快适应当地生活，融入当地社会。

5. 您的合法权益受到侵害时，应循正当途径解决，不要采取贿赂等不合法方式。

6. 熟记当地火、警、急救等应急电话。

7. 照顾好自己的身体。注意在外饮食健康，尽量避免吃未煮熟的食物或喝未煮开的水（除正规密封矿泉水）；切勿前往疫区、辐射区、赌博、色情等场所。

8. 通过电话或电子邮件等与家人或朋友保持正常联络，以免亲友担忧。

第三部分　领事官员可以为您做什么

1. 当您的合法权益在所在国受到侵害，或与他人发生民事纠纷，或涉及刑事案件，中国驻外使、领馆可以应您的请求推荐律师、翻译和医生，帮助您进行诉讼或寻求医疗救助。

2. 可以在所在国发生重大突发事件时，为您撤离危险地区提供咨询和必要的协助。

3. 可以在您被拘留、逮捕或服刑时，根据您的请求进行探视。

4. 可以在您遭遇意外时，协助您将事故或损伤情况通知国内亲属。

5. 可以在您遇到生计困难时，协助您与国内亲属联系，以便及时解决费用问题。

6. 可以协助您寻找失踪或久无音讯的亲友。您提出请求时须提供被寻人员的详细信息。

7. 可以根据中华人民共和国有关法律和法规为在国外合法居留的中国公民颁发、换发、补发旅行证件及对旅行证件上的相关资料办理加注。

8. 可以为遗失旅行证件或无证件的中国公民签发旅行证或回国证明。

9. 可以根据中华人民共和国有关法律、法规和相关国际条约为中国公民办理有关文件的公证、认证；在与所在国的法律规章不相抵触的情况下办理中国公民间的婚姻登记手续。

注：不能直接认证中国国内公证机关出具的公证书，也不能为中国国内有关机关出具的其他证书或文书办理公证。

第四部分　领事官员不可以为您做什么

1. 不可以为您申办签证。

2. 不可以为您在当地谋职或申办居留证、工作许可证。

3. 不可以干预所在国的司法或行政行为。

4. 不可以参与仲裁或解决您与他人的经济、劳资和其他民事纠纷。

5. 不可以替您提出法律诉讼。

6. 不可以帮助您在治疗、拘留或监禁期间获得比当地人更佳的待遇。

7. 不可以为您支付酒店、律师、翻译、医疗及旅行（机、船、车票）费用或任何其他费用。

8. 不可以将您留宿在使、领馆内或为您保管行李物品。

9. 不可以为您购买免税物品。

第五部分　寻求领事保护的常见问题

1. 什么是领事保护？

领事保护是指中国公民、法人的合法权益在所在国受到侵害时，中国驻当地使、领馆依法向驻在国有关当局反映有关要求，敦促对方依法公正、妥善处理，从而维护海外中国公民、法人的合法权益。

实施领事保护的主体是政府，在国外是驻外使、领馆。中国目前有260多个驻外使、领馆，它们都是实施领事保护的主体。

领事保护的内容是海外中国公民、法人在海外的合法权益。合法权益主要包括：人身安全、财产安全、合法居留权、合法就业权，法定社会福利、人道主义待遇等，以及当事人与我国驻当地使、领馆保持正常联系的权利。

领事保护的方式主要是依法依规，向驻在国反映有关要求，敦促公平、公正、妥善地处理。依据的法规，主要包括公认的国际法原则、有关国际公约、双边条约或协定以及中国和驻在国的有关法律。

2. 什么人可以得到中国政府的领事保护？

凡是依照《中华人民共和国国籍法》具有中国国籍者，都可以得到中国政府的领事保护。也就是说，只要您是中国公民，无论是定居国外的华侨，还是临时出国的旅行者；无论是大陆居民，还是香港、澳门和台湾同胞，都是我们提供领事保护的对象。

注1：《全国人民代表大会常务委员会关于〈中华人民共和国国籍法〉在香港特别行政区实施的几个问题的解释》的有关内容：

（1）凡具有中国血统的香港居民，本人出生在中国领土（含香港）者，以及其他符合《中华人民共和国国籍法》规定的具有中国国籍的条件者，都是中国公民。

（2）所有香港中国同胞，不论其是否持有"英国属土公民护照"或者"英国国民（海外）护照"，都是中国公民。自1997年7月1日起，上述中国公民可继续使用英国政府签发的有效旅行证件去其他国家或地区旅行，但在香港特别行政区和中华人民共和国其他地区不得因持有上述英国旅行证件而享有英国的领事保护的权利。

（3）任何在香港的中国公民，因英国政府的"居英权计划"而获得的英国公民身份，根据《中华人民共和国国籍法》不予承认。这类人仍为中国公民，在香港特别行政区和中华人民共和国其他地区不得享有英国的领事保护的权利。

（4）在外国有居留权的香港特别行政区的中国公民，可使用外国政府签发的有关证件去其他国家或地区旅行，但在香港特别行政区和中华人民共和国其他地区不得因持有上述证件而享有外国领事保护的权利。

（5）香港特别行政区的中国公民的国籍发生变更，可凭有效证件向香港特别行政区受理国籍申请的机关申报。

注2：《全国人民代表大会常务委员会关于〈中华人民共和国国籍法〉在澳门特别行政区实施的几个问题的解释》的有关内容：

（1）凡具有中国血统的澳门居民，本人出生在中国领土（含澳门）者，以及其他符合《中华人民共和国国籍法》规定的具有中国国籍的条件者，不论其是否持有葡萄牙旅行证件或身份证件，都是中国公民。凡具有中国血统但又具有葡萄牙血统的澳门特别行政区居民，可根据本人意愿，选择中华人民共和国国籍或葡萄牙共和国国籍。确定其中一种国籍，即不具有另一种国籍。上述澳门特别行政区居民，在选择国籍之前，享有澳门特别行政区基本法规定的权利，但受国籍限制的权利除外。

（2）凡持有葡萄牙旅行证件的澳门中国公民，在澳门特别行政区成立后，可继续使用该证件去其他国家或地区旅行，但在澳门特别行政区和中华人民共和国其他地区不得因持有上述葡萄牙旅行证件而享有葡萄牙的领事保护的权利。

（3）在外国有居留权的澳门特别行政区的中国公民，可使用外国政府签发的有关证件去其他国家或地区旅行，但在澳门特别行政区和中华人民共和国其他地区不得因持有上述证件而享有外国领事保护的权利。

（4）在澳门特别行政区成立以前或以后从海外返回澳门的原澳门居民中的中国公民，若变更国籍，可凭有效证件向澳门特别行政区受理国籍申请的机关申报。

3. 出国时持中国护照，现已取得居住国国籍，是否还能享有中国驻当地使、领馆的领事保护？

根据《中华人民共和国国籍法》规定，中国不承认中国公民具有双重国籍。定居外国的中国公民，凡自愿加入或取得外国国籍者，即自动丧失中国国籍，因而不再享有中国驻外使、领馆的领事保护。

4. 正在办理移民者，是否还能享有中国驻当地使、领馆的领事保护？

正在办理移民手续者，在手续完结、国籍变更之前仍是中国公民，是我们提供领事保护的对象。

5. 中国公民在何种情况下可以获得领事保护？

根据《维也纳领事关系公约》第五条规定：领事职务包括"于国际法许可之限度内，在接受国内保护派遣国及其国民——个人与法人——之利益"、"帮助及协助派遣国国民——个人与法人"等。也就是说，中国公民在其他国家境内的行为主要受国际法及所在国当地法律约束。一旦中国公民（包括触犯当地法律的中国籍公民）在当地所享有的合法权益受到侵害，中国驻外使、领馆有责任在国际法及当地法律允许的范围内实施领事保护。

6. 中国公民怎样才能获得中国政府的领事保护？在寻求领事保护时应注意些什么？

作为中国公民，如果您的合法权益在所在国受到侵害，或遭遇不测需要救助，您可以就近联系中国驻外使、领馆，反映情况和有关要求。使、领馆将在工作职责范围内向您提供领事保护和协助。

权利和义务不可分离。对海外中国公民而言，每位公民都有寻求和获得领事保护的权利，但也应承担相应义务和法律责任。主要有：

（1）要求中国驻外使、领馆实施领事保护时，必须提供真实信息，不能作虚假陈述。

（2）在主观上有接受领事保护的意愿。使、领馆在实施领事保护时必须遵循当事人自愿原则，充分尊重当事人的意愿。

（3）要求不超出所在国国民待遇水平。使、领馆在实施领事保护时必须遵循国民待遇原则，可以保障当事人获得与当地人平等的对待，但不能帮助获得更好的待遇。

（4）不能干扰外交部或驻外使、领馆的正常办公，应尊重外交、领事官员。

（5）依法交纳办理各种证件、手续的相关费用。

（6）严格遵守当地和中国的有关法律法规。

7. 当您或您家人所在国家发生恐怖袭击、严重自然灾害、政治动乱等紧急情况时，应如何寻求领事保护？

（1）您应立即与就近的中国驻该国使、领馆取得联系，以获得最新相关信息并进行注册登记。如您家人与您失去联系，请您立即与中国驻当地使、领馆取得联系，以获得最新相关信息，并提供您家人详细个人信息和联系方式等，以便使、领馆协助查找。使、领馆将在必要及可能时协助中国公民（含死伤人员）撤离危险区域（不一定是回国）。

（2）您应保留好自己的重要证件和记录，包括护照、出入境记录、保险和银行记录等，并放在安全可靠的地方。

（3）您应检查护照、签证是否有效，如需更新护照请即到使、领馆办理。

（4）您应将存放家中或随身携带的重要证件和资料双备份，以防万一。同时要保证自己驾驶的汽车安全及行驶正常，并储备必要的食品和药品。

（5）不要消极等待。如尚有安全方式离开，应立即行动。

8. 当您在海外发生交通、工伤等事故时，如何处理？

如您在海外遇到交通或工伤事故，应立即向当地警方报案或通知雇主，并要求通知您的亲友或中国驻该国使、领馆。您可要求领事官员敦促所在国当局惩办肇事者，或协助您通过法律途径或向保险公司（如您已投保）争取赔偿。

9. 当您在海外受到犯罪分子侵害（包括性侵害）时，该怎么办？

您应立即向当地警方报告，并索要一份警察报告复印件。您还应当与律师或医生（如需就医）联系，也可向中国驻当地使、领馆反映情况。领事官员可以向您提供以下帮助：安排适当人员（如有性别要求）听取您的受害情况并承诺保护您的个人隐私；敦促警方尽快破案；了解案件进展情况；向您提供律师和翻译的名单；推荐合适的医院；补发丢失或受损的旅行证件；协助您与家人、朋友或雇主联系；寻求当地社会救助。但是，领事官员不能调查案件，不能代替您出庭，不能充当翻译，也不能替您支付律师费、医疗费或其他相关费用。

10. 当您在居住国被羁押或监禁时，该怎么办？

您有权要求面见中国使、领馆领事官员。领事官员将根据您的请求前往探视，并保护您的合法权益，如人道待遇、公平待遇等。领事官员还可以帮助您与亲友取得联系，向您提供当地律师名单。但是，领事官员不能干涉当地法律程序，不能出面替您进行诉讼。

11. 当您在居住国受到雇主不公正对待或工资被雇主无故拖欠时，如何处理？

您应当依据合同及当地有关法规与雇主协商解决。如协商未果，您可向当地法院提起诉讼。您可同时请求领事官员为您提供当地律师、翻译名单。领事官员将会向您介绍所在国一般的法律信息。

12. 当您持有效护照及签证在目的地国入境、出境或过境受阻时，如何寻求帮助？

您首先应向当地主管部门如实说明入出境或过境事由，同时了解受阻原因。如您不懂当地语言，有权要求对方提供翻译服务。如果您的请求仍然得不到有关部门的回应，可要求与中国驻当地使、领馆联系，寻求帮助。使、领馆领事官员将向有关当局了解情况，视情反映您的要求，或进行必要交涉，但不能保证您一定会被放行。如交涉未果，您应理智接受当地主管部门的决定；如确系受到对方不公正对待，要注意收集和保存证据，以便日后诉诸法律解决。

13. 当您非法进入或滞留他国，既无有效证件，也无经济来源时，如何办理回国手续？

您应向中国驻当地使、领馆如实报告本人真实、详细情况，包括姓名、出生日期、出生地、职业、家庭住址、联系电话、非法出境或滞留经过等。待您的原居住地公安机关核实、确认您的身份，且您的家属已垫付您的回国费用后，领事官员可为您颁发回国旅行证件并协助购买回国机（车、船）票。

14. 当您的中国护照在海外遗失、被偷或被抢时，怎么办？

请您即向当地警察部门报案，以便您向当地移民局申请出境签证时备用，同时持本人有关身份材料及其复印件和照片到就近的中国驻当地使、领馆申请补发护照或旅行证，以供回国使用。我们提请您注意：买卖、转让、伪/变造、故意损毁中国护照是违法行为，涉案人将承担相关法律责任。

15. 当您在海外遇到经济困难时，能寻求使、领馆帮助吗？

中国公民在国外的费用应由自己负责解决。如果您因被盗、被抢等原因出现暂时经济困难，可以与中国驻当地使、领馆联系，让家人通过使、领馆汇钱，或通过外交部转交。

16. 当您家人在海外死亡时，如何处理？

（1）您可通过领事官员或亲友了解家人死亡原因和遗物（遗嘱）情况，并从当地有关部门获得死亡证明书等证明文件。中国驻当地使、领馆可应您请求对上述证明文件办理认证。领事官员不能调查死亡原因。如您对死因有疑问，可聘请当地律师向当地司法部门提出，请其作出合理解释或重新进行调查；亦可请领事官员协助向当地政府有关部门转交您的书面意见，请其对您的意见予以关注或将您的意见转达给当地司法机关。

（2）如死亡涉及刑事案件并已在当地提起诉讼，您应聘请律师，密切跟踪庭审情况，同时可请领事官员协助关注案件，并在法律许可的情况下旁听庭审。如您对庭审情况或判决结果不满，您可请律师协助上诉，同时也可通过领事官员协助向当地有关部门转达您的意见。但是，领事官员不能调查案件，也不能代替您出庭。

（3）您可要求前往当地处理有关善后事宜，但一切费用（含国际旅费、食宿及市内交通费）须自理；赴有关国家的签证、宾馆预订、接送等手续须自行办理，亦可请有资质的旅行社协助；在国外如需翻译，使、领馆可推荐，但费用须自理。

（4）如果您因故（如被拒签、无足够旅费等）不能前往当地处理后事，可委托在当地的亲友代办遗体火化、骨灰和遗物送回等事宜；如当地主管部门要

求，您应提供经国内公证机关公证并经外交部（或其授权的地方外办）以及有关国家驻华使、领馆认证的授权委托书。如当地法律法规允许，亦可委托领事官员代为处理上述事宜（费用需自理），但您应事先提供经国内公证机关公证并经外交部或其授权的地方外办认证的授权委托书。

（5）如果您希望将遗体运回国，中国驻当地使、领馆可向您提供办理运送遗体事务的公司名单。运送遗体的费用很高，需要自行筹集。

（6）由于国外法律环境不同，如家属长期不处理遗体，不仅无助于问题解决，当地有关部门还可能根据当地法律规定，在一定期限内将遗体进行埋葬或火化。

（7）死亡案件的处理时间可能很长，在这种情况下，您应聘请当地律师跟踪处理。中国驻当地使、领馆只能在职权范围内向您转告当地主管部门所提供的案件处理情况。

17. 当您家人在国外失踪或遭绑架时，如何求助？

应尽快向当地警方报案。您也可向中国驻当地使、领馆报告有关情况，包括失踪或被绑架者姓名、性别、年龄、职业、相貌特征和在国外住址等并寻求协助。领事官员将根据您的要求请所在国有关当局寻找失踪者或解救被绑架者。

18. 当您或您家人在国外突发重病或精神病，如何求助？

当您或您家人在国外突发重病或精神病，应迅速拨打当地急救电话，前往当地医院治疗。中国驻当地使、领馆可以协助提供当地医院名单；可协助通知国内家属或单位。如您或您家人要回国治疗，经当地医院及有关航空公司同意，使、领馆可协助联系航空公司和陪护人员予以关照。您应承担机票及陪护等相关费用。

19. 当您与在国外的家人长期失去联系时，可以请中国驻当地使、领馆协助寻找他们的下落吗？

如果您已通过各种途径长期无法联系上您在国外的家人，中国驻当地的使、领馆可以在力所能及的情况下提供协助。目前中国政府没有强制要求所有海外公民到中国驻外使、领馆进行公民登记，再加上他们的工作、住址和电话常有变动，因此，中国驻外使、领馆协助寻亲工作十分费时费力，常常无功而返。有时，即使找到您家人，他（她）本人却不愿与您联系。在这种情况下，领事官员可以为您传递一些信息，或在征得您亲友同意的情况下将其联络方式转告给您。

20. 中国驻外使、领馆是否可以解决海外中国公民遇到的一切困难？

为海外中国公民提供领事保护和协助是中国驻外使、领馆应尽的义务。领事保护应该在有关国际法、驻在国和中国的法律框架内进行。中国驻外使、领馆是国家的外交代表机构，在驻在国没有行政和司法权力，不能使用强制手段，不能代替个人主张其权利，只能通过外交途径敦促驻在国依法、公正、公平处理有关案件。使、领馆积极协助当事人维护合法权益，但不能超越领事职务的权限。

21. 中国驻外使、领馆可否替求助公民支付一切费用？

如果因被盗、被抢等原因出现暂时经济困难，公民首先应通过个人汇款等商业方式解决。如接收汇款有困难，可与中国驻当地使、领馆联系，让家人通过使、领馆汇款。如求助公民无法及时得到亲朋救助，中国驻外使、领馆可以提供小额资助，为当事人提供短期食宿或购买机票回国。受助中国公民须签署"还款保证书"并提供国内还款人有效联系方式，回国后及时向外交部或驻外使、领馆归还借款。

第六部分　文明出行　平安常在

一、文明社交

（一）相互尊重

以良好的修养，展现自尊自信。热情坦诚、以礼相待，在友善待人的同时赢得他人的尊重。

（二）真诚相待

诚实守信，表里如一。以真诚为纽带，促进人与人间信息传递、情感交流、思想沟通。

（三）宽容大度

心胸豁达，宽以待人。多为他人着想，体谅他人难处。

（四）严于律己

交往中清楚自己该做什么，不该做什么，己所不欲，勿施于人。

（五）把握分寸

以平等的态度对待交往对象，以大方得体、不卑不亢为待人接物尺度。既不必自吹自擂、自我标榜，也不要妄自菲薄、自我贬低、过度谦虚客套。

（六）尊重差异

从不同民族、不同国家的社会文化背景出发，了解其礼仪文化差异，了解具体交往对象的不同风俗习惯、宗教信仰和交往禁忌，并给予尊重。

（七）积极融入

主动与居住地人民交流，对居住地的风俗习惯尽量做到入乡随俗，积极融入当地社会，拓宽平安、和谐发展空间。

（八）心系祖国

爱国情怀历久弥新，民族自尊心、自豪感永存心间。不做有辱国格的事，不

说有辱国格的话。弘扬中华民族优秀文化，做文明中国人，从日常做起，日积月累，形成习惯。

二、文明举止

（一）讲究仪容仪表

不在公共场合脱去鞋袜、袒胸赤膊，不毫无掩饰地剔牙。不在卧室以外穿着睡衣，不对别人打喷嚏，不在妇女和儿童面前吸烟，不把烟雾喷向他人。

（二）注重个人修养

不语言粗俗，出口成脏，恶语伤人。礼让老弱病残，礼让女士。尊重服务人员劳动。不长时间独占公共设施。不强行与他人合影。

（三）遵守公共秩序

不在公共场所呼朋唤友、猜拳行令、扎堆吵闹，或高声接打电话。排队时不跨越黄线，不插队加塞。乘坐交通工具时不争抢拥挤。

（四）尊重风俗习惯

不在教堂、寺庙等宗教场所嬉戏、玩笑。与人谈话应避免问及年龄婚否、收入财务、信仰情感等个人私密情况。在穆斯林国家，女士不宜着装暴露。

（五）爱护公共设施

不损坏公共设施，不踩踏绿地，不摘折花木和果实。不在文物古迹上刻涂，不攀爬触摸文物。

（六）遵守公共规定

不在公共场所和禁烟区吸烟。不在禁止拍照的地区拍照留念。

（七）维护环境卫生

不乱扔垃圾、废弃物，乱倒污水。不随地吐痰、擤鼻涕、丢烟头、吐口香糖。上厕所后冲水。

（八）讲究环保节约

节约用水用电。吃自助餐时一次取食不要太多，吃完后再适量取用，避免在面前摆放多个盛满食物的餐盘，避免浪费。

（九）奉行健康娱乐

拒绝参与色情、赌博活动，拒绝吸食毒品。

三、企业文明

（一）树立风险意识

及时跟进世界经济发展趋势，全面了解所在国社会、经济、法制环境，通盘研究企业经营、人员安全面临的困难和风险，建立有效的风险防范、控制机制，确保经营顺利、人员安全。

（二）明确安全成本

保证人员、财产安全是企业海外经营的头等大事，安全成本是企业运营成本的一部分。应根据当地实际情况，制定落实安全措施，定期排查安全隐患，进行安全教育培训，并为员工购买人身意外及医疗保险。

（三）坚持守法经营

注重企业长远利益，坚持守法发展，摒弃违法短视行为。

牢固合法用工理念，为外派员工办理与其身份相符的签证、居留手续，保障劳动者根本权益。

（四）履行社会责任

正确把握企业发展和回馈社会的关系，重视履行企业社会责任，坚持有取有予的企业发展道路，注重环境保护，兼顾当地利益，发展当地就业，尊重、善待当地雇员。

（五）提倡诚实守信

坚守商业道德，远离坑蒙欺骗、尔虞我诈。加强中资企业间团结，避免竞相"杀价"、相互拆台。发生纠纷，应要求员工保持克制，采取措施避免激化矛盾，充分利用法律武器维护企业和员工合法权益，并及时与驻外使、领馆取得联系。

（六）共建和谐世界

广交朋友，增进友谊，努力扩大与当地社会的利益交汇点。加深互信、共同发展、互利共赢，拓宽企业和谐发展空间，共享平安与繁荣。

附录六　《中国企业海外安全风险防范指南》（新）

第一篇　组织领导

树立风险和责任意识

牢固树立"以人为本、员工生命安全高于一切"的观念，严格落实安全责任制。境外企业要把员工的安全保护工作视为保证项目顺利进行的前提，坚持"谁主管谁负责，谁用工谁负责"的工作原则，亲自策划、完善措施、落实责任、严格考核、兑现奖惩。

健全管理体制

切实构建企业总部—直属单位—境外机构三级海外安全风险防范工作管理体系，做到前后方无缝对接、国内外分级管控。企业总部、直属单位成立相应级别的应急指挥中心，明确部门统筹负责海外安全风险防范工作。境外机构具体开展安全管理工作，制定实施细则，落实安全责任制和防范措施。实施境外项目总承包的企业，应将所有分包单位的相关境外机构和人员纳入统一管理体系。

完善制度建设

结合企业实际，制定完整、可操作性强、分层分级的海外安全风险防范工作规章制度，建立境外安全突发事件应急处置机制，制订并逐步完善应急预案，层层落实，严格执行，加强对海外安全风险的识别、规避、处理、善后等全过程管理，全力打造海外安全风险防范的完整链条，实现海外项目安全管理的制度化和体系化。

加强境外党建

重视境外基层党组织建设，努力抓好海外项目和机构党建工作，提升党组织的创造力、凝聚力和战斗力。把海外安全风险防范纳入海外党建工作，并作为其重要内容，充分发挥党组织的战斗堡垒作用和党员的先锋模范作用，为海外安全风险防范工作提供有力保障。

第二篇　员工选派和雇用

严格甄选外派员工

坚持严格把关，优先选择政治素质较高、业务素质过硬、个人道德品质较好的员工赴海外工作，避免因员工个人问题引发不必要的安全风险。

坚持属地化经营

尽量提高海外项目当地员工的雇用比例，加强对当地雇用员工的培训和管理，提高其工作技能和业务水平，尽可能减少外派员工数量，最大限度降低海外安全风险。

规范雇用当地员工

推行属地化经营的同时，充分利用当地政府或第三方资源建立当地员工雇用审查制度，避免将一些不稳定因素引入项目工地，酿成中外员工间纠纷甚至群体性事件。同时要与当地雇用员工依法签订有关劳动合同，明确各自权利义务，避免日后产生劳资纠纷。

第三篇　安全培训

出国前集中培训

将外派员工出国前培训作为一项硬性指标加以落实，通过外包、出国培训、专业机构培训等方式，针对公司海外项目和机构负责人、境外安保工作负责人、专职安保人员和普通外派员工的不同岗位要求，对其进行全覆盖、针对性培训，提高安全防范意识和能力，增强安全管理综合能力，切实落实"不培训、不派出"制度。实行境外项目总包合同的企业，应对参与合作的分包单位境外安全教育和培训工作负总责。

出国后日常培训

企业要将员工派出后的安全培训作为一项日常工作，常抓不懈。结合项目周边风险和自身实践经验，编制海外安全防范工作培训手册，定期和适时组织学习，督促员工不断提高自身安全防范意识和能力。将境外日常安全培训工作纳入境外管理条例，列入员工测评和考核范围，不论何人，都要严格执行入场安全教育；建立培训内容、考勤档案，保证全员覆盖；定期回顾注意事项和安全风险事件，增强安全意识。

应急预案的制订和演练

针对境外机构所在地安全风险状况，以"用得上、行得通、靠得住"为标准制订企业境外安全突发事件应急预案，并定期组织员工就预案内容进行演练，根据实际情况不断加以改进和完善。

第四篇　风险评估

立项评估

坚持对境外项目承揽和机构设立进行风险评估审查，实行安全风险一票否决制，切实做到"不评估、不立项"。尤其对高风险国家和地区设立的机构、项目，应事先聘请专业安全机构进行安全风险评估，并征求国内有关部门及相关驻外使、领馆的意见，避免因盲目立项而自陷险地。

安全成本评估

企业要在立项前对项目安全成本进行核算，将安全投入纳入项目预算，将安全保障内容作为专门条款纳入项目合同或正式书面文件。对于承包工程和外派劳务项目，要在合同中明确业主有义务采取一切必要措施保护企业施工人员的人身安全和正常施工秩序。

风险动态评估

企业境外项目和机构要提高风险意识，密切跟踪、积极研判所在国和地区的安全形势，增强分析判断能力和风险识别能力。加强对正在执行项目所在国和地区政治、经济、法律、风俗等方面的研究，对可能存在的风险进行动态评估。

信息渠道建设

通过多种信息渠道，加强信息收集和预警。依靠驻外使、领馆，当地政府，军方，中外方合作伙伴和媒体做好信息收集工作；可以与国际性专业安保机构或组织合作，充分利用外部资源；各境外机构应根据所在地风险情况，实行相应的安全报告制度，及时向国内和驻外使、领馆报告项目及人员安全情况。

第五篇　安全软环境建设

坚持守法经营

注意维护国家和企业形象，注重企业长远利益，聘请法律顾问，了解并遵守当地法律法规，摒弃违法短视行为。避免出现因手续不全、经营不规范甚至违规违法而导致海外安全风险上升的情况。

履行社会责任

正确把握企业发展和回馈社会的关系，坚持经济效益和社会效益并重、有取有予的企业发展道路，做好环境保护，促进当地就业，积极参与公益事业。

提倡诚实守信

坚守商业道德，拒绝伪冒假货，杜绝坑蒙欺骗、行贿索贿。加强中资企业间团结，避免恶性竞争、相互拆台。与当地社会群体、个人发生纠纷时，应要求员工保持克制，采取措施避免矛盾激化，充分利用法律武器维护企业和员工合法权益，并及时与驻外使、领馆取得联系。

融入当地社会

了解、尊重当地习俗，加强与当地社会的跨文化沟通交流，注重做好宣传工作，提高外籍员工忠诚度，建立信任感，使当地社会切实感受到我企业投资经营为当地带来的"红利"，使其自发自愿成为我企业在当地的"安全信息通报员"和"保护者"。

重视宣传交流

加强与所在国政府、工会组织等有关社会团体及当地媒体的沟通交流，多宣传企业为促进当地社会经济发展所做的贡献，争取当地各界对企业的理解和支持。注意防控舆论风险，对涉及企业的不实负面报道，要及时通过媒体澄清、说明。

共建和谐世界

广交朋友，增进友谊，维护不同种族、不同民族之间的友好关系，努力扩大与当地社会的利益交汇点，塑造利益共同体，加深互信、共同发展、互利共赢，拓宽企业和谐发展空间，共享平安与繁荣。

第六篇　安保硬件投入

规范营地建设

制定境外机构营地建设标准，根据实际风险情况配备必要的安全保卫设施，雇用当地保安或武装警察，以增强安全防护能力，提高安全防护水平，同时为应对各种突发状况确定安全可靠的疏散方案。

应急资源保障

储备急救药品、人员转移和撤离所需的交通工具、手电、地图、指南针、足够至少 15 日使用的食物和饮用水等应急物资和资金。加大对通讯设备的投入，在各驻外机构和项目营地设立 24 小时值班电话，为在通信条件较差、环境恶劣地区的驻外机构和项目营地配备海事卫星电话，确保信息畅通。

人身保险保障

及时为外派员工购买境外安全保险，减少后顾之忧，提高企业和员工的抗风险能力。

借助第三方资源

充分利用安保公司、保险公司、中介机构、国际组织等资源，通过参加保险、外包或成为 SOS 国际救援组织会员等方式，将海外安全风险防范工作交由专业权威机构负责实施和保障，接受 24 小时不间断的安全援助。

第七篇　日常管理

因地制宜加强管理

认真研究并理性看待当地投资环境和经济社会发展水平，在企业管理工作中体现一定灵活性，确保相关管理手段符合当地实际情况，避免因小失大，有条件的地方争取用当地人管理当地人。对于高危国家和地区，各境外机构应充分利用当地资源，设立专职公共安全岗位，聘请所在国富有管理经验的专业人员担任企业公共安全专员。

加强与使、领馆及当地有关部门的联系

及时到项目或机构所在地驻外使、领馆报到登记，并接受使、领馆的指导和管理，与使、领馆建立固定联系渠道，积极配合使、领馆"走访"工作，对于检查过程中发现的问题和隐患要及时改进、排除。同时还要加强与当地政府、军队、警察等部门的联系沟通，出现问题及时通报。

做好内部维稳

确保内部稳定是控制和防范突发安全事件的关键环节。企业各驻外机构、项目负责人应注重提高员工身体素质，增进团队关系，加强与普通员工的沟通交流，畅通职工群众诉求渠道，及时掌握员工思想动态，了解他们的需求，帮助他们解决实际问题和困难，把问题和矛盾化解在基层，化解在事发之前。

加强员工管理

制定派出人员行为守则，规范驻外人员行为方式，引导和督促员工树立良好文明形象，遵守当地法律法规，尊重当地风俗习惯，与当地雇用员工和谐相处，出现矛盾摩擦冷静处理、理性解决。严格执行高危国家和地区安全规定，员工外出必须经项目领导批准，并由专业安保人员或军警护送，严禁私自外出。建立外派员工紧急联络信息库，包括员工国内亲属的姓名、关系、联系方式等。

妥善处理问题

处理问题时要讲究方式方法，特别是在与当地雇员或民众产生矛盾时，要多借助当地资源，尽量由所在国政府、合作伙伴或企业雇用的当地保安力量解决，全力避免我人员与当地人直接对立，激化矛盾，甚至引发种族冲突。

强化监督检查

建立海外安全风险防范体系效能审计机制，定期对境外项目和机构开展安全风险防范工作的效能进行评估。各驻外机构和项目也要定期自查，查找漏洞、排除隐患。对发现的问题要立即整改，对好的经验要加以总结推广。

第八篇　应急处置

反应迅速

企业要建立并不断健全境外机构突发事件应急响应机制，境外机构一线负责人要不断提高安全敏感性。境外安全形势发生异常时，应及时向驻外使、领馆报告。境外突发事件发生时，要立即启动应急机制，向国内有关部门及驻外使、领馆报告，报告内容包括：事件涉及单位或项目情况，事件发生时间、地点及现场情况；事件简要经过及原因初步判断；事件已经造成或可能造成的伤亡人数（包括失踪人数）、人员姓名、籍贯、国内联系单位、家属联系方式；初步估计的直接经济损失；已经采取的措施等。

听从指挥

发生境外突发安全事件时，相关企业要在国内有关部门及驻外使、领馆的统一指导协调下开展相关工作，切忌发生"不听招呼"、各自为政的现象。

组织有序

发生境外突发安全事件时，企业要充分发挥项目各级党组织的战斗堡垒作用，做好员工组织工作。尚未成立党组织的境外项目和机构要立即指定各层级负责人，确保员工听从组织领导，避免一盘散沙。必要时，国内总部要迅速派工作组赶赴前方，加强一线组织领导。

自救互救

发生境外突发安全事件时，企业要充分利用当地人脉资源，帮助企业和使、领馆搜集信息，并协助企业自保自救。所在国或地区安全形势急剧恶化的情况下，企业在做好自保自救的基础上，还要和附近的其他中资企业一起积极进行互保互救，共同应对安全威胁。

家属安抚

发生境外突发安全事件时，企业要第一时间做好境外员工国内家属的安抚和沟通工作，确保家属情绪稳定，不作出过激行为影响事件处理。

媒体应对

发生境外突发安全事件时，企业要在有关部门和驻外使、领馆的指导下做好对外报道工作，正面引导舆论。要统一对外口径，避免各说各话、擅自透露事件处置细节，引起媒体炒作，对事件处理造成干扰。必要时可聘请当地专业公关公司协助应对公共舆论。

附录七　中国领事证件服务指南

第一部分　行前准备

1. 申请护照。中国护照是中国公民出入境和在境外证明本人国籍和身份的重要证件。中国公民出国前须根据出国事由，分别向当地公安机关或外事部门申请相应种类的护照。各国对外国人所持护照的有效期有不同要求，一般应在一年以上。

2. 申请签证。除双边协定规定或前往国家单方面规定可免签或办理落地签证，或需在第三国申请签证的情况外，中国公民出国前通常需向前往国家驻华使、领馆申请并办妥相应签证。个别国家规定，即使不出机场转机，仍需要提前办妥过境签证。请注意浏览目的国驻华使、领馆官方网站和中国领事服务网（http：//cs. mfa. gov. cn），了解签证要求，并根据行程提前申请并办妥签证。

3. 办妥认证。国内各种证书、证明等如需在外国使用，一般情况下需事先在国内公证机构、贸促会、出入境检验检疫机构等办妥公证书或其他证明文书，并通过外事部门办理领事认证，再送至前往国家驻华使、领馆进行认证。出国前，请注意确认已办妥相关文书的公证和认证手续。

4. 卫生防疫。请注意了解有关国家卫生防疫要求，并按要求注射疫苗。如有必要，请提前办妥《国际旅行健康检查证明书》和《疫苗接种或预防措施国际证书》。

5. 复印备用。为备急需，建议在出国前复印护照（护照资料页及加注页、外国签证、出入境记录等），以及公证认证法律文书等资料。必要时，也可事先办理重要文件复印件与原件相符的公证认证手续备用。

6. 应急资料。建议随身携带外方邀请函和邀请人姓名、地址、联系方式等基本信息（有的国家规定当事人必须随身携带）。建议行前访问中国领事服务

网，摘记中国驻当地使、领馆地址及联系方式等信息，以备不时之需。

第二部分　出境入境

1. 出入境检查。请从开放口岸出境、入境，并主动向边防检查人员出示有效护照及签证。边防检查人员放行时，将在护照上加盖出、入境验讫章。边防检查人员有权根据中国相关法律法规拒绝持有效护照和签证人员出境或入境。

2. 因公出境。中国公民持因公类护照出境，凭本人的有效护照和前往国家签证放行。前往与中国有互免签证协议国家或需在境外办理签证的，应按有关规定交验《出国（境）证明》。如既前往互免签证国家又前往需办签证国家，在办妥所需签证后则无须交验《出国（境）证明》。

3. 入出外国。在外国入境、出境时，请主动向外国移民官员出示有效护照和签证。请务必如实回答外国移民官员相关提问。在回答问题时，请注意要与申请签证时提供的情况相一致。

4. 入出境材料。请根据要求如实填写外国人入境、出境卡及海关申报单等表格，或按要求出示相关证明材料。请注意确认护照已加盖入境或出境验讫章，并妥善保管入出境卡等材料，以免停留或出境时受阻，甚至被处罚。

5. 拒绝入出境。持有效护照和前往国家签证者通常被允许入、出该国。但根据有关国家法律和国际惯例，移民官员也有权拒绝持有效签证人员入出其国境。

第三部分　在外居留

1. 留意护照有效期。在国外停留期间，请务必及时检查并留意护照的有效期。如护照有效期不足一年，可向中国驻外使、领馆申请换发新的护照。

2. 按要求携带证件。如居住国有明确规定，请注意随身携带护照或居留证并妥善保管，以在必要时接受当地军警或移民官员检查。

3. 遗失护照及时报失。如不慎遗失护照，请尽快向当地警察部门报失，并前往最近的中国驻外使、领馆报告并申请补发护照或旅行证。拾获他人中国护照，应尽快联系护照持有人或就近的中国驻外使、领馆，或寄送给原发照机关。

4. 留意签证有效期和停留期。通常凭签证许可的有效期或停留期限内在目的国停留。个别国家签证没有停留期限，由移民官员在入境时批注停留期。请留意签证或移民官批注的有效期或停留期，勿超期停留。

5. 及时办理居留手续。如需在境外超过签证许可的期限居留，请注意根据居住国的法规要求，提前到当地移民主管部门申请办理签证延期或居留手续。

6. 尽快补办签证或居留手续。如不慎遗失护照，在补办新护照或旅行证件后，应按居住国的法规要求，尽快向当地移民主管部门重新申请签证或变更居留证件。

7. 留意文书的有效期。婚姻状况、无犯罪记录、健在公证等部分法律文书所涉及的事项有可变性，有效期一般为 6 个月。此外，一些国家对部分种类法律文书的时效还有特殊规定。建议根据需要及时申办并尽快使用。

8. 慎重签署外文文书。各国法律存在较大差异。在国外期间，在完全了解并接受外文文书内容、权利义务和使用目的前，请不要轻易在外文文书上签字。

9. 外国文书在华使用。外国主管部门出具的各种证件、证明如需在中国使用，通常需事先在当地公证机构办妥公证，并通过当地外事主管部门办理认证，再送往中国驻当地使、领馆进行认证。回国前请注意确认已办妥相关文书的公证和认证手续。

第四部分　申办证件

1. 护照旅行证服务。驻外使、领馆根据中国法律和法规，可为中国公民提供以下护照等旅行证件服务：受理护照颁发、换发、补发申请；受理护照加注申请；受理旅行证等其他旅行证件申请；受理香港、澳门及台湾同胞来往大陆旅行证件申请。

2. 公证认证及婚姻登记服务。根据中国有关法律、法规和相关国际条约，驻外使、领馆可为中国公民办理有关文书的公证或认证；在与驻在国的法律规章不相抵触，且驻在国承认的情况下，办理中国公民之间的婚姻登记手续。

3. 证件办理时间。驻外使、领馆受理护照或其他旅行证件申请，需与原发照机关或户籍所在地核实身份，完成办理所需时间取决于身份核实进度。申请公证、认证或婚姻登记，通常需要 1 至 4 个工作日。驻外使、领馆根据中国有关法规收取办理领事证件的费用。

4. 驻外使、领馆不可以提供以下证件服务：为不在驻在国的中国公民办理护照、旅行证件；代中国公民办理外国签证、停留或居留手续、工作许可等；直接认证中国国内公证机关出具的公证书；认证非本馆领区相关机构出具的文书；直接公证发生在中国国内的事实，或国内有关单位出具的其他证书、文书；办理我国法律、法规规定不能办理的其他证件或证明。

5. 以官方公布信息为准。请事先访问中国领事服务网及我国驻居住国相关使、领馆官方网站，以了解最新办证须知、表格、费用等信息，并预做准备。请勿轻信其他机构、个人或网站提供的各类资讯，谨防上当受骗。

第五部分　安全使用

1. 妥善保存。请妥善保管护照、公证认证法律文书及其复印件。为稳妥起

见，请尽可能将上述证件存放在防火、防水、防盗的安全处所。

2. 防范遗失。除非有关国家有特别要求，外出时宜携带护照复印件。如确需携带正本，请随身妥善保管，特别是在机场、购物、餐饮场所等人员密集区更应小心。请勿将护照单独放置在交通工具或手提箱包内，也勿将护照与身份证或护照复印件等一并携带外出，以免同时遗失。

3. 谨慎使用。注意尽量减少护照在公众场所的使用次数，用毕确认护照已放置妥当。如确有需要，在将护照提供给他人（如移民官员）时，请务必索要凭据，并及时取回护照。公证书只在必要时使用。

4. 勿外借抵押。请勿将护照作为抵押品或代用品，更勿随意将护照借与他人。爱惜护照，确保护照干净、整洁。

第六部分　特别提示

1. 各类证件申请表格是申请领事证件的重要依据，申请人应对填写的事项内容真实性负责并承担由此引起的一切法律责任。请务必完整、清楚地填写、签名，保证有关内容真实无误。

2. 在申办各类领事证件及外国签证时，不实申报或提供伪造申请材料，买卖、伪造护照和公证认证书等行为，为各国法律所禁止，当事人将被拒绝办理或吊销证件、签证，甚至被追究刑事责任。

3. 护照过期、无护照、超过外国签证或居留手续允许期限、无有效签证或居留手续在外国停留，或在当地从事与签证许可事项不符的活动，当事人可能受到递解出境等处罚，且可能对当事人今后前往该国造成负面影响。

4. 根据《中华人民共和国国籍法》，定居国外的中国公民自愿加入或取得外国国籍，即自动丧失中国国籍，应及时到中国驻外使、领馆注销原中国护照。如需来华，须持外国护照申请中国签证，切勿继续使用中国护照来华或进行其他国际旅行。

5. 根据《中华人民共和国香港特别行政区基本法》和《中华人民共和国澳门特别行政区基本法》及有关规定，香港、澳门同胞应向香港、澳门特别行政区政府主管部门或中国驻外使、领馆申请香港、澳门护照或其他旅行证件。

参考文献

一、联合国文件、宣言与国际公约

1. ［南非］约翰·杜加尔德：《关于外交保护的第一次报告》，A/CN. 4/506。

2. 《起草委员会暂时通过的条款草案》，A/55/10supp－3。

3. 《国家责任》，A/55/10。

4. 《国家对国际不法行为的责任条款草案》，A/56/10。

5. 《国家对国际不法行为的责任》，A/RES/56/83。

6. 《一个更安全的世界：我们的共同责任》，A/59/565。

7. 《大自由：实现人人共享的发展、安全和人权》，A/59/2005。

8. 一读通过的《外交保护条款草案》及其评注，A/59/10。

9. 《国际移民和发展》，A/60/871。

10. 《2005 年世界首脑会议成果》，A/RES/60/1。

11. 二读通过的《外交保护条款草案》及其评注，A/61/10。

12. 1945 年《联合国宪章》。

13. 1948 年《世界人权宣言》。

14. 1961 年《维也纳外交关系公约》。

15. 1963 年《维也纳领事关系公约》。

16. 1966 年《经济、社会和文化权利国际公约》。

17. 1966 年《公民权利和政治权利国际公约》。

18. 1966 年《消除一切形式种族歧视国际公约》。

19. 1984 年《禁止酷刑和其他残忍、不人道或有辱人格的待遇或处罚公约》。

20. 1985 年《非居住国公民个人人权宣言》。

二、中文文献

（一）著作（包括译著）

1. ［奥］阿·菲德罗斯等著，李浩培译：《国际法》，商务印书馆 1981 年版。

2. ［印度］B. 森著，周晓林等译：《外交人员国际法与实践指南》，中国对外翻译出版公司 1987 年版。

3. 白桂梅等：《国际法上的人权》，北京大学出版社 1996 年版。

4. 曹云华：《变异与保持》，中国华侨出版社 2001 年版。

5. 陈翰笙主编：《华工出国史料汇编》第一辑（三），中华书局 1985 年版。

6. 陈卫东：《国际法学》，对外经贸大学出版社 2007 年版。

7. 陈钟浩：《外交行政制度研究》，独立出版社 1942 年版。

8. 邓成明、杨松才主编：《公民权利和政治权利国际公约若干问题研究》，湖南人民出版社 2007 年版。

9. 邓杰、张照东主编：《国际法》，兰州大学出版社 2007 年版。

10. 端木正主编：《国际法》，北京大学出版社 1997 年版。

11. 范振水：《中国护照》，世界知识出版社 2003 年版。

12. ［英］戈尔·布思主编，杨立义等译：《萨道义外交实践指南》，上海译文出版社 1984 年版。

13. ［俄］格·童金著，尹玉海译：《国际法原论》，中国民主法制出版社 2006 年版。

14. 古祖雪等：《国际法学专论》，科学出版社 2007 年版。

15. 韩德培、李龙主编：《人权的理论与实践》，武汉大学出版社 1995 年版。

16. ［美］汉斯·摩根索著，卢明华等译：《国际纵横策论》，上海译文出版社 1995 年版。

17. 贺其治：《国家责任法及案例浅析》，法律出版社 2003 年版。

18. 胡元梓、薛晓源主编：《全球化与中国》，中央编译出版社 1998 年版。

19. 黄德明：《现代外交特权与豁免问题研究》，武汉大学出版社 2005 年版。

20. 黄瑶：《国际法关键词》，法律出版社 2004 年版。

21. ［美］亨廷顿著，周琪等译：《文明的冲突与世界秩序的重建》，新华出版社 1998 年版。

22. 江国青主编：《国际法》，高等教育出版社 2005 年版。

23. ［美］杰克·唐纳利著，王浦劬等译：《普遍人权的理论与实践》，中国社会科学出版社 2001 年版。

24. 金正昆：《外交学》，中国人民大学出版社 2004 年版。

25. 科兰：《大使馆和外交官》，世界知识出版社 1998 年版。

26. ［苏］克利缅科等主编，程晓霞等译：《国际法辞典》，中国人民大学出版社 1987 年版。

27. ［美］孔秉德、尹晓煌主编，余宁平等译：《美籍华人与中美关系》，新华出版社 2004 年版。

28. ［美］拉西特、斯塔尔著，王玉珍等译：《世界政治》，华夏出版社 2001 年版。

29. ［英］劳特派特修订，王铁崖等译：《奥本海国际法》（上卷第二分册），商务印书馆 1989 年版。

30. 李斌编著：《现代国际法学》，科学出版社 2004 年版。

31. 李步云：《探索法理》，湖南人民出版社 2003 年版。

32. 李步云主编：《人权法学》，高等教育出版社 2005 年版。

33. 李定一：《中美早期外交史》，北京大学出版社 1997 年版。

34. 李浩培：《国籍问题的比较研究》，商务印书馆 1979 年版。

35. 李龙主编：《人本法律观研究》，中国社会科学出版社 2006 年版。

36. 李明欢：《当代海外华人社团研究》，厦门大学出版社 1995 年版。

37. 李寿平：《现代国际责任法律制度》，武汉大学出版社 2003 年版。

38. 李晓敏：《非传统威胁下中国公民海外安全分析》，人民出版社 2011 年版。

39. 梁宝山：《实用领事知识》，世界知识出版社 2001 年版。

40. 梁碧莹：《艰难的外交——晚清中国驻美公使研究》，天津古籍出版社 2004 年版。

41. 梁淑英主编：《外国人在华待遇》，中国政法大学出版社 1997 年版。

42. 梁淑英主编：《国际法教学案例》，中国政法大学出版社 1999 年版。

43. 梁西主编：《国际法》，武汉大学出版社 1993 年版。

44. 廖小健、刘权、温北炎、庄礼伟：《全球化时代的华人经济》，中国华侨出版社 2003 年版。

45. 刘功宜编著：《出国人员如何求助——浅说"领事保护"》，中国经济出版社 2005 年版。

46. 刘国福：《移民法——出入境权研究》，中国经济出版社 2006 年版。

47. 刘连泰：《国际人权宪章与我国宪法的比较研究》，法律出版社 2006 年版。

48. 刘淑君：《国际法学》，兰州大学出版社 2006 年版。

49. ［韩］柳炳华著，朴国哲等译：《国际法》，中国政法大学出版社 1997 年版。

50. 鲁毅等：《外交学概论》，世界知识出版社 2003 年版。

51. ［美］路易斯·亨金著，张乃根等译：《国际法——政治与价值》，中国政法大学出版社 2004 年版。

52. ［美］Luke. T. 李著，傅铸译：《领事法和领事实践》，商务印书馆 1975 年版。

53. ［美］罗伯特·基欧汉、海伦·米尔纳主编，姜鹏等译：《国际化与国内政治》，北京大学出版社 2003 年版。

54. ［美］罗伯特·基欧汉、约瑟夫·奈著，门洪华译：《权力与相互依赖》，北京大学出版社 2002 年版。

55. 罗艳华：《东方人看人权——东亚国家人权观透视》，新华出版社 1998 年版。

56. 罗艳华：《国际关系中的主权与人权》，北京大学出版社 2005 年版。

57. ［英］阿库斯特著，汪暄等译：《现代国际法概论》，中国社会科学出版社 1981 年版。

58. 马呈元等：《国际法律问题研究》，中国政法大学出版社 1999 年版。

59. ［德］马克斯·韦伯著，冯克利译：《学术与政治》，三联书店 1999 年版。

60. 毛起雄、林晓东：《中国侨务政策概述》，中国华侨出版社 1992 年版。

61. 莫纪宏：《国际人权公约与中国》，世界知识出版社 2005 年版。

62. 钱其琛主编：《世界外交大辞典》，世界知识出版社 2005 年版。

63. 丘日庆主编：《领事法论》，上海社会科学院出版社 1996 年版。

64. 饶戈平主编：《国际法》，北京大学出版社 1999 年版。

65. 邵沙平主编：《国际法院新近案例研究》，商务印书馆 2006 年版。

66. ［日］寺泽一、山本草二主编，朱奇武等译：《国际法基础》，中国人民大学出版社 1983 年版。

67. 谭世贵主编：《国际人权公约与中国法制建设》，武汉大学出版社 2007 年版。

68. ［美］托马斯·伯根索尔、肖恩·墨菲著，黎作恒译：《国际公法》，法律出版社 2005 年版。

69. ［瑞士］托马斯·弗莱纳著，谢鹏程译：《人权是什么?》，中国社会科学出版社 2001 年版。

70. 王赓武：《中国与海外华人》，香港商务印书馆 1994 年版。

71. 王家福等编：《人权与 21 世纪》，中国法制出版社 2000 年版。

72. 王铁崖、田如萱编：《国际法资料选编》，法律出版社 1982 年版。

73. 王铁崖：《国际法引论》，北京大学出版社 1998 年版。

74. 王铁崖主编：《中华法学大辞典》（国际法学卷），中国检察出版社 1996 年版。

75. 王勇：《条约在中国适用之基本理论问题》，北京大学出版社 2007 年版。

76. ［美］文森特著，凌迪等译：《人权与国际关系》，知识出版社 1998 年版。

77. ［德］沃尔夫刚·格拉夫·魏智通主编，吴越等译：《国际法》，法律出版社 2002 年版。

78. 吴前进：《国家关系中的华侨华人和华族》，新华出版社 2003 年版。

79. 夏勇：《人权概念起源——权利的历史哲学》，中国政法大学出版社 2001 年版。

80. 夏莉萍：《领事保护机制改革研究——主要发达国家的视角》，北京出版社 2011 年版。

81. 向党：《中国涉外警务》，中国人民公安大学出版社 1997 年版。

82. 向洪、张文贤、李开兴主编：《人口科学大辞典》，成都科技大学出版社 1994 年版。

83. "新中国领事实践"编写组：《新中国领事实践》，世界知识出版社 1991 年版。

84. 徐显明主编：《国际人权法》，法律出版社 2004 年版。

85. 许崇德主编：《宪法》，中国人民大学出版社 1999 年版。

86. 薛典曾：《保护侨民论》，商务印书馆 1937 年版。

87. ［美］亚历山大·温特著，秦亚青译：《国际政治的社会理论》，上海人民出版社 2000 年版。

88. 阎学通、孙学峰：《国际关系实用研究方法》，人民出版社 2001 年版。

89. ［澳］颜清湟著，粟明鲜等译：《出国华工与清朝官员》，中国友谊出版公司 1990 年版。

90. 杨光斌等：《中国国内政治经济与对外关系》，中国人民大学出版社 2007 年版。

91. 杨泽伟：《宏观国际法史》，武汉大学出版社 2001 年版。

92. 杨泽伟：《主权论——国际法上的主权问题及其发展趋势研究》，北京大学出版社 2006 年版。

93. 姚建宗：《法治的生态环境》，山东人民出版社 2003 年版。

94. ［英］伊恩·布朗利著，曾令良等译：《国际公法原理》，法律出版社 2003 年版。

95. 余潇枫、潘一禾、王江丽：《非传统安全概论》，浙江人民出版社 2006 年版。

96. ［美］詹姆斯·多尔蒂著，阎学通等译：《争论中的国际关系理论》，世界知识出版社 2003 年版。

97. 张爱宁编著：《国际法原理与案例解析》，人民法院出版社 1991 年版。

98. 张历历：《外交决策》，世界知识出版社 2007 年版。

99. 郑启荣主编：《改革开放以来的中国外交（1978—2008）》，世界知识出

版社 2008 年版。

100. 曾令良主编：《21 世纪初的国际法与中国》，武汉大学出版社 2005 年版。

101. 中华人民共和国外交部政策研究司编：《中国外交》，世界知识出版社 1997—2010 年版。

102. 周鲠生：《国际法》，商务印书馆 1981 年版。

103. 周洪钧主编：《国际法》，中国政法大学出版社 1999 年版。

104. 周南京主编：《华侨华人百科全书·总论卷》，中国华侨出版社 2002 年版。

105. 周聿峨：《东南亚华文教育》，暨南大学出版社 1995 年版。

106. 周忠海主编：《国际法》，中国政法大学出版社 2004 年版。

107. ［美］朱迪斯·戈尔茨坦、罗伯特·基欧汉主编，刘东国等译：《观念与外交政策》，北京大学出版社 2005 年版。

108. 朱锋：《人权与国际关系》，北京大学出版社 2000 年版。

109. 朱文奇主编：《国际法学原理与案例教程》，中国人民大学出版社 2006 年版。

110. 庄国土：《华侨华人与中国的关系》，广东高等教育出版社 2001 年版。

111. 庄国土：《中国封建政府的华侨政策》，厦门大学出版社 1989 年版。

112. 邹谠：《二十世纪中国政治：从宏观历史与微观行动的角度看》，香港牛津大学出版社 1994 年版。

（二）期刊

1. 班文战：《国际人权法在中国人权法制建设中的地位和作用》，《政法论坛》2005 年第 3 期。

2. ［加］保罗·埃文斯著，汪亮译：《人的安全与东亚：回顾与展望》，《世界经济与政治》2004 年第 6 期。

3. 陈晓燕、杨艳琼：《秘鲁华工案与晚清海外华人政策》，《福建论坛》（人文社会科学版）2005 年第 7 期。

4. 邓大鸣：《人权的国际保护与国内保护关系辨析》，《西南交通大学学报》2003 年第 3 期。

5. 丁兰：《国际责任制度探析》，《山西大学学报》2001 年第 3 期。

6. 方伟：《中国公民在非洲的安全与领事保护问题》，《浙江师范大学学报》2008 年第 5 期。

7. 高岚君：《中国国际法价值观析论》，《法学评论》2005 年第 2 期。

8. 高艳萍：《中国外交实践中的人本思想》，《职业时空》2008 年第 11 期。

9. 高智华：《论外交保护制度》，《福建政法管理干部学院学报》2003 年第 1 期。

10. 葛军：《你享受哪些领事保护与服务》，《世界知识》2003 年第 13 期。

11. 顾百忠：《欧盟公民权利意识的发展》，《上海市政法管理干部学院学报》2002 年第 3 期。

12. 顾婷：《拉格朗案的国际法解读》，《华东政法大学学报》2008 年第 1 期。

13. 管建强：《论对日民间索偿的法律依据》，《常德师范学院学报》2003 年第 1 期。

14. 《海外华人、华侨、华裔小史》，《协商论坛》2007 年第 4 期。

15. 韩庆祥：《以人为本与人本主义两种人权观的区别》，《人权》2006 年第 5 期。

16. 何雪梅：《领事保护问题及其对策探析》，《洛阳理工学院学报》2008 年第 2 期。

17. 何志鹏：《全球化与国际法的人本主义转向》，《吉林大学社会科学学报》2007 年第 1 期。

18. 何志鹏：《人的回归：个人国际法上地位之审视》，《法学评论》2006 年第 3 期。

19. ［美］赫斯特·汉纳姆著，宋永新译：《〈世界人权宣言〉在国内法与国际法上的地位》，《北大国际法与比较法评论》（第 2 卷第 2 辑），北京大学出版社 2003 年版。

20. 胡鞍钢、门洪华：《入世五年：中国应进一步对外开放》，《开放导报》2007 年第 1 期。

21. 黄德明：《中国和平发展中外交职能调整的前沿法律问题》，《法学评论》2006 年第 2 期。

22. 黄涧秋：《论外交保护制度中的公司国籍规则》，《甘肃政法学院学报》2007 年第 5 期。

23. 黄涧秋：《论海外公民权益的外交保护》，《南昌大学学报》2008 年第 3 期。

24. 黄涧秋：《论外交保护中的用尽当地救济规则》，《江南大学学报》2008 年第 5 期。

25. 冀满红：《论晚清政府对东南亚华侨的保护政策》，《东南亚研究》2006 年第 2 期。

26. 焦世新：《中国融入国际人权两公约的进程与美国的对华政策》，《复旦学报》2007 年第 4 期。

27. 孔小霞：《海外中国国民权益保护的国际法思考》，《兰州大学学报》2008 年第 6 期。

28. 李安山：《清朝政府对非洲华侨政策探析》，载于北京大学非洲研究中心编：《中国与非洲》，北京大学出版社 2000 年版。

29. 李斌：《评析保护责任》，《政治与法律》2006 年第 3 期。

30. 李晗：《所罗门撤侨行动纪实》，《世界知识》2006 年第 10 期。

31. 李良才：《人权理念对国际法价值取向的人本化改造》，《甘肃联合大学学报》2009 年第 1 期。

32. 李念庆：《清末变法修律的历史动因分析及现代反思》，《淮阴工学院学报》2008 年第 2 期。

33. 李寿平：《"保护的责任"与现代国际法律秩序》，《政法论坛》2006 年第 3 期。

34. 李学保：《改革开放 30 年来中国外交观念变革的历史路径及经验启示》，《中南民族大学学报》2008 年第 6 期。

35. 梁晓君：《外交谈判战略浅析》，《国际政治研究》2008 年第 2 期。

36. 廖赤阳：《晚清"护侨"政策的实施及评价》，《华侨大学学报》（哲学社会科学版）1984 年 00 期。

37. 刘志军：《论人类安全的理念渊源》，《国际问题论坛》2005 年夏季号。

38. 逯惠艳：《试论公共危机预防》，《行政与法》2006 年第 12 期。

39. 罗金财：《浅谈 1860 年以后晚清政府外交护侨的表现》，《福建论坛》（社科教育版）2008 年专刊。

40. 罗艳华：《中国参与国际人权合作的历程与展望》，《思想理论教育导刊》2005 年第 1 期。

41. 罗艳华：《中国外交战略调整中的"人权问题"》，《国际政治研究》2001 年第 1 期。

42. 马建红：《钦定宪法大纲：清末宪政观的制度载体》，《湖南社会科学》2008 年第 6 期。

43. 毛竹青：《试论在美国的中国公民权益受侵犯及其保护》，《华侨华人历史研究》2008 年第 3 期。

44. 齐建华：《中国外交的宪法原则》，《外交评论》2005 年第 5 期。

45. 齐延平：《国家的人权保障责任与国家人权机构的建立》，《法制与社会发展》2005 年第 3 期。

46. 沈国放等：《企业和个人，海外遇事怎么办》，《世界知识》2008 年第

17 期。

47. 邱建章：《论晚清政府的护侨政策》，《周口师范学院学报》2004 年第 4 期。

48. 任云仙：《清代海外领事制度论略》，《中州学刊》2002 年第 5 期。

49. 桑艳东：《契约华工在南非（1904—1910）》，《华侨华人历史研究》2001 年第 1 期。

50. ［日］山岸猛著，刘晓民译：《中国新移民及其主要输出地》，《南洋资料译丛》2007 年第 4 期。

51. 沈国放：《坚持以人为本，加强领事保护》，《求是》2004 年第 22 期。

52. 宋杰：《国家权利，国家义务与人权保障》，《云南大学学报》（法学版）2007 年第 6 期。

53. 宿景祥：《谁来保障海外中国人的安全》，《时事》（大学生版）2004 年第 2 期。

54. 孙世彦：《论国际人权法下国家的义务》，《法学评论》2001 年第 2 期。

55. 唐贤兴：《国际法与主权国家的外交：全球化时代的新发展》，《上海行政学院学报》2003 年第 3 期。

56. 田源：《移民：传统经济维度中的非传统安全因素》，《经济问题探索》2006 年第 9 期。

57. 涂小雨、赵雄：《科学发展观的人权诠释》，《新疆社科论坛》2008 年第 2 期。

58. 万霞：《海外公民保护的困境与出路——领事保护在国际法领域的新动向》，《世界经济与政治》2007 年第 5 期。

59. 万霞：《海外中国公民安全问题与国籍国的保护》，《外交评论》2006 年第 6 期。

60. 万晓宏：《浅论清政府对海外华侨政策之演变》，《八桂侨刊》2001 年第 1 期。

61. 汪习根：《对话与超越：全球化时代中国人权法治的发展路径》，《武汉大学学报》2005 年第 4 期。

62. 王红、万吉琼：《我国新外交的为民意识初探》，《四川理工学院学报》2008 年第 1 期。

63. 王剑华：《论对日索取民间战争赔偿的出路与意义》，《唐都学刊》2006 年第 3 期。

64. 王俊生、文雅：《中国融入国际体系的进程及特点分析》，《南京师大学报》2008 年第 3 期。

65. 王利民：《外国人法律地位制度的法理思考》，《大连理工大学学报》2006 年第 1 期。

66. 王迁：《卡尔沃主义论》，《西北大学学报》1998 年第 1 期。

67. 王强：《美国危机管理对我国的启示》，《武警学院学报》2005 年第 8 期。

68. 王世洲：《国际人权标准与我国刑法人身权保护的发展方向》，《法学家》2006 年第 2 期。

69. 王逸舟：《中国外交十特色》，《世界经济与政治》2008 年第 5 期。

70. 王逸舟：《重塑国际政治与国际法的关系》，《世界经济与政治》2007 年第 4 期。

71. 王颖丽、孙红旗、张文德：《刘玉麟与晚清侨务在南非的开展》，《潍坊教育学院学报》2007 年第 1 期。

72. 王在邦、邱桂荣：《21 世纪世界人权面临的挑战》，《现代国际关系》1998 年第 11 期。

73. 王祯军：《论国际人权法中的国家责任问题》，《法学杂志》2007 年第 5 期。

74. 夏莉萍：《美英领事保护预警机制的特点及对我国的启示》，《外交评论》2006 年第 1 期。

75. 夏莉萍：《日本领事保护机制的发展及对中国的启示》，《日本问题研究》2008 年第 2 期。

76. 夏莉萍：《试析近年来中国领事保护机制的新发展》，《国际论坛》2005 年第 3 期。

77. 夏莉萍：《中国政府在保护海外公民安全方面的制度化变革及原因初探》，《国际论坛》2009 年第 1 期。

78. 夏林华：《伤害外国人的国家责任有关问题研究》，《河北法学》2008 年第 5 期。

79. 肖刚：《克服"外交缺陷"：体现中国外交先进性的几点思考》，《广东外语外贸大学学报》2006 年第 2 期。

80. 信平、郭瑜：《"人类安全"：概念分析、国际发展及其对我国的意义》，《学习与实践》2007 年第 5 期。

81. 徐崇利：《"体系外国家"心态与中国国际法理论的贫困》，《政法论坛》2006 年第 5 期。

82. 徐崇利：《中国的国家定位与应对 WTO 的基本战略》，《现代法学》2006 年第 6 期。

83. 徐显明：《世界人权的发展与中国人权的进步》，《中共中央党校学报》2008 年第 2 期。

84. 许肇琳：《略论清代后期的设领护侨政策》，《八桂侨史》1995 年第 1 期。

85. 颜清湟：《清朝对华侨看法的变化》，《南洋资料译丛》1984 年第 3 期。

86. 杨丽艳：《五十年新中国在国际法领域里的实践与发展》，《社会科学家》1999 年增刊。

87. 叶自成：《从贾谊的民众主义看国际关系主体的重新定位》，《外交评论》2008 年第 1 期。

88. 殷敏：《外交保护与领事保护的比较研究》，《国际商务研究》2008 年第 4 期。

89. 尹生：《欧盟公民的产生与现代国际法的发展》，《江汉论坛》2004 年第 8 期。

90. 余劲松：《公司的外交保护》，《政法论坛》2008 年第 1 期。

91. 袁丁：《同光年间清政府对遣使设领态度的转变》，《华侨华人历史研究》1994 年第 2 期。

92. 苑焕乔：《清末政府向南非输出劳务述论》，《北京联合大学学报》2006 年第 1 期。

93. 曾令良：《现代国际法的人本化发展趋势》，《中国社会科学》2007 年第 1 期。

94. 张爱宁：《国际人权法的晚近发展及未来趋势》，《当代法学》2008 年第 6 期。

95. 张步先：《从总理衙门到外务部》，《山西师大学报》1998 年第 3 期。

96. 张春：《人类安全观：内涵及国际政治意义》，《现代国际关系》2004 年第 4 期。

97. 张峻峰、刘晓亮：《透过在俄中国公民安全现状看中国领事保护》，《西伯利亚研究》2008 年第 4 期。

98. 张千帆：《从"人民主权"到"人权"》，《政法论坛》2005 年第 2 期。

99. 张睿壮：《从"对日新思维"看中国的国民性和外交哲学》，《世界经济与政治》2003 年第 12 期。

100. 张卫明：《晚清公法外交述论》，《国际政治研究》2007 年第 1 期。

101. 张潇剑：《全球化与国际法》，《中国青年政治学院学报》2008 年第 1 期。

102. 张晓玲：《世界人权宣言与中国的人权观》，《中共中央党校学报》1998

年第 3 期。

103. 张效民、徐春峰：《晚清外交变化的观念因素》，《国际政治科学》2006年第 2 期。

104. 张新军：《外交保护的实体权利和程序问题》，《中外法学》2008 年第1 期。

105. 赵德芹、高凡夫：《建国后对日索赔长期搁置的原因探析》，《长白学刊》2007 年第 6 期。

106. 郑德华、张小莹：《黄遵宪的侨务思想和活动（1882—1885）》，《华侨华人历史研究》2004 年第 2 期。

107. 钟瑞友：《从白皮书到入宪：中国人权事业的展开与抉择》，《河南社会科学》2005 年第 1 期。

108. 周永坤：《论全球化时代的中国人权保障》，《法治论丛》2008 年第3 期。

109. 朱建庚：《中国领事保护法律制度初探》，《中国司法》2008 年第10 期。

110. 朱振：《全球化进程中的中国法学——访张文显教授》，《学习与探索》2006 年第 1 期。

111. 庄国土：《1978 年以来中国政府对华侨华人态度和政策的变化》，《南洋问题研究》2000 年第 3 期。

112. 庄国土：《对晚清在南洋设立领事馆的反思》，《厦门大学学报》2006年第 5 期。

113. 庄国土：《清朝政府对待华工出国的政策》，《南洋问题研究》1985 年第 3 期。

114. 资中筠：《"科学发展观""以人为本""求真务实"兼及"西化"问题》，《社会科学论坛》2004 年第 10 期。

（三）学位论文

1. 陈宵：《试论双重国籍下的外交保护制度及对我国的借鉴》，苏州大学硕士学位论文，2008 年。

2. 程显芳：《近代公民观念的产生及影响》，吉林大学硕士学位论文，2007 年。

3. 冯江峰：《清末民初人权思想的肇始与嬗变》，中国政法大学博士学位论文，2006 年。

4. 耿学飞：《中国民间对日索赔的国际法分析》，外交学院硕士学位论文，2008 年。

5. 管建强：《中国民间战争受害者对日索偿的法律基础》，华东政法学院博士学位论文，2005 年。

6. 郭德峰：《海外中国公民的安全保护》，湘潭大学硕士学位论文，2007 年。

7. 侯英华：《入世后的中国人权发展问题研究》，大连理工大学硕士学位论文，2003 年。

8. 黄振宇：《试论以人为本的领事保护工作》，北京师范大学硕士学位论文，2005 年。

9. 贾少学：《全球化时代的国际法与国内法关系研究》，吉林大学博士学位论文，2008 年。

10. 姜德安：《外交保护制度的主要问题剖析》，武汉大学硕士学位论文，2004 年。

11. 李峰：《中华人民共和国四部宪法比较研究》，中共中央党校博士学位论文，2004 年。

12. 李海星：《普遍的人权与人权的普遍》，中共中央党校博士学位论文，2005 年。

13. 李娟娟：《领事保护制度研究》，外交学院硕士学位论文，2008 年。

14. 李小雨：《改革开放以来海外华商安全问题研究与对策探索》，暨南大学硕士学位论文，2007 年。

15. 李志永：《国际制度的国内影响》，中国人民大学硕士学位论文，2005 年。

16. 刘亚军：《欧洲宪政中的人权保护》，山东大学硕士学位论文，2007 年。

17. 罗晶：《当代中国人权意识研究》，武汉大学硕士学位论文，2005 年。

18. 骆伟锋：《人权全球化与中国人权观的思考》，厦门大学硕士学位论文，2007 年。

19. 马珂：《领事保护与中国公民海外安全研究》，暨南大学硕士学位论文，2008 年。

20. 沈雅梅：《九十年代以来中国国际人权政策及其演变》，外交学院硕士学位论文，2003 年。

21. 苏晓宏：《变动世界中的国际司法》，华东师范大学博士学位论文，2004 年。

22. 王华：《国际法律责任问题研究》，大连海事大学硕士学位论文，2003 年。

23. 王林彬：《国际司法程序价值论》，复旦大学博士学位论文，2007 年。

24. 吴文梅：《华侨国内权益保护法律制度研究》，外交学院硕士学位论文，

2006 年。

25. 夏莉萍：《20 世纪 90 年代以来主要发达国家领事保护机制变化研究——兼论对中国的启示》，外交学院博士学位论文，2008 年。

26. 许育红：《领事保护法律制度与中国的实践》，外交学院硕士学位论文，2003 年。

27. 颜志雄：《日本领事保护制度研究——兼论中日领事保护制度的差异》，外交学院硕士学位论文，2006 年。

28. 杨培栋：《外交保护制度研究》，外交学院硕士学位论文，2007 年。

29. 殷敏：《外交保护法律制度及其发展势态》，华东政法学院博士学位论文，2007 年。

30. 张劲：《论对跨国公司的外交保护》，北京大学硕士学位论文，1999 年。

31. 张琳：《从布雷亚尔德案看领事通知权》，北京大学硕士学位论文，2001 年。

32. 张毓华：《香港居民的国籍冲突与领事保护问题初探》，外交学院硕士学位论文，2002 年。

33. 赵建文：《国际法上的国家责任》，中国政法大学博士学位论文，2004 年。

（四）报纸

1. 崔以闻：《余江月桂勇往直前 80 高龄再出发》，《世界日报》，2002 年 3 月 10 日。

2. 黄克锵：《领事保护不会"干涉内政"》，《世界日报》，2007 年 8 月 25 日。

3. 刘康：《中国公民不再是海外最安全的外国人》，《羊城晚报》，2007 年 4 月 26 日。

4. 丘立本：《为什么越来越多国家重视侨务?》，《人民日报》（海外版），2006 年 1 月 13 日。

5. 袁晔：《外长首次派遣特使，中南开展警务合作》，《参考消息》，2004 年 9 月 9 日。

6. 《2008 年："危机外交"凸显中国智慧》，《侨报》，2008 年 12 月 29 日。

7. 石洪涛：《中国将建立五项机制保护海外公民安全——专访外交部领事司副司长魏苇》，《中国青年报》，2005 年 12 月 28 日。

三、英文文献

（一）著作

1. Amerasinghe, *Local Remedies in International Law*, Cambridge: Cambridge University Press, 2004.

2. C. E. Gauss, *A Notarial Manual for Consular Officers*, Washington: Government Printing Office, 1921.

3. Denza, *Diplomatic Law: A Commentary on the Vienna Convention on Diplomatic Relations*, Oxford: Oxford University Press, 2004.

4. Donald R. Shea, *The Calvo Clause*, Minneapolis: University of Minneseta Press, 1955.

5. Edwin M. Borchard, *The Diplomatic Protection of Citizens Abroad*, New York: The Banks Law Publishing Co. , 1928.

6. E. de Vattel, *The Law of Nations or the Principles of Natural Law Applied to the Conduct and to the Affairs of Nations and Sovereigns*, DC: Camegie Institution of Washington, 1916.

7. Graham H. Stuart, *American Diplomatic and Consular Practice*, NewYork: D. Appleton-Century Company, 1936.

8. Luke T. Lee, *Consular Law and Practice*, Oxford: Clarendon Press, 1991.

9. Mark W. Janis, *International Courts for the Twenty-first Century*, Dordeeht: Martinus Nijhoff Publisher, 1992.

10. *Permanent Court of International Justice*, Series A, No. 2.

11. Theodor Meron, *The Humanization of International Law*, Leiden: Martinus Nijhoff Publisher, 2006.

12. Tiburcio, *The Human Rights of Aliens under International and Comparative Law*, The Hague: Marthinus Nijhoff Publisher, 2001.

13. United Nations Development Programme, *Human Development Report* 1994, Oxford: Oxford University Press, 1994.

（二）期刊

1. Ana Mar . Fernández, "Consular Affairs in the EU: Visa Policy as a Catalyst for Integration", *The Hague Journal of Diplomacy*, 2008, No. 3.

2. Antonio Augusto Cancado Trindade, "The Humanization of Consular Law: The Impact of Advisory Opinion No. 16 (1999) of the Inter-American Court of Human Rights on International Case-law and Practice", *Chinese Journal of International Law*,

2007, Vol. 6, No. 1.

3. Colin Warbrick, "Diplomatic Representations and Diplomatic Protection", *The International and Comparative Law Quarterly*, 2002, Vol. 51, No. 3.

4. Craig Forcese, "The Capacity to Protect: Diplomatic Protection of DualNationals in the 'War on Terror'", *The European Journal of International Law*, 2006, Vol. 17, No. 2.

5. Edwin M. Borchard, "Basic Elements of Diplomatic Protection of Citizens Abroad", *The American Journal of International Law*, 1913, Vol. 7, No. 3.

6. Giorgio Porzio, "Consular Assistance and Protection: An EU Perspective", *The Hague Journal of Diplomacy*, 2008, No. 3.

7. Guy I. F. Leigh, "Nationality and Diplomatic Protection", *The International and Comparative Law Quarterly*, 1971, Vol. 20, No. 3.

8. Jeffrey W. Legro, "Which Norms Matter? Revisiting the 'Failure' of Internationalism", *International Organization*, 1997, Vol. 51, No. 1.

9. Jielong DUAN, "Statement on Diplomatic Protection, International Liability for Injurious Consequences Arising out of Acts not Prohibited by International Law", *Chinese Journal of International Law*, 2007, Vol. 6, No. 1.

10. J. C. Woodliffe, "Consular Relations Act 1968", *The Modern Law Review*, 1969, Vol. 32, No. 1.

11. Martin Scheinin, "The ICJ and the Individual", *International Community Law Review*, 2007, No. 9.

12. Michael K. Addo, "Interim Measures of Protection for Rights under the Vienna Convention on Cosular Relations", *EJIL*, 1999, Vol. 10, No. 4.

13. Renée Jones-Bos and Monique van Daalen, "Trends and Developments in Consular Services: The Dutch Experience", *The Hague Journal of Diplomacy*, 2008, No. 3.

14. R. B. Lillich, "The Diplomatic Protection of Nationals Abroad: An Elementary Principle of International Law Under Attack", *The American Journal of International Law*, 1975, Vol. 69, No. 2.

15. Sarah M. Ray, "Domesticating International Obligations: How to Ensure U. S. Compliance with the Vienna Convention on Consular Relations", *California Law Review*, 2003, Vol. 91.

四、网络资源

1. 国务院侨务办公室网站，http：//www. gqb. gov. cn。
2. 联合国网站，http：//www. un. org。
3. 美国国务院网站，http：//www. state. gov。
4. 欧盟委员会网站，http：//ec. europa. eu。
5. 日本外务省网站，http：//www. mofa. go. jp。
6. 武汉大学国际法研究所网站，http：//translaw. whu. edu. cn。
7. 英国外交部网站，http：//www. fco. gov. uk。
8. 中国人权网，http：//www. humanrights－china. org。
9. 中国政法大学国际法学院网站，http：//www. cuplfil. com。
10. 中华人民共和国外交部网站，http：//www. fmprc. gov. cn。
11. 中国领事服务网站，http：//cs. mfa. gov. cn。

后　记

　　这本书是在我博士论文的基础上修改完成的。论文的整个写作过程是匆忙而艰辛的，因为当时既面临着毕业答辩的压力，又面临着找工作的压力，再加上本人才智学识上的诸多局限（尤其是在国际法知识方面的欠缺），以至于留下了许多遗憾与不足之处。原本打算工作之后好好修改完善，没料到工作之后更是琐事缠身，教学任务较为繁重，一直未能静下心来认真修改。这一切或许也是我惰怠的借口与托词。

　　本书为中南民族大学中央高校基本科研业务费专项研究项目（项目编号：ZSQ10026）和湖北省教育厅人文社会科学研究项目"人权视角下的中国领事保护研究"（项目编号：2011jyte250）的最终成果。我在原来博士论文的基础上，将原来关于晚清护侨的一章内容删去了，结合时代的发展增加了一些新的内容。当初在写博士论文时，考虑到晚清护侨构成了中国领事保护的起点，其不仅具有后发性，而且具有一定的国际性，新中国（1978—　）的领事保护与之相比，具有一定的"继承性"与"相似性"，故写了晚清护侨这一章。在博士论文答辩的过程中，有老师对论文的这种结构安排提出了一些质疑，认为论文既然涉及晚清与新中国的领事保护，为何没有涉及民国时期的领事保护。因此这次修改时，结合国际法的人本化这一视角，我特意将晚清护侨一章删掉了，将内容集中于新中国时期。希望以后能继续深化这一方面的研究，将晚清、民国与新中国的领事保护贯穿起来。在研究中国领事保护问题的过程中，结合对历史的总结与分析，我也曾对中国未来领事保护的发展做出过一些预测，如关于领事保护的对象将进一步扩大（在国际人权的影响以及国内人权的推动下，中国政府在今后的领事保护中，其对象无疑会进一步扩大。既包括中国大陆公民，也包括港澳台同胞，而且还会涉及海外华人甚至一些外国人。不过，这主要体现在撤侨等领事协助中。在狭义的领事保护中，中国政府还是会保持谨慎态度，仍会严格地坚持中国国籍原则）；领事保护的方式会朝着"全方位、多层次"的方向发展（对于国家内政和主权，中国政府一向秉持不干涉和相互尊重的原则。不过，为了在危机发生时更高效地撤侨和护侨，中国在未来的领事保护中，鉴于领事保护的复杂性和人本性，将会朝着"全方位、多层次"方向发展。军队，还包括警察，参与撤侨和领事保护的做法将会进一步发展），所幸这些预测在后来的利比亚"撤侨"等领事保护实践中得到一定的证实。当然其中也有很多不足甚至可能是错误之处，这一切都由我个人负责，真诚地希望方家学者和读者们提出宝贵的意见。

这本书的完成，是与许多师友的指教与帮助分不开的。

首先，要感谢的是我的博士生导师周聿峨教授。周老师不仅用她的渊博学识来教导学生，更多的是用她的人格魅力来润化学生。从选题的确定到论文的完成，周老师都给出了宝贵的意见与建议。

其次，在就读于暨南大学国际关系学院/华侨华人研究院期间，曹云华老师、陈乔之老师、温北炎老师、庄礼伟老师、邱丹阳老师、廖小健老师、王子昌老师、张振江老师、吴金平老师、郭又新老师、卢美娟老师和文峰老师等都给予了我耐心的指教和热心的帮助，在此一并感谢！

再次，我要感谢我的硕士生导师宋瑞芝教授和张祥晖教授。多年来，两位老师像对自己的孩子一样，给我的指导、帮助和关怀太多，这是我无以为报的。博士论文仅仅标志着学术历程的一个开端，我想我只能以自己逐渐的进步来表达对恩师的感谢。

最后，我还要感谢中国驻亚丁总领事馆经济商务室前领事刘功宜先生和外交学院外交学与外事管理系副主任夏莉萍教授，中国现代国际关系研究院院长助理、美国研究所所长袁鹏研究员对我的指教与帮助。

黎海波

2012 年 6 月于武汉市中南民族大学马克思主义学院